LES CLÉS DE L'INFO

Pour mieux comprendre les médias et l'actualité

Direction éditoriale
Thomas Dartige
Édition
Rachel Grunstein,
Sophie Lamoureux
et Clotilde Oussiali
Préparation et correction
Lorène Bücher
et Isabelle Haffen
Index
Any-Claude Médioni
Coordination iconographique
Isabelle de Latour
Iconographie
Rachel Grunstein
et Sophie Lamoureux
Direction artistique
Élisabeth Cohat
Conception graphique
Christine Régnier
Maquette
Karine Benoît, Olivier Merlin
et Christine Régnier
Couverture
Christine Régnier

Nous remercions l'équipe de France Info : Jean-Pierre Guéno, Michel Polaco, Carole Leray

Nous remercions Jean-Yves Capul, Nathalie Petitjean et l'équipe de la Documentation française pour leur contribution et leur relecture attentive.

ISBN 2-07-057066-5

Dépôt légal : novembre 2005
Numéro d'édition : 135482
Loi n° 49-956 du 16 juillet 1949
sur les publications destinées
à la jeunesse
Photogravure : IGS, Angoulême
Imprimé par Eurografica en Italie

LES CLÉS DE L'INFO

Pour mieux comprendre les médias et l'actualité

Élisabeth Combres - Sophie Lamoureux - Florence Thinard

Illustrations, cartes et infographies
La Station : Clément Oubrerie, Antoine Delesvaux, Christian Ronget

GALLIMARD JEUNESSE

Sommaire

Les médias d'information 8

Thèmes et Faits d'actualité 102

Mode d'emploi

Les Clés de l'info se composent de deux parties. L'ouvrage commence par expliquer comment fonctionnent les médias d'information. Puis il décrypte la façon dont les grands thèmes d'actualité sont traités dans les médias et donne des repères pour les mettre en perspective.

La première partie explique les principes et les pratiques des journalistes, dresse un panorama des médias d'information et questionne la place de la presse dans le débat public.

■ La fabrique de l'information, la pluralité et la concentration des médias, le métier de journaliste et le comportement du public sont expliqués à travers de nombreux exemples.

Des données chiffrées aident à comprendre la diversité des médias ou leur audience.

■ Pour chacun des grands médias (télévision, radio, presse écrite...), des infographies décrivent la préparation du journal.

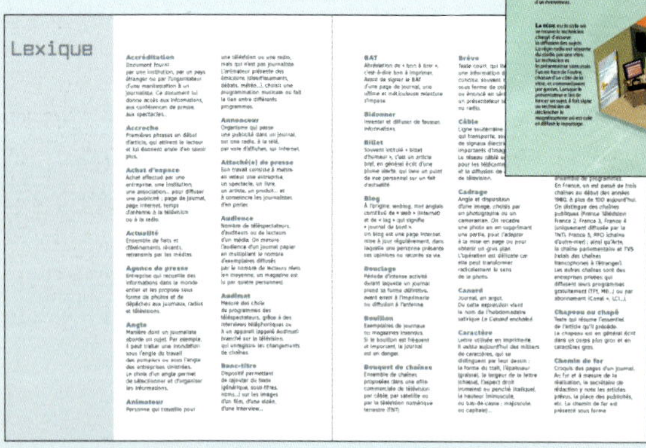

■ Un lexique de plus de 100 mots explique simplement le vocabulaire de la presse.

La deuxième partie décrypte et met en perspective 7 grands thèmes d'actualité : le terrorisme, le pétrole, le réchauffement du climat, le commerce international, l'Union européenne, la démocratie et la justice.

■ Chaque thème est présenté sous des angles différents (social, économique, politique...) à travers 4 **faits d'actualité**.

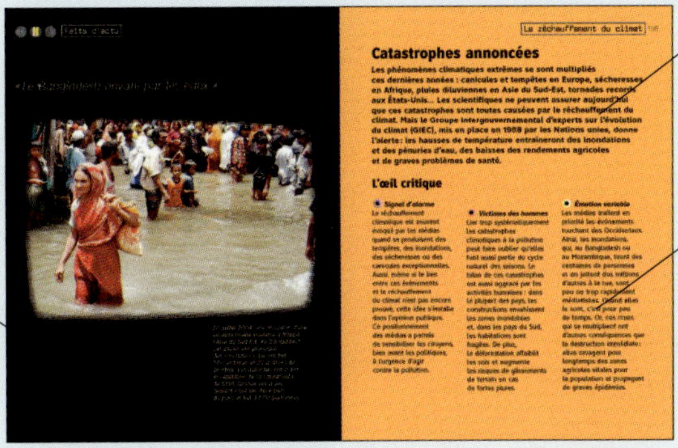

Un titre et une photo d'actualité légendée rappellent un fait d'actualité tel que nous l'ont présenté les médias.

Un texte bref replace le fait d'actualité dans son contexte et permet d'en saisir les enjeux.

La rubrique « l'œil critique » suscite la réflexion pour décoder et questionner le traitement médiatique de cet événement.

■ Chaque fait d'actualité est suivi d'une double page « **grand angle** » qui met en perspective le sujet pour lui donner du sens.

La Documentation française propose des faits, des citations, des dates ou des chiffres-clés.

Certaines notions économiques ou scientifiques essentielles sont expliquées par un schéma.

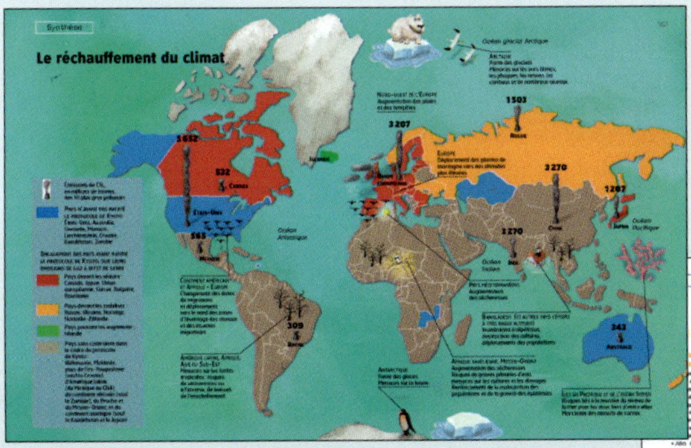

■ À la fin de chaque module, **cartes ou infographies** apportent les informations essentielles sur le sujet, de manière visuelle et synthétique.

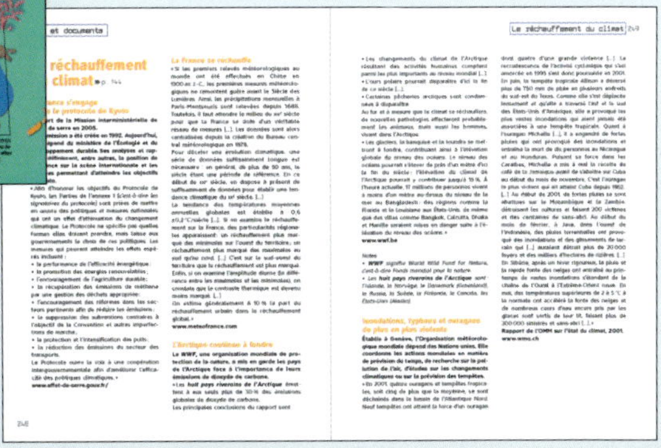

■ À la fin de l'ouvrage, pour chacun des thèmes, des **textes et documents** officiels sélectionnés par la Documentation française apportent plusieurs points de vue et éclairages.

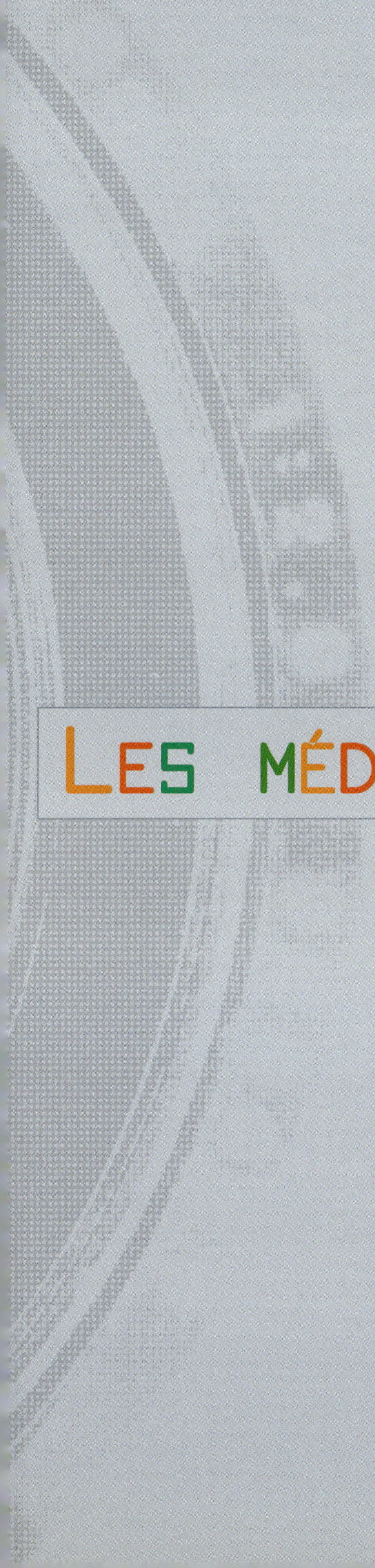

Les médias d'information

La **force d'une démocratie** se mesure à l'indépendance de ses journalistes et à la **diversité** des **opinions** diffusées par ses médias. En effet, les journalistes présentent et expliquent l'actualité nationale, internationale, locale. Puis, les **citoyens** utilisent ces **informations** pour mieux **comprendre le monde**, faire des **choix** de société et élire leurs dirigeants politiques en connaissance de cause. En France, comme dans de nombreux pays démocratiques, la **liberté de la presse** a été obtenue grâce à des luttes menées par des journalistes, des écrivains, des militants, des philosophes...
Mais ce combat n'est pas gagné partout, ni pour toujours.

Médias et démocratie

Dans les **dictatures**, les médias sont une **arme de propagande** entre les mains du **pouvoir :** il impose, grâce à eux, son point de vue totalitaire. Des hommes et des femmes s'y battent, au péril de leur vie parfois, pour obtenir le **droit de s'exprimer** et de **s'informer librement**.

Dans les pays **libres**, c'est l'emprise du monde **économique** sur les médias qui pourrait fragiliser durablement la démocratie. Les médias les plus influents sont aujourd'hui la propriété d'un petit nombre de grandes entreprises. Les **dirigeants** de ces entreprises tentent parfois d'orienter le travail des journalistes et de **contrôler** les informations diffusées. Aussi, plus les médias sont **concentrés** entre peu de mains, plus ils risquent de tous diffuser les mêmes points de vue. Par ailleurs, de nombreux médias, publics ou privés, sont maintenant soumis aux mêmes lois économiques que les autres entreprises qui doivent, avant tout, être rentables. Ils se livrent donc une **concurrence** effrénée et imposent de fortes contraintes aux journalistes. Ceux-ci doivent travailler de plus en plus vite, choisir des sujets et les traiter de manière à faire un maximum **d'audience**. Ils donnent alors la priorité à l'information immédiate, au risque de se répéter d'un média à l'autre.

Ainsi, les **médias d'information** sont nombreux dans les pays démocratiques, mais il faut prendre le temps de les explorer pour en découvrir toute la richesse. S'informer nécessite d'être actif, de comparer les informations diffusées, de les confronter à la réalité, de se poser des questions, voire d'interpeller les journalistes. C'est ainsi que chaque citoyen peut, grâce aux médias, développer son **esprit critique**, se forger des opinions personnelles et faire vivre la démocratie.

L'information

Les informations diffusées par les médias sont le résultat d'un long travail : les journalistes prennent connaissance des événements, choisissent leurs sujets, enquêtent sur le terrain, puis mettent en forme les informations recueillies. À tous moments, ils font des choix qui orientent la façon dont ils décrivent le monde. Ces choix dépendent de leur perception de la réalité, de leur esprit critique et des principes de l'écriture journalistique. Les journalistes sont aussi influencés par les nombreux professionnels de la communication qui les sollicitent activement pour faire passer leurs propres informations.

Aux sources de l'actualité

Avant de décider des sujets qu'ils vont traiter, les journalistes doivent s'informer sur les événements qui surviennent chaque jour et comprendre les évolutions du monde et de la société. De plus en plus, ils sélectionnent des informations qui leur sont envoyées et consacrent moins de temps à enquêter.

En 1972, deux journalistes américains révèlent un scandale politique, dit du Watergate, et provoquent la démission du président de l'époque, Richard Nixon. En 2005, l'informateur des journalistes a révélé son identité. Il s'agissait du directeur adjoint du FBI, la police fédérale des États-Unis.

Événements à foison

L'actualité est composée d'événements qui se produisent en France et dans le monde. Certains sont inattendus : catastrophes, accidents, agressions... D'autres sont prévisibles : conseils des ministres, ouverture de la bourse, commémorations... Des faits sont parfois révélés par des enquêtes journalistiques. Certains événements sont créés dans le seul but d'apparaître dans les médias : les campagnes de sensibilisation (sur le sida, le tabac...) ou de communication (sur une région, des grands travaux...), tout comme les actions « coups de poing » de militants ou les phrases provocatrices de dirigeants politiques. Quand ils sont traités par les journalistes, ces événements deviennent des « faits d'actualité ».

Flots d'informations

Les journalistes s'informent de plusieurs façons. Les agences de presse leur envoient des dépêches d'alerte sur des événements survenus dans le monde : séisme, attentat, élections... Des journalistes sont en contact avec la police ou les pompiers qui les renseignent sur les vols, les incendies... D'autres arpentent les couloirs des palais de justice ou les lieux du pouvoir en France pour être au courant des procès à venir ou recueillir des confidences politiques. Tous étudient les autres médias. Les journalistes sont aussi très sollicités par des organismes ou des personnes qui veulent faire parler d'eux. Des entreprises, des associations, des partis politiques, des militants, des artistes les contactent ou leur envoient des communiqués de presse pour présenter leur nouveau produit, leur prochaine manifestation, leur dernier film… Cette relation avec les médias est assurée par des professionnels de la communication, les attachés de presse, dont le rôle est de mettre en valeur l'organisme, ou la personne, qui les emploie.

Les conférences de presse présentent l'actualité d'un organisme ou d'une personne. Elles sont des sources d'informations essentielles pour les journalistes. Ici, les forces de l'ordre américaines les tiennent informés de l'avancée du siège de la secte Davidian en 1993, à Waco aux États-Unis.

Manœuvres de séduction

Une grande partie de l'actualité est faite d'informations venant des professionnels de la communication, très actifs pour convaincre les journalistes. Ces attachés de presse rédigent des communiqués en forme d'articles, prêts à publier, ou organisent des manifestations à la manière des « shows » télévisés. Certains nouent des liens étroits avec les journalistes, d'autres font des cadeaux. Les journalistes connaissent ces pratiques, mais certains s'y laissent prendre. D'autre part, par facilité ou manque de temps, les médias privilégient les informations proposées par des organismes reconnus. Ils réduisent donc la place consacrée aux sujets dont les journalistes prennent l'initiative et qui nécessitent de longues enquêtes.

Des journalistes trop passifs ?

La plupart des journalistes consacrent plus de temps à trier les informations qu'ils reçoivent qu'à chercher des informations inédites. Agissant ainsi, ils perdent peu à peu leur esprit critique, laissant l'initiative à ceux qui les sollicitent. Un journaliste qui se laisse ainsi guider fera des articles très différents de ceux d'un journaliste à l'affût, qui met en doute les informations qu'on lui soumet. Lors du lancement d'un médicament, par exemple, le premier journaliste en vantera les qualités. Le second ne retiendra pas l'information ou mènera plus loin ses investigations : il découvrira peut-être que ce médicament n'est pas très innovant et fera un article critique sur la concurrence entre laboratoires.

Le choix des sujets

Le rôle des médias est de rendre compte de la réalité du monde, mais ils n'en présentent que certains aspects. Les journalistes doivent en effet faire un choix, selon différentes règles, dans l'immense quantité d'informations dont ils prennent connaissance chaque jour.

Rubriques et médias spécialisés

Dans les médias généralistes, les sujets sont répartis dans des rubriques : étranger, société, culture, etc. Les événements correspondant à une rubrique sont plus facilement traités.
De nouvelles rubriques, ou sous-rubriques, apparaissent parfois. C'est le cas pour l'environnement ou le multimédia, des thèmes plus fréquents dans les journaux depuis les années 1990. Dans les médias spécialisés, le choix des sujets se fait d'abord en fonction de la spécialisation : économie, santé, sport... Ces médias reprennent aussi des sujets qui font la une des journaux généralistes : ils les approfondissent ou les abordent sous un aspect qui correspond à leur domaine. Un média économique se concentrera sur les conséquences financières d'une catastrophe.

Trier les événements

Les journalistes ne peuvent présenter tous les faits dont ils sont informés. Ils manquent de temps, de place, et tous les événements n'ont pas les « qualités » requises pour faire partie de l'actualité. Un tri est donc opéré, avec des critères différents selon les médias. Certaines équipes sélectionnent surtout les événements en fonction de leur impact sur la société et le monde. D'autres donnent la priorité aux réactions supposées du public : ils choisissent alors les événements les plus exceptionnels, émouvants, surprenants, proches géographiquement, divertissants, etc. De nombreux médias mélangent ces deux démarches. Tous privilégient la nouveauté : un événement est d'autant plus intéressant qu'aucun média n'en a parlé auparavant. Et quand une information importante est annoncée par un média, la plupart des autres la reprennent.

La marche du monde

Certains événements sont très présents dans les journaux d'information car ils pèsent sur l'équilibre géopolitique du monde. C'est le cas des conflits au Proche et au Moyen-Orient, en Irak, en Israël et dans les territoires palestiniens. Les États-Unis, le dollar et la politique extérieure de George W. Bush sont aussi souvent évoqués, ainsi que le marché du pétrole, la construction de l'Europe ou le développement économique de la Chine. D'autres thèmes sont de plus en plus traités, comme le réchauffement du climat, le développement durable, la pauvreté dans les pays du Sud. Car il devient évident aujourd'hui que ces problèmes sont lourds de menaces pour l'avenir de la planète. La vie des entreprises et l'évolution des marchés boursiers tiennent aussi une place centrale dans les médias. La plupart des pays ont en effet adopté le modèle libéral où les modes de vie sont étroitement liés à la croissance économique.

Dans une rédaction, le choix des sujets se fait en plusieurs étapes. Les journalistes font une première sélection parmi les informations qu'ils reçoivent et la présentent au reste de l'équipe lors de la conférence de rédaction. Durant cette réunion, les sujets du journal sont choisis et définis, sous l'autorité du rédacteur en chef.

Sujets de société

Les journaux d'information traitent également de nombreux sujets liés à la vie politique nationale : élection, vote d'une loi, débat à l'Assemblée nationale... Le rôle des journalistes est en effet d'informer les citoyens sur les choix, les actions, l'honnêteté de leurs élus.

Les sujets dits « de société » sont aussi prépondérants, surtout s'ils marquent une évolution ou une difficulté de taille : chômage, antisémitisme, mariage homosexuel, situation des personnes âgées... Enfin, les compétitions sportives et la vie culturelle ne sont

« 1 mort à 1 km a plus de "chance" de faire partie de l'actualité que 1000 morts à 10 000 km. ■

Cette équation illustre le principe de proximité utilisé par de nombreux journalistes pour choisir leurs sujets.

En 1994 au journal *Le Monde*, la répartition des journalistes était la suivante :

UNE COMPÉTITION ACHARNÉE

Un journaliste efficace est celui qui annonce le premier une nouvelle importante ou inattendue (un scoop). Les médias s'observent donc de près, et cela pèse sur le choix des sujets qu'ils diffusent. Quand un journal diffuse un scoop, les autres médias reprennent l'information très vite. Ils doivent alors citer leur confrère s'ils n'ont pas enquêté. Cette compétition permanente entre les journalistes entraîne des dérives. Parfois, des scoops repris par tous les médias se révèlent faux, des informations non vérifiées sont présentées comme des faits avérés. En juillet 2004, une femme s'est dite victime d'une agression antisémite dans le RER. C'était faux, mais les médias en ont fait leurs gros titres, simplement après avoir été informés de la plainte de la jeune femme au commissariat.

pas négligées, car les médias s'attachent à divertir le public et à lui fournir de nombreuses informations pratiques.

Au pas de la porte

Les journalistes choisissent aussi les événements en fonction des attentes supposées de leur public. Ainsi, certains sujets sont traités car ils répondent au principe dit de « proximité ». Selon ce principe, le public s'intéresserait à ce qui lui est proche : son quotidien, ses revenus, sa sécurité... Chaque année aux mêmes dates, des médias parlent abondamment des vacances, de la rentrée des classes, des soldes, des fêtes de fin d'année. Les faits divers (vols, agressions, accidents...) sont aussi fréquemment traités. De même, lors de grèves ou de manifestations, de nombreux médias présentent en priorité des perturbations qu'elles entraînent. Ils donnent des informations pratiques au public confronté à ces mobilisations, dans les transports par exemple. Mais ils gardent peu de place pour analyser les revendications des grévistes ou des manifestants. Ceux-ci exercent pourtant deux droits fondamentaux en démocratie : le droit de grève et la liberté d'expression.

Vu de France

Quand un drame se produit dans une région lointaine, comme cela a été le cas pour le tsunami de 2004 en Asie du Sud-Est, les médias français indiquent très vite s'il y a des victimes françaises ou occidentales. Si c'est le cas, de nombreux sujets leur sont consacrés, même si la population locale est plus durement touchée. De même, les médias privilégient les événements concernant les pays francophones, ceux qui ont un lien historique avec la France, les anciennes colonies notamment. Ainsi, des sujets sont régulièrement consacrés à la Côte d'Ivoire depuis le début de la guerre civile en 2002. Des Français ont été

Les attentats du 11 septembre 2001 aux États-Unis ont provoqué une telle stupeur qu'ils ont éclipsé le reste de l'actualité. Les jours suivant le drame, les journalistes occidentaux ont consacré la plupart de leurs sujets aux bilans de ces attaques terroristes, ainsi qu'aux nouvelles et aux analyses permettant de les comprendre et d'en mesurer les conséquences.

menacés et l'armée française y est engagée. Traiter ce conflit permet aussi d'informer sur la politique étrangère de la France en Afrique.

Spectacle et émotion

De plus en plus de médias privilégient les événements spectaculaires et chargés d'émotion : les accidents, les catastrophes, les attentats, les crimes horribles, mais aussi les scandales, surtout s'ils concernent des personnes connues. Ces sujets, souvent riches en révélations et rebondissements, incitent le public à revenir chaque jour découvrir le nouvel « épisode » du « feuilleton ». Cette priorité donnée au spectacle, au suspens et à l'émotion laisse peu de place aux sujets complexes. Ainsi, durant la campagne du référendum sur la Constitution européenne, au printemps 2005, les médias ont fait la part belle aux conflits entre dirigeants politiques. Très peu de sujets ont expliqué le fonctionnement de l'Union européenne et son projet de Constitution. Les journalistes auraient pourtant pleinement rempli leur rôle s'ils avaient permis aux citoyens de mieux comprendre les enjeux de ce vote essentiel pour leur avenir.

De la réalité au fait d'actualité

Le **26 décembre 2004**, un tsunami d'une ampleur exceptionnelle a fait 295 000 morts sur les côtes d'Asie du Sud-Est, surtout en Indonésie, Thaïlande et Sri Lanka. Cette catastrophe a occupé la une des médias du monde entier durant plusieurs semaines.

L'événement se produit

• Le 26 décembre 2004 à 1h10 du matin, un séisme sous-marin a lieu au large de l'île indonésienne de Sumatra. Ce violent tremblement de terre soulève des vagues gigantesques qui atteignent les côtes de l'océan Indien, dans un délai de quelques minutes à 2-3 heures.

Presque aussitôt

• Les premiers échos du drame proviennent de centres scientifiques qui ont enregistré le séisme, puis des populations touchées par les vagues (autorités locales, habitants, touristes).

• Entre 3 et 5 heures du matin, des agences de presse émettent leurs premières dépêches et proposent en ligne leurs premières photos.

• La radio, les chaînes d'information continue et les sites Internet annoncent la catastrophe. Les informations sont très imprécises, les premiers flashes font état de quelques morts.

Quelques heures après

• Les journalistes des pays touchés et les correspondants permanents des médias étrangers dans ces pays sont très vite sur les lieux. Les grandes rédactions du monde entier envoient des reporters sur place.

• Les télévisions disposent de peu d'informations, mais organisent des éditions spéciales avec les premières images du tsunami.

• En Europe et aux États-Unis notamment, les téléspectateurs, en vacances de Noël, découvrent les premières images.

QUELQUES JOURS APRÈS

• Photographes et envoyés spéciaux constatent les dégâts et interrogent les victimes, dont les touristes occidentaux auxquels les téléspectateurs peuvent s'identifier.

• Ils récupèrent aussi auprès de touristes rescapés, sur place ou dans les aéroports, des vidéos amateurs montrant l'arrivée des vagues.

• Les journalistes envoient leurs premiers reportages. Certains interviennent « en direct » par téléphone, à la radio ou au journal télévisé.

UNE SEMAINE APRÈS

• Les rédactions continuent à visionner et mettre en forme les reportages de leurs journalistes présents sur le terrain.

• Les dépêches, les communiqués de presse et les images inondent les rédactions.
Le bilan des victimes ne cesse d'augmenter. Les déclarations de dirigeants politiques et les débats sur la prévision des catastrophes se multiplient. Les premiers secours affluent du monde entier.

QUELQUES SEMAINES APRÈS

• Des blogs diffusent photos amateurs et avis de recherche lancés par des proches de disparus. Ces personnes sont interviewées par des journalistes.

• Radios, télés et journaux multiplient les éditions ou soirées spéciales.
Ils diffusent de nombreux témoignages qui privilégient l'émotion et font appel aux dons en communiquant les coordonnées d'associations humanitaires.

• La diffusion des journaux, l'audience des chaînes et le trafic des sites Internet connaissent des pics records.

• Le tsunami fait la une de tous les quotidiens puis les hebdos proposent des éditions spéciales avec photos, analyses, témoignages, interviews, récits...

• Les journaux continuent à proposer des éditions spéciales et les télévisions à diffuser en boucle des images des vagues.

• Dans le monde entier, la mobilisation est d'une ampleur sans précédent : des personnes font des dons aux associations pour aider les victimes,

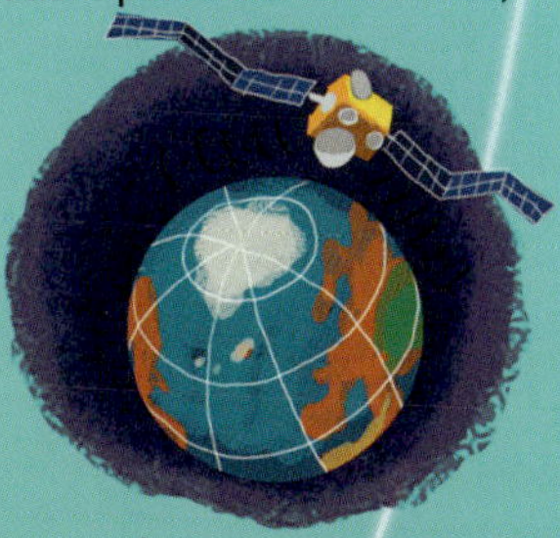

de nombreux États promettent des soutiens financiers aux pays sinistrés.

• Peu à peu, l'intérêt s'émousse et la place accordée à ce sujet diminue.

Le journaliste sur le terrain

Dans sa recherche de la réalité, le journaliste est confronté à de nombreuses difficultés : trouver les bons témoins et les convaincre de témoigner, garder de la distance par rapport à eux, et être capable de remettre en doute ses idées ou impressions.

En 1994, les Hutu au pouvoir au Rwanda, en Afrique, ont commis un génocide contre une partie de la population, les Tutsi, qu'ils voulaient éliminer complètement. Les journalistes ont eu du mal à comprendre la situation et ont parlé d'un simple conflit entre Hutu et Tutsi. Ce drame a pourtant fait un million de morts et des centaines de milliers de réfugiés dans les pays voisins.

Les contraintes de départ

Avant de réaliser un sujet, les journalistes déterminent sa place dans le journal, sa durée ou sa longueur et la façon dont il sera traité. Tous ces choix supposent, qu'avant même d'aller sur le terrain, le journaliste a déjà une idée précise de ce qu'il veut trouver. Cela lui donne une première contrainte dont il doit se méfier car elle peut l'enfermer dans des idées toutes faites. Il prendrait alors le risque de reproduire des clichés ou d'accepter de fausses informations qui lui sembleraient vraisemblables. Mais cette contrainte permet aussi au journaliste de préparer son travail sur le terrain. En se documentant, il obtient le recul nécessaire sur ce qu'il va découvrir.

Où est la réalité ?

La réalité est multiple. Une personne peut vivre d'une façon un événement et son voisin la ressentir très différemment. Le journaliste doit donc rechercher un maximum de témoins car la différence des points de vue enrichit sa perception de la réalité et donc le compte rendu qu'il en fera. Pour cela, il doit parfois convaincre ceux qui refusent de témoigner. Ensuite, le journaliste confronte ces témoignages à des sources officielles (commissariat, mairie, etc.). Cette opération lui permet de croiser différentes informations et de vérifier les propos des uns et des autres. Tout ce travail exige du temps et un esprit critique. Le journaliste doit remettre constamment en question ses observations. Et, aujourd'hui, il lui faut être encore plus vigilant. En effet, le délai entre l'apparition d'un événement et sa diffusion dans les médias s'est raccourci, le journaliste a donc moins de temps pour analyser une situation.

Une dangereuse intimité

Pour obtenir des informations, le journaliste doit rencontrer les témoins ou les acteurs de l'actualité. Ces rapports mettent souvent le journaliste en danger car il peut éprouver de la sympathie ou de l'antipathie pour eux. Or, il doit rester le plus neutre possible. Le traitement de plusieurs faits d'actualité ont illustré cette difficulté. L'affaire de Grégory, un petit garçon retrouvé mort en 1984, est souvent citée comme exemple. Lors de leur enquête, les journalistes sont entrés dans l'intimité de la famille pour obtenir des informations et des confidences. Certains ont pris parti pour les parents de l'enfant, les Villemin, tandis que d'autres ont défendu leurs cousins, les Laroche. En agissant ainsi, les journalistes ont entretenu la haine entre les deux clans. Jean-Marie Villemin, le père de Grégory, a tué Bernard Laroche parce que plusieurs informations et des rumeurs lui avaient fait croire à sa culpabilité.

Des enquêtes rendues difficiles

Les journalistes se heurtent de plus en plus souvent à la justice qui exige d'eux qu'ils révèlent la provenance de leurs informations et le nom des personnes qui les renseignent. Or, le secret des « sources » est une condition indispensable du travail des journalistes. Il leur permet, au cours d'enquêtes sur des affaires délicates, d'obtenir et de révéler des informations importantes. Le secret garantit aussi la protection des informateurs d'une éventuelle vengeance ou d'une arrestation. C'est uniquement parce qu'ils savent que les journalistes respectent cette règle du secret que certains acceptent de leur fournir des informations.

Le soupçon

Dans leur quête de vérité, les journalistes attendent des réponses précises des témoins et des acteurs de l'actualité. Lorsqu'une personne refuse de répondre à leurs questions, les journalistes ont tendance à en déduire qu'elle cherche à dissimuler ce qu'elle sait. Mais peut-être ne veut-elle pas, tout simplement, apparaître dans les médias.

Le reportage de guerre

Le reporter de guerre suit les conflits sur le terrain. Il se heurte à trois difficultés principales : il risque sa vie, il doit déjouer les tentatives de manipulation, notamment celles des militaires, et, de plus en plus, il est pris directement pour cible.

En mars 2003, au Koweït, un militaire prépare des journalistes à la guerre en Irak. En « incorporant » les journalistes dans ses troupes, l'armée américaine cherche à les contrôler car elle pense qu'une guerre se gagne aussi dans les médias. Le public doit être convaincu que la guerre est juste sinon il peut exiger de ses dirigeants l'arrêt des combats.

Au cœur du danger

Par ses écrits, ses photos ou ses images, le reporter de guerre rend compte de l'évolution des opérations, des actes des forces en présence et informe sur le nombre de victimes. Comme tous les autres journalistes, il doit vérifier ses informations en confrontant les différents points de vue, mais il exerce sa profession dans des conditions beaucoup plus difficiles. Les journalistes de guerre vivent leur métier comme une mission essentielle. Outre l'information qu'ils vont chercher, ils dénoncent aussi les atrocités ou les bavures qui sont souvent commises au cours des conflits. Mais informer en temps de guerre n'est pas sans danger : selon Reporters sans frontières, 53 journalistes ont été tués en 2004 dans l'exercice de leur profession (51 en 2003), et 40 au cours des six premiers mois de l'année 2005. Les journalistes sont parfois accusés de prendre des risques inutiles, mais c'est en approchant au plus près les événements qu'ils obtiennent les meilleures informations.

Journalistes « incorporés »

Les reporters de guerre sont de plus en plus nombreux à être « incorporés » (« embedded » en anglais) dans les armées : ils participent aux patrouilles, voyagent dans les convois militaires. Ils sont ainsi protégés durant leurs déplacements et peuvent suivre les événements au plus près. Cette protection peut toutefois se retourner contre eux. Car, si l'armée est attaquée, les journalistes, avec leurs casques, sont pris pour des

Les reporters de guerre risquent souvent leur vie pour informer le public. Ici, avant les premières élections libres en Afrique du Sud de 1994, des photographes couvrent un affrontement entre des partisans du Congrès national africain (ANC) et ceux du Parti de la liberté Inkatha (IFP), dans la région de l'East Rand.

soldats. Cette incorporation a aussi des conséquences sur l'information. En effet, les journalistes risquent de sympathiser avec les soldats et de perdre leur neutralité. Ils sont aussi plus dépendants des informations de l'armée dans laquelle ils sont « incorporés ». Or, les militaires peuvent vouloir cacher certaines informations ou en diffuser de fausses.

Pris pour cibles

Au cours du XXe siècle, la guerre a changé de visage. Les conflits entre les pays laissent de plus en plus la place à des guerres civiles. Les groupes armés sont moins contrôlables qu'une armée régulière et certains considèrent les journalistes comme les porte-parole des valeurs occidentales qu'ils combattent. Les reporters de guerre se retrouvent alors face à un nouveau danger : ils ne sont plus seulement des victimes accidentelles des conflits, ils sont pris directement pour cibles. Parce qu'ils sont journalistes, ils sont aujourd'hui enlevés ou tués de plus en plus souvent.

6 journalistes assassinés aux Philippines et **4** au Bangladesh en 2004 parce qu'ils enquêtaient sur la corruption, le trafic de drogue, la mafia…

19 reporters et **12** collaborateurs des médias tués en 2004 en Irak. En 2003 et 2004, l'Irak a été le pays le plus dangereux pour les journalistes.

107 journalistes étaient emprisonnés dans le monde au 1er janvier 2005.

Reporters sans frontières

La mise en forme de l'info

Pour être lus ou entendus, les journalistes ont développé des techniques d'écriture et de présentation de l'information. Elles leur permettent d'offrir une information plus claire et plus attrayante.

L'illustration d'un fait, par un texte ou une image, suppose toujours un point de vue. Par exemple, un portrait ou un gros plan croque les grands traits d'un personnage, tandis qu'un article satirique ou un cadrage en contre-plongée (ci-dessus) offre une vision plus originale d'un sujet.

La pyramide inversée

En règle générale, lorsqu'on souhaite faire une démonstration, on déroule logiquement son raisonnement jusqu'à la conclusion. Un film à suspense tient secrète la solution de l'énigme jusqu'aux dernières minutes. Dans la presse, c'est l'inverse, on donne tout de suite le nom du tueur ! Le public doit savoir immédiatement de quoi le journaliste parle. L'information essentielle est donc toujours contenue dans les premières phrases. Le journaliste part toujours d'un cas particulier avant de le situer dans un contexte plus général. Ainsi, il chemine du présent vers le passé. C'est ce qu'on appelle la pyramide inversée. Elle répond aux questions de « la règle des 5 W » inventée par les Anglo-Saxons : Who ? What ? When ? Where ? Why ? (Qui ? Quoi ? Quand ? Où ? Pourquoi ?).

La façon d'aborder un sujet

Avant la rédaction d'un article ou le montage d'un sujet, le journaliste choisit un point de vue. Ainsi, s'il parle de la sécheresse, il peut axer son article ou son sujet sur les conséquences pour les agriculteurs. Il ne regardera la sécheresse que sous cet angle. Ce choix permet au journaliste d'organiser plus efficacement son travail. S'il parlait de tout, il mélangerait des thèmes très différents comme les répercussions dramatiques d'une canicule sur les personnes âgées et le bonheur des viticulteurs dans l'attente d'une bonne récolte. Lorsqu'un fait d'actualité est important, les journaux l'abordent à travers plusieurs articles ou sujets, chacun selon un angle différent.

L'habillage d'un sujet

Une maquette doit donner envie aux lecteurs de lire le journal. Ces dernières années, les grands quotidiens nationaux ont opté pour des maquettes plus aérées, des textes plus courts et davantage de photos. Ci-dessus, un journaliste découvre le numéro zéro de la nouvelle maquette du journal *Libération* en octobre 2003.

Quoi de plus ennuyeux qu'un texte sous forme de pavé ou qu'un présentateur de JT lisant d'une traite ses informations ? Alors, pour rendre un journal plus attractif, on « habille » les sujets avec des accessoires : les titres ou la titraille. Ce sont les gros titres des journaux écrits et ceux donnés au début des journaux télé et radio. Ce sont aussi les surtitres, les sous-titres, les intertitres et les chapeaux de la presse écrite. On les retrouve au début de l'article du journal papier, ou prononcés par le présentateur radio ou télé pour lancer un sujet. Cet habillage est très important, car il organise l'information et lui donne du rythme. Il constitue un ensemble de points de repère pour le public qui commence toujours par lire la partie supérieure de l'article et abandonne si le sujet ne l'intéresse pas. De même, les gros titres du journal télé ou radio doivent « accrocher » le téléspectateur ou l'auditeur.

Prévoir l'info

Contrairement à ce que l'on pourrait croire, tous les sujets contenus dans le journal du jour ne sont pas écrits ou réalisés le jour même. Certains ont été prévus et préparés plusieurs jours, voire plusieurs semaines, à l'avance. Le gouvernement peut annoncer, par exemple, qu'il dévoilera une réforme des prisons à la rentrée. Les journalistes profitent de ce délai pour faire un point sur la situation dans les prisons, sur le nombre des prisonniers, etc. Tous ces sujets préparés permettent d'enrichir les informations. Les journalistes mettent aussi au point des biographies des personnalités et des dirigeants politiques, en particulier ceux qui sont âgés. Si l'un d'eux vient à mourir, les journalistes sont ainsi prêts à informer le public dans les minutes qui suivent l'annonce du décès.

Les mots ont une influence sur le traitement de l'information. En 1989, les journalistes ont comparé le dictateur roumain Nicolae Ceausescu et le légendaire Dracula car ils étaient tous deux originaires de la région des Carpates. Quand, à Timisoara, les opposants du dictateur ont mis en scène des fosses remplies des corps de ses victimes, les journalistes y ont cru, en partie, parce que cette information répondait à l'image de « vampire » qu'ils avaient donnée à Ceausescu.

L'écriture journalistique

Pour être bien compris, les journalistes utilisent des phrases courtes et précises. Pour éviter les répétitions, ils recourent à des expressions souvent imagées. Par exemple, ils diront le « 7e art » pour parler du cinéma. Ces expressions peuvent être très amusantes et originales. Dire que « le garde des Sceaux fait grincer le Parquet » est beaucoup plus savoureux que d'expliquer que le ministre de la Justice a pris une décision qui ne satisfait pas les magistrats. Cependant, l'utilisation excessive de ce genre de formules rend souvent l'information plus difficile à comprendre. Elles peuvent embrouiller le lecteur et traîner avec elles des idées toutes faites. Au lieu de parler des banlieues, on parle souvent des banlieues difficiles comme si les banlieues posaient automatiquement des problèmes. Ou bien, après des films à succès comme « Le Fabuleux Destin d'Amélie Poulain », les médias voient des fabuleux destins partout où ils posent les yeux !

Le choix des mots et des images

Le récit de l'actualité est composé de mots et d'images. Leur choix n'est jamais fait à la légère car chaque mot et chaque image véhiculent une signification particulière. Les journalistes se posent toujours la question de ce qu'ils doivent montrer au public. Quelle est la frontière entre l'information et la curiosité déplacée ? Après un attentat, faut-il montrer les victimes ou suffit-il d'énoncer le nombre de morts et de blessés ? Cette décision se fait au cas par cas et dépend des journaux. Les mots aussi ont un pouvoir et leur choix oriente un texte. Dans le cas d'un conflit, par exemple, le journaliste peut choisir de nommer les hommes qui se battent sous les termes de « militants », de « combattants », de « résistants » ou d'« activistes », d'« extrémistes », de « terroristes ». D'un mot, le journaliste peut condamner l'action de ces hommes ou la rendre juste.

La recherche de personnages

Les journalistes, et notamment ceux de la télé et de la radio, ont besoin de personnages pour donner vie aux informations. Pour être le plus représentatif possible, ils cherchent des témoins types. Cette démarche n'est pas sans risque car elle mène facilement à la caricature : et c'est ainsi que tous les pirates informatiques interrogés ont les cheveux longs et les routiers, des tatouages ! Cette tendance à représenter un groupe entier par un seul individu conduit aussi parfois les journaux télévisés à présenter un témoin sous la seule appellation : « chômeur » ou « chef d'entreprise ». Or, les chômeurs et les chefs d'entreprise sont tous très différents.

Les médias, la télévision en tête, recherchent en priorité des témoins ou des acteurs de l'actualité qui s'expriment bien et qui sont à l'aise devant la caméra ou le micro. Là encore, il y a un danger que les mêmes personnalités occupent le petit écran aux dépens d'autres qui pourraient apporter des visions différentes.

Pour que les médias parlent d'eux, certains dirigeants politiques se construisent un personnage et se mettent en scène. Ci-dessus, François Hollande, premier secrétaire du Parti socialiste, avec sa compagne, Ségolène Royal, ancien ministre et élue socialiste, se prêtent au jeu des confidences dans l'émission de télévision « Vivement dimanche » sur France 2.

L'emballement pour la sécurité

Avant l'élection présidentielle de 2002, les médias ont multiplié les reportages sur l'insécurité, le thème de campagne du président Jacques Chirac. L'émission « Arrêt sur images » de France 5 a compté que, du 1er au 21 avril 2002 (date du premier tour de l'élection), TF1 a diffusé 54 sujets sur l'insécurité. Ce chiffre est tombé à 10 durant les trois semaines qui ont suivi l'élection. Pourtant, les chiffres de la délinquance n'avaient pas changé. Quatre jours avant l'élection, TF1, suivie par les autres chaînes, s'est emballée, sans attendre les conclusions de l'enquête, pour l'histoire d'un homme de plus de 70 ans, roué de coups à Orléans. En procédant ainsi, ils ont participé au climat d'inquiétude qui régnait, et favorisé les partis qui jouaient sur la peur des gens. Et lors du premier tour de l'élection le 21 avril, le candidat extrémiste du Front national est arrivé en deuxième position.

Info, pub ou communication ?

Les médias fonctionnent comme des entreprises et doivent donc faire des bénéfices. Aussi, les journalistes sont-ils tiraillés entre la nécessité d'informer, qui est leur principale mission, et celle de séduire le plus large public.

Nommé Premier ministre le 31 mai 2005, Dominique de Villepin a promis de relancer l'emploi. Pour illustrer son discours, il organise, avec le nouveau ministre de l'Emploi, Jean-Louis Borloo, une opération de communication : la visite d'une antenne de l'ANPE près de Lille en juillet 2005. Cette visite a été largement traitée par les journaux télévisés alors qu'elle ne comportait aucune information.

Le sens des mots

Dans le monde des médias, informer signifie « faire savoir », « rendre public » : les journalistes expliquent aux citoyens des faits, ils leur donnent des informations qui leur permettent de mieux comprendre la société et le monde.

Communiquer signifie « se faire connaître », dans le but de convaincre ou de séduire le public, voire de l'influencer. Ainsi, un homme politique organise des rencontres, diffuse des petits films sur son programme avant les élections, pour convaincre les électeurs de voter pour lui ; des associations présentent leurs actions pour obtenir des dons, etc. Les entreprises communiquent en faisant de la publicité : elles montrent leurs produits de manière avantageuse pour inciter un maximum de personnes à les acheter.

Les médias, dont le rôle premier est d'informer, accordent une place de plus en plus importante à la communication. Au point que les limites sont devenues floues entre information, publicité et communication.

La place de la publicité

Les entreprises ou les organismes qui veulent promouvoir leurs produits ou leurs actions achètent des espaces aux médias : ce sont des pages dans les journaux ou des minutes d'antenne à la télévision et à la radio. Dans la presse écrite, les pages de publicité sont en général différentes des articles : grandes photos, textes courts, gros caractères. Mais certaines, appelées publireportages, sont présentées comme des articles : le lecteur peut les lire sans voir tout de suite qu'il s'agit d'une publicité. Dans les médias audiovisuels, les publicités sont annoncées et se différencient de l'information par le ton et la forme. Leur durée est strictement limitée par la loi, ainsi que les moments où elles sont diffusées. Cependant la loi accorde plus de liberté aux radios privées. De ce fait, il n'est pas rare que des messages publicitaires interrompent leurs journaux d'information.

Le poids de la communication

La communication est moins visible que la publicité car elle apparaît au cœur des sujets traités par les journalistes. Ainsi, des reportages présentent des entreprises ou des personnalités sous leur meilleur jour. Des hommes politiques sont suivis dans leur quotidien, comme des stars. Certaines interviews ne comportent aucune question critique. En agissant ainsi, les journalistes ne font pas de l'information : ils influencent le public en faveur de personnes, d'entreprises, de partis politiques…

Du public à tout prix

Pour accroître leurs ventes ou leur audience, la plupart des médias ont recours à des pratiques où la promotion prend le pas sur l'information.
Des magazines offrent des cadeaux (lunettes, DVD…) pour attirer les lecteurs. Dans le commerce, ces objets sont souvent plus chers que le journal lui-même. Cela donne l'impression que le cadeau a plus de valeur que les articles et les informations qu'ils contiennent.
De même, pour augmenter leur audience, des journaux télévisés n'hésitent pas à mettre en avant les programmes de leur chaîne : un match ou une émission phare, le Téléthon par exemple.
Les journalistes traitent alors le sujet comme les autres, qui nécessitent, eux, un travail d'enquête, et entretiennent la confusion entre la promotion de leur chaîne et l'information.

30 à 50%
de l'ensemble des pages des magazines grand public en France, sont occupées par la publicité.

« On compte plus de 40 000 attachés de presse en France. Ces professionnels de la communication, chargés par des organismes ou des personnalités des relations avec les médias, sont plus nombreux que les journalistes professionnels. ■

Journaux, mode d'emploi

Le contenu d'un journal se construit grâce à une équipe de journalistes. Chacun d'eux fournit un travail précis et doit respecter un emploi du temps serré. Puis, pour sa réalisation, le journal fait appel à des techniciens qui diffèrent selon le type de journal : écrit, radio ou télévisé. Alliant images, sons et textes, le journal télévisé est le plus lourd à mettre en place. Il est aussi celui qui attire le plus large public car il donne l'impression au téléspectateur d'illustrer fidèlement la réalité. Il nécessite donc un décryptage particulier.

L'organisation d'une rédaction

La rédaction est l'ensemble des journalistes qui travaillent dans un journal télévisé, de radio ou de presse écrite. Au sein d'une rédaction, chacun joue un rôle bien précis.

Les chefs de service (ou chefs de rubrique) sont responsables d'un service spécialisé dans un domaine particulier (informations générales, politique…). Ils sont les rédacteurs en chef de leur service et dirigent une équipe de reporters.

Les reporters collectent et vérifient les informations, puis écrivent les articles. Ils sont souvent spécialisés dans un domaine et dépendent d'un service ou d'une rubrique. Certains sont des pigistes : ils n'appartiennent pas à la rédaction, mais y collaborent régulièrement.

Le journaliste « Économie » suit les informations des entreprises et rend compte des cours de la Bourse.

Le journaliste « Politique » suit l'actualité politique française. Il peut suivre exclusivement l'actualité du gouvernement, d'un parti…

Le journaliste « Étranger » tient le public informé de l'actualité internationale. Il s'occupe parfois d'un seul sujet : un pays, un conflit…

Le journaliste « Société » traite des événements concernant l'éducation, la santé, le logement…

Le rédacteur en chef dirige la rédaction. Il est responsable du contenu du journal et organise le travail de toute son équipe de journalistes. Il assure également le lien avec la direction du journal et les autres services (administratifs, techniques et commerciaux).

Le rédacteur en chef adjoint assiste le rédacteur en chef dans toutes ses tâches. Comme lui, c'est un journaliste « assis » ou un journaliste de « desk » (bureau en anglais). Il ne va jamais sur le terrain. Sa mission n'est pas de collecter les informations mais de les vérifier. Il suit aussi la mise en forme des sujets.

Le journaliste « Justice » est souvent appelé chroniqueur, car il informe régulièrement le public du déroulement des procès.

Le journaliste « Culture » sélectionne et critique les nouveautés culturelles : expositions, films, livres, disques...

Le journaliste « Sport » suit les grandes manifestations sportives et donne les résultats des rencontres ou des matchs.

Comme les autres reporters, le pigiste peut être généraliste et aborder tous les sujets, ou être spécialisé dans un domaine.

La préparation d'un journal

Un journal quotidien se fabrique en plusieurs étapes. Tous les intervenants remplissent leur tâche en respectant un programme précis. Qu'il soit diffusé à la télévision, à la radio ou en kiosque, le journal doit être prêt à l'heure !

10:00

1re conférence de rédaction

La conférence de rédaction du matin est le premier grand rendez-vous pour un journal radio ou télé, diffusé le soir même à 20 h, comme pour un quotidien imprimé dans la nuit et diffusé en kiosque, dès le lendemain matin. Tous les membres de la rédaction se retrouvent pour mettre au point le menu du journal. Chaque journaliste propose son sujet au rédacteur en chef. Si celui-ci l'accepte, ils déterminent ensemble sa place dans le journal, son angle, c'est-à-dire la façon de le traiter, son genre, sa longueur ou sa durée. Ces éléments sont récapitulés dans un document que l'on appelle le chemin de fer en presse écrite et le conducteur en télé et radio.

11:30

La quête des informations

Leur sujet défini, les journalistes partent sur le terrain pour recueillir les informations. Le journaliste radio ou le journaliste reporter d'images, qui enregistrent ou filment eux-mêmes leurs sujets, travaillent seuls ; les journalistes de presse écrite souvent par deux : un rédacteur et un photographe. Le journaliste télé est en général accompagné d'un caméraman et d'un preneur de son.

15:00

2e conférence de rédaction

De retour à la rédaction, les journalistes font un point sur leur travail avec le rédacteur en chef et le rédacteur en chef adjoint. C'est le moment où ils exposent leurs difficultés. Par exemple, si l'un d'eux n'a pas réussi à recueillir les impressions des témoins d'un procès, le rédacteur en chef peut lui demander de réaliser à la place un reportage qui donnera l'ambiance sur les marches du palais de justice. Il faut maintenant faire vite.

La réalisation des sujets

Une fois les informations réunies, les journalistes mettent au point leur sujet. Les rédacteurs de la presse écrite rédigent leurs articles. Ensuite, ils les remettent au correcteur qui en corrige les fautes, puis au secrétaire de rédaction qui veille à la mise en page des articles par les maquettistes. Pendant ce temps, les photographes sélectionnent leurs meilleures prises de vue.
Les journalistes radio et télé procèdent au montage de leurs enregistrements en conservant les sons ou les images les plus marquants. Les journalistes télé ajoutent des musiques d'ambiance à leurs images. Puis, ils écrivent les commentaires qui accompagneront leurs sujets.

Le bouclage

En fin d'après-midi, le journal doit être bouclé. Les derniers éléments sont mis en place pour la diffusion du journal ou son impression. Quelques détails peuvent encore être changés. Par exemple, le journaliste télé ou radio peut réécrire, juste avant de passer à l'antenne, un lancement, le petit texte qui présente un reportage. Jusqu'au dernier moment, une information importante peut tomber. Dans ce cas, il faut réagir vite. La une ou le sujet d'ouverture du journal doit être refait le plus rapidement possible.

Les grands genres d'articles

Le reportage rapporte un événement en restituant au mieux l'ambiance dans laquelle il s'est déroulé. Il donne au public l'impression d'avoir été sur place. Le reportage décrit donc les bruits, les odeurs, les couleurs...
L'enquête cherche à expliquer un problème. Elle doit donc trouver toutes les informations possibles pour le rendre compréhensible.
L'interview consiste à poser des questions à un acteur, connu ou non, de l'actualité. L'interview est un genre plus spontané que les autres. Il permet d'entrer directement en contact avec une personnalité ou, parfois, de mieux comprendre un sujet, car le témoin s'exprime en langage parlé.
La chronique traite régulièrement d'un sujet particulier, comme les procès judiciaires. Elle est toujours signée par le même journaliste.
La brève est un petit texte sans titre qui donne les informations de base (qui, où, quand, comment, pourquoi) sans commentaire.
Le billet se trouve surtout dans la presse écrite. Le journaliste y donne un point de vue sur un fait d'actualité.

Le journal de presse écrite

Le journaliste-rédacteur n'est que l'un des rouages de la réalisation et de la fabrication d'un journal. Avant de trouver sa place dans le kiosque, un quotidien ou un magazine mobilise des compétences nombreuses.

Les reporters
Qu'ils écrivent ou prennent des photographies, les reporters collectent la matière première du journal : l'information.

Le secrétaire de rédaction, ou « SR », est aussi un journaliste. Il relit les articles, vérifie leurs informations et fait corriger les fautes de français.

Le journaliste-maquettiste incorpore les articles dans la maquette du journal. Les textes apparaissent dans des types d'écriture particuliers, ou polices, qui varient en fonction des journaux : les caractères, c'est-à-dire les lettres et la ponctuation, possèdent une forme, une hauteur et une largeur précises. Cette maquette (styles d'écriture, organisation des pages, ordre des rubriques...) varie pour chaque journal. Elle lui donne son « identité ».

L'infographiste est un journaliste chargé de créer sur ordinateur des cartes, schémas ou tableaux pour expliquer une information.

L'imprimeur reçoit, sous forme de fichiers informatiques, les pages du journal à imprimer.
Il programme ses presses rotatives.
L'impression est rapide : jusqu'à 80 000 exemplaires à l'heure pour un quotidien de 48 pages.

La distribution s'effectue de trois façons différentes.
– Le lecteur achète son journal au marchand de journaux. C'est le moyen de distribution le plus répandu : il y a 50 000 points de vente en France.
– Le journal arrive chez le lecteur abonné par la poste.
– Un porteur apporte le journal au domicile du lecteur.

La une est la première page d'un journal.
Elle présente les informations les plus importantes et annonce les sujets traités à l'intérieur du journal. Ses photos et ses gros titres sont aussi choisis pour donner envie d'acheter le journal.

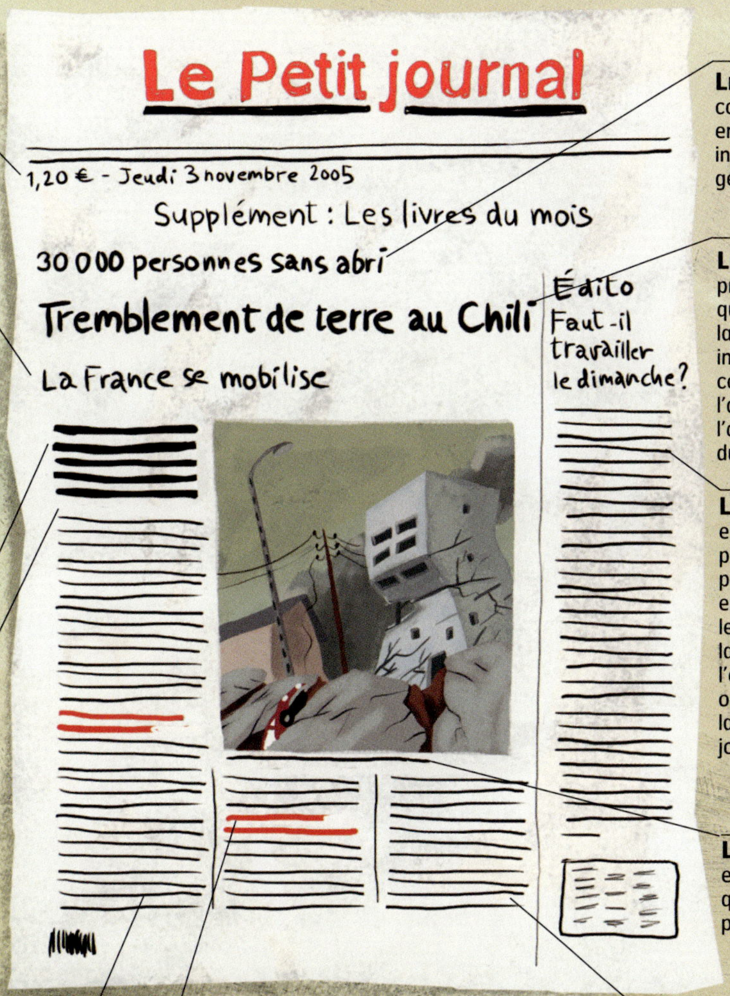

La manchette est le haut de la première page d'un journal ou d'un magazine. C'est là qu'apparaissent le nom, la date, le prix.

Le sous-titre éclaire un aspect particulier du sujet traité.

Le chapeau, ou « chapô », est le texte de quelques lignes qui « coiffe » un article. Il en résume l'essentiel de l'information.

L'accroche, ou l'attaque, est la première phrase d'un article. Elle s'appelle ainsi car elle doit « accrocher » l'attention du lecteur.

Le surtitre complète le titre, en donnant une information plus générale.

Le gros titre présente en quelques mots la principale information contenue dans l'article. Il doit attirer l'attention du lecteur.

L'éditorial est un article particulier. Signé par le rédacteur en chef ou le directeur de la publication, l'édito donne une opinion et engage la responsabilité du journal devant la loi.

La légende est un texte court qui explique une photo ou un dessin.

La colonne divise les articles en blocs verticaux. Cette mise en page, adoptée par tous les journaux, facilite la lecture.

L'intertitre est un petit titre placé à l'intérieur de l'article. Il facilite la lecture en offrant des pauses et permet au lecteur de lire uniquement le paragraphe qui l'intéresse.

La chute est la conclusion de l'article.

Le journal radio

Le journal radio est beaucoup plus simple à réaliser que les journaux écrits ou télévisés. Ce qui lui permet de couvrir l'actualité immédiate.

Les sons
À la radio, tous les sujets sont surnommés des « sons », car ils passent uniquement par l'audition. Les journalistes radio utilisent beaucoup l'interview, le reportage qui évoque l'ambiance d'un lieu ou d'un événement et le micro-trottoir, qui consiste à questionner brièvement des gens dans la rue.
Un son doit être rythmé, il dure généralement 50 secondes et dépasse rarement la minute.

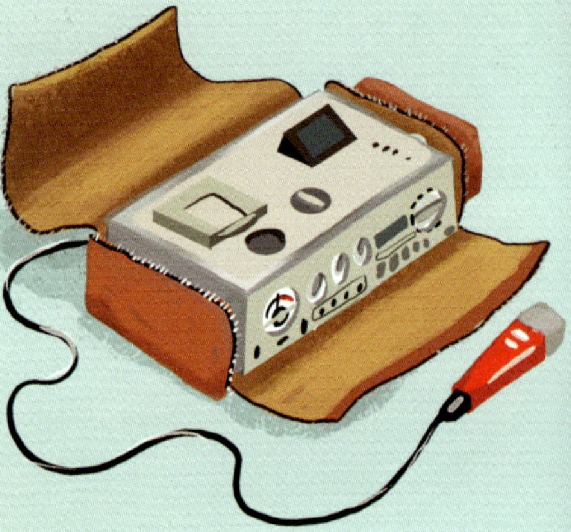

Le journaliste radio doit faire parler les acteurs ou les témoins d'un événement.

La régie est la salle où se trouve le technicien chargé d'assurer la diffusion des sujets. La régie radio est séparée du studio par une vitre. Le technicien et le présentateur sont assis l'un en face de l'autre, chacun d'un côté de la vitre, et communiquent par gestes. Lorsque le présentateur a fini de lancer un sujet, il fait signe au technicien de déclencher le magnétophone où est calé et diffusé le reportage.

Le voyant lumineux, installé à l'intérieur et à l'extérieur de la porte du studio, indique que le journal a commencé : personne ne doit entrer !

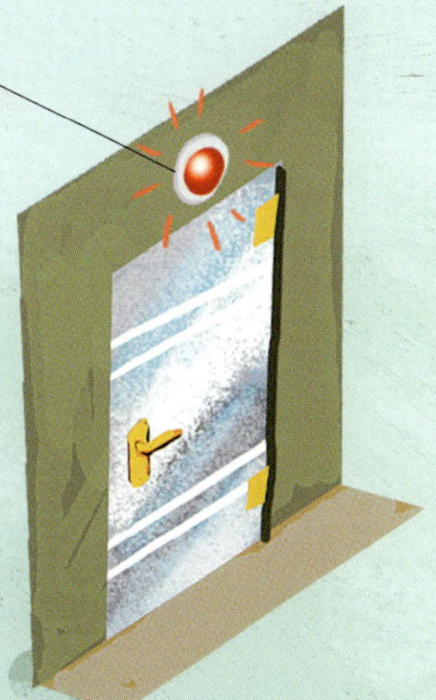

Le présentateur est le journaliste qui « dit » le journal radiodiffusé. Son premier outil, c'est sa voix. Le présentateur doit apprendre à la « poser », c'est-à-dire à respirer en parlant pour avoir une voix régulière. Le présentateur commence toujours son journal en donnant cinq ou six grands titres pour capter l'intention de l'auditeur. Ensuite, pendant le journal, il lance les reportages, lit parfois un « pied », c'est-à-dire un petit texte situé à la fin d'un sujet pour apporter des informations supplémentaires, et interviewe des acteurs de l'actualité.

Le casque permet d'avoir le « retour », c'est-à-dire de s'entendre parler et d'entendre les reportages lancés par l'équipe technique.

Le conducteur
Au cours du journal radio, le présentateur et les techniciens suivent le conducteur ou la conduite. C'est un document très précis qui détaille les différents sujets du journal, leur ordre de passage et leur durée exacte.

Le journal télévisé

Le journal télé (ou JT) nécessite un dispositif technique très lourd. Aux côtés des journalistes, des techniciens de l'image et du son assurent la diffusion et l'enchaînement des reportages.

1 Le journaliste télé doit avant tout recueillir des images. Il est accompagné d'un cameraman, d'un preneur de son et d'un monteur d'images. Dans ses commentaires, le journaliste télé emploie un style plus « parlé » que le journaliste de la presse écrite.

3 Le JRI, ou journaliste reporter d'images, cumule à lui seul trois fonctions : il est à la fois rédacteur, cameraman et preneur de son. Ce journaliste d'un genre nouveau est né avec l'apparition de la Bétacam, une caméra légère qui enregistre des sons de bonne qualité.

Les journaux télévisés ont toujours lieu en direct. Cela rend l'information plus vivante. Si un événement imprévu surgit, comme une catastrophe, le présentateur l'annonce aussitôt.

2 Le preneur de son est le technicien chargé de la prise du son. Pour rapprocher le micro des personnes qui parlent tout en étant hors du champ de la caméra, il utilise une perche, un long support auquel est accroché un micro.

4 Le responsable d'édition suit la fabrication des sujets jusqu'à leur diffusion à l'antenne. Avec les reporters, il sélectionne les images pour illustrer les sujets d'actualité et donne son avis sur les commentaires écrits pour accompagner ces images.

5 La régie est la pièce consacrée à la technique d'où le réalisateur et son équipe assurent le bon déroulement du journal télévisé.

6 La maquilleuse maquille le présentateur avant son passage à l'antenne. Le visage du présentateur doit capter la lumière et avoir bonne mine.

7 Le plateau est l'espace où se réalisent les prises de vue, c'est-à-dire le tournage et les enregistrements du journal télévisé.

8 Le chef de plateau est responsable du plateau. Il vérifie que les éclairages, les caméras et les perches pour le son sont en place.

9 Le réalisateur dirige l'enregistrement du journal télévisé. Installé en régie avec son équipe, il en est le chef d'orchestre et veille au bon enchaînement des sujets.

10 La baie de contrôle se compose d'écrans et d'appareils électroniques. Placée en régie, elle permet d'enregistrer une émission.

11 Le téléprompteur est un écran où défile le texte du présentateur. Il est placé près de l'objectif de la caméra. Cela donne l'impression au téléspectateur que le présentateur le regarde droit dans les yeux, alors qu'en fait, il lit son texte.

12 Les caméras sont toujours plusieurs : la caméra principale est fixée sur le présentateur, les autres filment les invités.

13 Le présentateur est le journaliste qui présente le journal télévisé. Contrairement aux autres journalistes, le présentateur s'engage physiquement en exposant son visage, sa voix et sa façon de parler. Le présentateur dépend du rédacteur en chef, ou parfois, il est lui-même le rédacteur en chef du journal.

Le conducteur dresse la liste détaillée du journal avec les sujets traités, leur ordre de passage et leur durée. Le présentateur, le réalisateur et son équipe disposent du même conducteur et peuvent ainsi lancer les reportages au bon moment.

L'oreillette se révèle indispensable. Grâce à ce petit écouteur, le réalisateur et ses assistants préviennent le présentateur de se tenir prêt à prendre l'antenne ou lui indiquent des problèmes techniques.

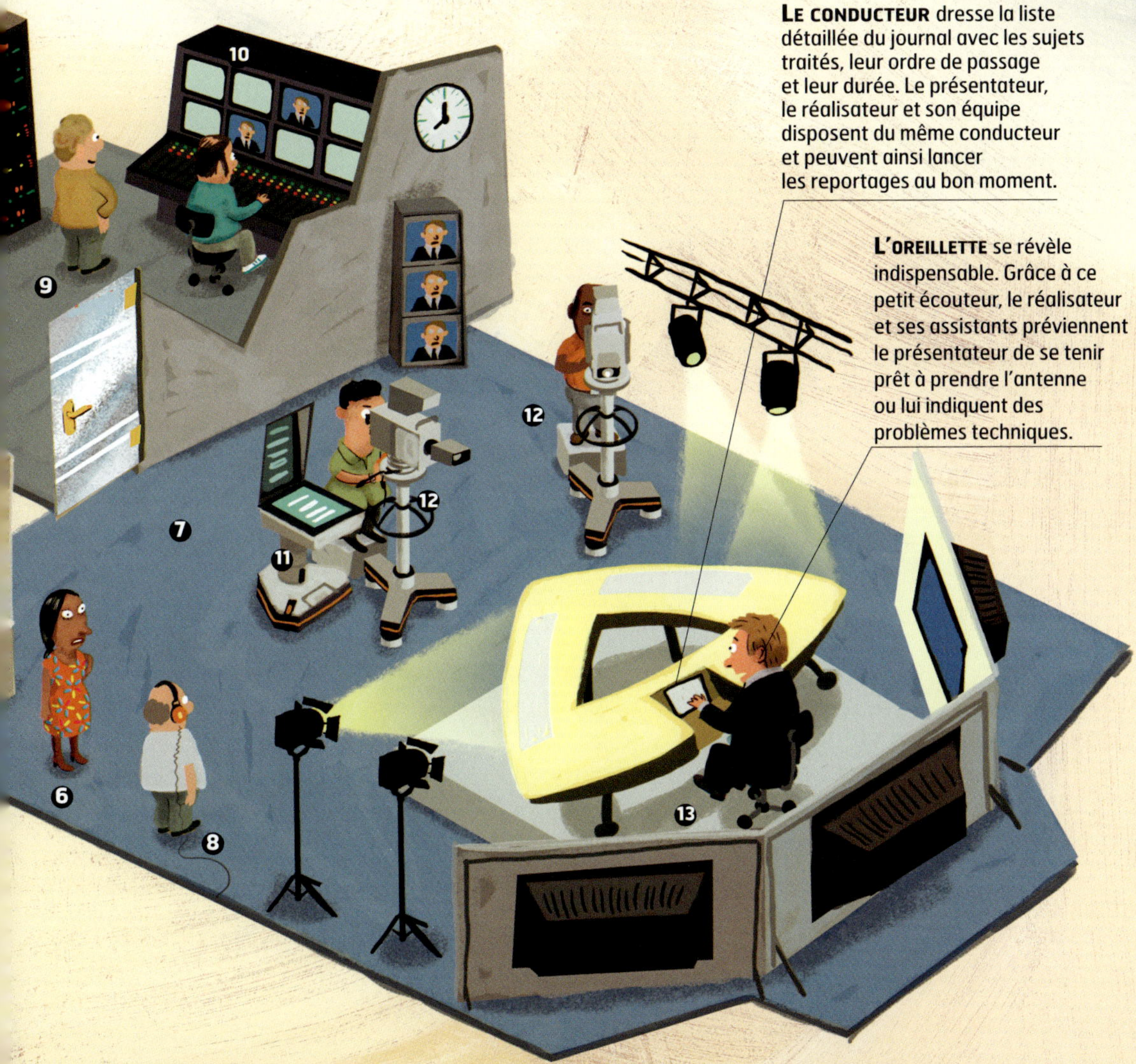

La grand-messe du journal télévisé

Le journal télévisé attire sept fois plus de public que les quotidiens nationaux et les radios réunis. Le JT séduit autant parce que ses images semblent refléter exactement la réalité. Pourtant, le JT est une mise en scène de l'actualité.

Les débuts du JT

29 juin 1949 : diffusion du premier journal télévisé. À l'époque, moins de 1 % des foyers français est équipé de téléviseurs (95 % aujourd'hui).
1950 : l'édition du soir, jusqu'alors unique, est reprise le lendemain à 12 h 45.
1952 : première liaison en direct entre Paris et Londres.
1954 : apparition des présentateurs-journalistes. Claude Darget est le premier « homme-tronc ».
1956 : le JT est placé sous contrôle politique, il est rattaché au ministère de l'Information.
1962 : les satellites relayent les images et les sons entre les États-Unis et l'Europe.
1963 : mise en place des journaux régionaux.
1966 : la deuxième chaîne, créée en 1964, lance son JT.
1969 : suppression du ministère de l'Information.

L'actualité élastique

La durée est la contrainte principale du journal télévisé. Si toutes les informations ne peuvent être traitées, les journalistes opèrent une sélection. Lorsqu'il n'y a pas assez de sujets, ils font ce qu'ils appellent du « remplissage ». La réalité est donc une donnée élastique suivant les besoins du JT.
La durée donne pourtant l'illusion du sérieux. Plus un JT dure longtemps, plus ses informations semblent complètes. Les journaux du soir des grandes chaînes ont donc adopté des formats longs : 44 minutes pour TF1, 42 minutes pour France 2. Mais les sujets de la vie quotidienne (les départs en vacances...) prennent souvent plus de place que les événements du monde. Ainsi, le JT de TF1 ne consacre que 42 % de son temps à l'actualité internationale, alors que le journal d'Arte, qui dure deux fois moins longtemps, s'y consacre à près de 90 %.

Du rythme et de l'émotion

Les JT de 20 h de TF1 et de France 2 traitent en moyenne 12 faits d'actualité sous différents aspects. Ils proposent, donc, chaque soir, une trentaine de sujets. Quelle que soit l'importance du fait traité, un sujet dure en moyenne 1 minute 30. Ce format donne du rythme au journal : son but est d'éviter que le téléspectateur ne s'ennuie et ne change de chaîne. Mais ce rythme impose aux journalistes de fournir de nombreux sujets. Et il est plus rapide de réaliser deux sujets d'ambiance qu'un seul d'analyse. Par exemple, le 13 juillet 2005, le journal de France 2 fait un point sur les attentats du métro de Londres à travers 8 sujets. Plusieurs laissent la parole à des témoins (un Français présent dans le métro, des voisins de certains terroristes...). Ces gens évoquent leur état de choc, mais n'apportent rien à l'information. Ainsi, de plus en plus fréquemment, l'analyse cède la place à l'émotion.

Le ministre de l'Intérieur, Nicolas Sarkozy, se met régulièrement en scène pour passer au JT. Ci-dessus, après la mort d'un enfant de 11 ans dans la Cité des 4 000 à la Courneuve, le ministre multiplie les apparitions sur le lieu du drame et les déclarations chocs. Sa promesse de « nettoyer au Kärcher » la cité est reprise dans tous les JT.

Priorité aux images

Les images font croire au téléspectateur qu'il voit ce qui s'est vraiment passé. Or, il est impossible de montrer toute la réalité. Au mieux, le journaliste en capte une petite partie. Au pire, il la déforme en choisissant les images les plus spectaculaires.
Cette priorité donnée à l'image a plusieurs conséquences sur l'information. D'abord, elle implique qu'un événement important, mais sans image, passe inaperçu. À l'inverse, l'existence d'images déclenche le traitement de sujets secondaires, comme une naissance dans un zoo. De plus, cette quête d'images prend du temps. Le journaliste en a d'autant moins pour écrire son commentaire et il se contente, bien souvent, de décrire ce qui est montré au lieu de l'expliquer.

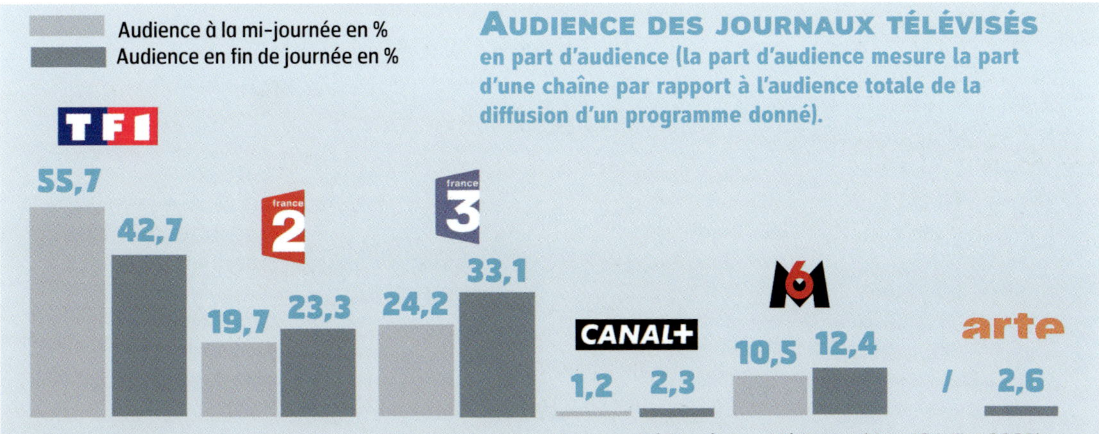

Source : Médiamétrie – Médiamat (4 au 10 juillet 2005)

Mars 2005. Les JT font de l'agonie du pape Jean-Paul II un véritable feuilleton : chaque soir, un nouveau diagnostic ou un nouveau rebondissement maintient le suspense jusqu'à son décès le 2 avril. Les jours suivants, les JT créent une suite en multipliant les sujets sur ses obsèques (ci-dessus).

Des images créées pour le JT

Certaines personnes utilisent le besoin d'images des journaux télévisés et créent l'événement pour faire parler d'elles. Dans des cas extrêmes, certains n'hésitent pas à tuer ou à organiser une prise d'otages pour passer au JT. En 1993, un homme tue René Bousquet. L'ancien secrétaire général de la police du gouvernement de Vichy devait être jugé pour avoir organisé des arrestations de civils en collaboration avec les nazis pendant la Seconde Guerre mondiale. Immédiatement après l'avoir tué, son meurtrier téléphone à la télévision et passe au 20 h pour raconter son geste.

Les risques du direct

Le JT est toujours en direct. Il donne l'impression au téléspectateur de vivre l'événement au moment où il a lieu. En fait, seul le présentateur est en direct. Les sujets sont tournés avant le JT. Les journaux multiplient les comptes rendus de leurs envoyés spéciaux pour maintenir cette illusion et créer un suspense qui tiendra en haleine le téléspectateur. Ils cher-

Les mêmes images dans les JT

Si le téléspectateur voit souvent les mêmes images d'un JT à l'autre, c'est parce que toutes les chaînes sont clientes de banques d'images. La principale s'appelle EVN (Exchange Video News). C'est un réseau international qui permet aux télévisions du monde entier d'échanger leurs reportages. Les télévisions peuvent ainsi diffuser des images des événements dont on parle dans le monde, même si elles n'ont pas envoyé de journaliste sur place. En France, chaque chaîne charge un ou plusieurs journalistes de sélectionner les images sur l'EVN. Les images arrivent sans commentaire. Les journalistes choisissent des extraits et y ajoutent leurs propres commentaires. Ainsi, les JT du monde entier se ressemblent, car ils montrent les mêmes images, mais les commentaires diffèrent, donnant même parfois des sens opposés aux images.

chent aussi sans cesse à réduire le délai entre un événement et sa diffusion. Les JT prennent alors le risque de donner de fausses informations. Ainsi, en 2004, l'ancien Premier ministre, Alain Juppé, doit annoncer, en direct du JT de 20 h de TF1, s'il se retire ou non de la vie politique. N'ayant pas pris le temps de vérifier ses sources, David Pujadas, le présentateur du JT de France 2, annonce qu'Alain Juppé se retire de la vie politique alors que celui-ci déclare le contraire sur la chaîne concurrente.
Pour se protéger dans cette course périlleuse à l'information, les journalistes utilisent de plus en plus le conditionnel : « Il y aurait eu une fusillade. » Or, si l'information a été vérifiée, le journaliste doit être capable d'affirmer s'il y a eu une fusillade.

L'influence de l'homme-tronc

Les JT sont traditionnellement présentés par un présentateur ou une présentatrice. La voix, le visage, les expressions de ce journaliste modifient la façon dont le téléspectateur reçoit l'information. Que le présentateur plisse les yeux, qu'il esquisse un sourire, qu'il ait l'air grave, et le sens de l'information en est changé.
« Avant d'être un rendez-vous avec l'actualité, le JT est d'abord un rendez-vous avec quelqu'un. »[1]
D'après des études, la façon de parler et la voix du présentateur comptent plus pour le public que sa rigueur de journaliste. Le texte n'est essentiel[2] que pour 7 % des téléspectateurs. Le présentateur joue donc un grand rôle qui diffère d'un JT à l'autre. Ainsi, le JT de 20 h de TF1, présenté par Patrick Poivre d'Arvor, est le journal le plus populaire et le plus maternel. Entre deux sujets traités de façon dramatique, PPDA rassure le public grâce à son timbre de voix et sa façon de parler. Il conserve ainsi l'attention des téléspectateurs du début à la fin du journal.

1. Enquête de l'Observatoire du débat public réalisée pour *Le Monde*, 2001.
2. *La Télévision ordinaire du pouvoir*, Sylvie Blum, PUF, 1982.

CNN et l'info en continu

En 1980, le milliardaire américain Ted Turner crée la première chaîne télévisée d'information qui diffuse 24 h sur 24 : CNN (Cable News Network). Il est bientôt imité aux États-Unis puis dans le monde entier. En France, c'est d'abord une radio d'information en continu, France Info, qui voit le jour en 1987, puis des chaînes de télévision, comme LCI, en 1994. Les chaînes d'information en continu permettent au public de se tenir informé à tout moment. Mais ces chaînes ont aussi accentué la rapidité et la quantité d'informations. Leur besoin permanent de trouver de nouvelles informations les placent dans une situation de dépendance par rapport aux hommes politiques, aux patrons d'entreprises, etc. Au lieu de répondre aux questions, ceux-ci imposent leurs sujets. Et comme les chaînes veulent être les premières à diffuser les informations, elles ne prennent plus toujours le temps de vérifier si celles-ci sont vraies ou fausses.

Un spot publicitaire de 30 secondes coûte : après le JT de 20 heures : **86 000** euros (HT) sur TF1
Tarif Média – sept.-oct. 2001

BARR
LA FAO CONSTATA EL FRACASO
LA VANG
con bomba radiac
Un vecino ayuda a dete
KO
Nikon

Le paysage de l'information

Le panorama de la presse d'information et des médias audiovisuels montre une grande variété de choix. Beaucoup de ces médias sont très récents : ils ont été créés à partir des années 1980, au moment où l'État a accepté de ne plus avoir la mainmise sur la télévision et la radio. Cette décision accompagnait l'apparition de nouvelles techniques qui facilitaient leur création. Cependant, cette richesse apparente cache plusieurs problèmes : l'appartenance de ces médias à un petit groupe de personnes, la crise de la presse d'information et la dépendance des médias à la publicité.

La presse

Aujourd'hui, en France, plus de 4 000 titres[1] de presse sont diffusés. Parmi eux, moins d'un sur dix traite l'information générale (politique, économie, actualité du monde, questions de société...). Leur parution est généralement quotidienne ou hebdomadaire, leur diffusion, nationale ou régionale.

Une presse d'information pour les jeunes s'est développée ces dernières années. Elle explique l'actualité dans un vocabulaire simple. Certains titres sont quotidiens comme *Mon quotidien* ou *L'Actu* (Play Bac Presse), d'autres sont hebdomadaires : *Les Clés de l'actualité* (Milan Presse) ou *L'Hebdo des ados* (Fleurus presse).

Les quotidiens nationaux

Dix quotidiens nationaux sont disponibles dans les kiosques français. Ensemble, ces dix titres sont vendus à près d'1,5 million[2] de numéros chaque jour (pour 62 millions d'habitants). Ces journaux présentent les informations dans un style et avec un regard qui leur sont propres. Trois grands généralistes abordent tous les sujets, avec des positions politiques différentes : « Le Monde », « Le Figaro » et « Libération » (s'y ajoute un journal anglo-saxon : « L'International Tribune »). Deux journaux d'opinion donnent la priorité à certaines informations : sujets religieux pour « La Croix » et sujets sociaux pour « L'Humanité ». Deux quotidiens sont spécialisés dans l'économie : « Les Échos » et « La Tribune » ; et deux grands titres populaires privilégient les faits divers : « Aujourd'hui en France » et « France Soir ».

Les quotidiens régionaux

La presse quotidienne régionale compte 56 quotidiens locaux qui, à eux tous, vendent, chaque jour, plus de 6 millions[2] d'exemplaires. Les quotidiens régionaux proposent parfois jusqu'à plusieurs dizaines d'éditions locales. Ces éditions par ville ou par département possèdent des pages communes d'informations internationales et nationales, et des pages différentes d'informations locales.

1. Direction du développement des médias.
2. Chiffres OJD.
3. Syndicat de la presse régionale hebdomadaire.

Les hebdomadaires

Les 16 hebdomadaires nationaux vendent chaque semaine plus de 2,6 millions d'exemplaires, et les 242 régionaux[3] : 1,6 million[2] d'exemplaires. Son rythme permet à cette presse de prendre du recul sur l'actualité : elle propose des enquêtes, des dossiers économiques, politiques... Les nationaux (« Le Nouvel Observateur », « Le Point »...) affichent une position politique plus ou moins forte. Certains se distinguent par le regard particulier qu'ils portent sur l'actualité : ironique et critique (« Le Canard enchaîné »), distancié à travers la presse française et étrangère (« Courrier International »). Il existe aussi des journaux mensuels d'information (« Le Monde diplomatique »...).

Les journaux gratuits

En 2002, des quotidiens gratuits (« 20 Minutes », « Métro ») sont apparus, d'abord à Paris, puis dans d'autres villes françaises. À l'origine, ils diffusaient surtout des informations fournies par les agences de presse. Aujourd'hui, ils proposent davantage d'articles (interviews...) qui les font de plus en plus ressembler aux journaux d'information classiques. Leur audience est importante : en 2004, « 20 Minutes » revendique 2 millions de lecteurs et « Métro », 1,6 million.

L'AFP

L'Agence France Presse est l'une des plus grandes agences mondiales. Elle dispose du plus vaste réseau de correspondants à travers le monde. Ces journalistes préviennent le siège parisien chaque fois qu'un événement se produit. L'AFP rédige ce fait sous forme de dépêche qu'elle envoie ensuite à tous ses abonnés, dont les médias français. Elle est donc la première source des journalistes et doit garantir le sérieux de ses informations. Pour assurer son indépendance, l'AFP possède un statut particulier : ni privée ni publique, elle est gérée par un conseil d'administration, composé de représentants de l'État, des médias français et de son personnel. L'AFP fournit très peu d'images de télévision, contrairement à ses deux grandes concurrentes : Associated Press (américaine) et Reuters (britannique).

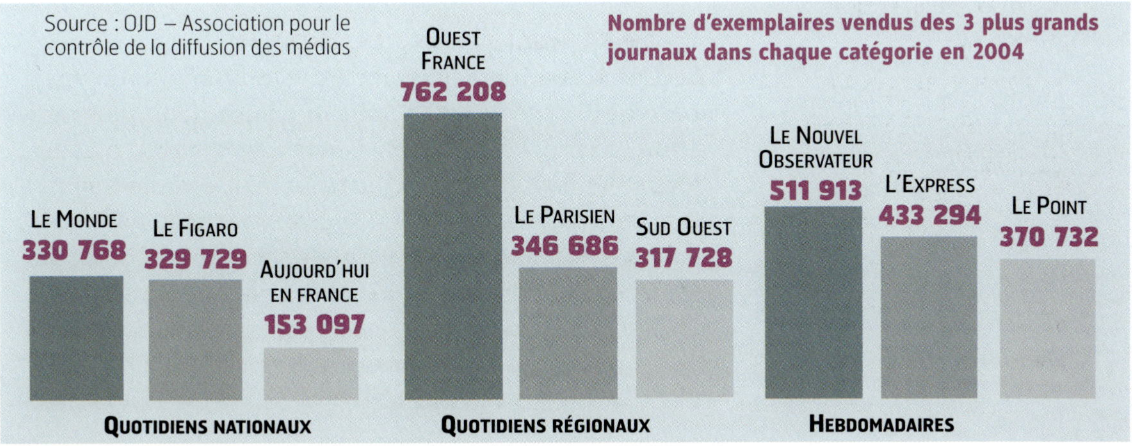

La télé, la radio et Internet

Aujourd'hui, les Français ont le choix entre de très nombreuses chaînes de télévision, de stations de radio et de sites sur le réseau Internet. La télévision s'est affirmée comme le média préféré des Français.

Les Français âgés de plus de 4 ans passent 3 heures 22 minutes devant la télévision chaque jour. Une étude du CSA, sur la violence et la télévision, admet que cette situation est préoccupante et montre du doigt les journaux télévisés qui offrent « le spectacle d'une société, où trop d'inégalités, trop d'injustices (...) semblent n'offrir d'autre issue que la confrontation, l'exclusion et le désespoir ».

La télévision

En 2005, la télévision française propose une centaine de chaînes. Certaines sont diffusées par le réseau hertzien accessible à tous, d'autres par le câble ou le satellite qui nécessitent une installation particulière.

Publique et privée

Depuis le milieu des années 1980, les chaînes de télévision se divisent entre un secteur public et un secteur privé. L'opérateur principal du secteur public, France Télévision, regroupe France 2, France 3 et France 5. La chaîne Arte, quant à elle, est placée sous la direction d'un groupe franco-allemand. Les chaînes du secteur privé appartiennent à de grands groupes industriels ou de communication : TF1 appartient au groupe Bouygues, Canal+ au groupe Vivendi, M6 au groupe Bertelsmann.

L'offre de base

Sept chaînes, dites hertziennes, constituent l'offre de base de la télévision et sont diffusées dans toute la France. Parmi elles, quatre sont généralistes : TF1, France 2, France 3, M6, et trois sont thématiques : Canal+ (sport et cinéma), France 5 (éducation), Arte (culture). Toutes sont accessibles gratuitement, sauf Canal+, dont l'accès se fait par abonnement. Quelques chaînes locales ou régionales sont également diffusées en hertzien à Lyon, à Toulouse, en Lorraine, etc. La télévision numérique terrestre

(TNT), lancée en mars 2005, s'adresse aux Français qui n'ont ni le câble ni le satellite. Elle permet, après l'achat d'un adaptateur, de recevoir d'autres chaînes, payantes ou gratuites.

L'offre élargie

Près d'une centaine de chaînes sont diffusées par le câble et le satellite. Leur accès se fait par abonnement. Environ un foyer sur 4 possédant un poste de télévision est abonné à une offre de télévision payante.

La télévision par câble, implantée en France depuis 1987, propose des chaînes généralistes, thématiques, locales, étrangères... Sa diffusion est limitée aux villes, car elle nécessite que les foyers soient raccordés à un réseau câblé.

La télévision par satellite propose des bouquets de chaînes généralistes, thématiques, étrangères, etc. Deux grandes offres se partagent cette diffusion : Canal Satellite (groupes Vivendi et Lagardère) et TPS (groupes Bouygues et Bertelsmann). Elles peuvent couvrir l'ensemble du territoire, mais impliquent l'installation de paraboles.

Le CSA

Depuis 1982, l'État ne contrôle plus directement les médias audiovisuels. Un organisme a été créé pour garantir leur indépendance. Après plusieurs modifications, il a été baptisé Conseil supérieur de l'audiovisuel par une loi de 1989. Il est composé de neuf membres : trois sont nommés par le président de la République (dont son président), trois par le président de l'Assemblée nationale et trois par celui du Sénat. Le CSA remplit plusieurs rôles : il attribue les fréquences aux télévisions et aux radios et veille à ce qu'elles respectent les lois, la protection des mineurs, les différentes opinions... En cas de non-respect, le CSA peut sanctionner le média fautif. Le CSA désigne aussi les présidents des télévisions et des radios publiques.

Audience des chaînes de télévision

En part d'audience (la part d'audience mesure la part d'une chaîne par rapport à l'audience totale)

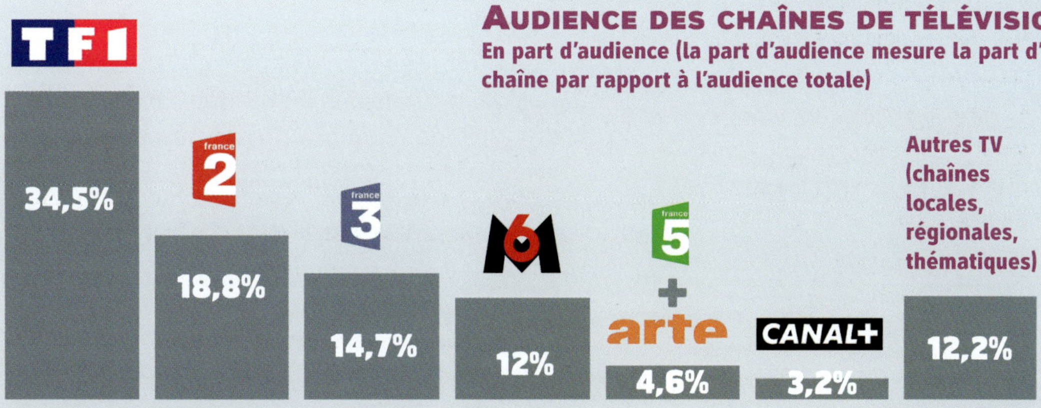

Source : Médiamétrie - Médiamat mensuel (août 2005)

AUDIENCE DES RADIOS

En audience cumulée (l'audience cumulée mesure le pourcentage de personnes ayant écouté la radio pendant les 24 heures précédant l'enquête)

NRJ 11,8 %

RTL 11,7 %

France Inter 9,8 %

Europe 1 9,8 %

France Info 9,6 %

Source : Médiamétrie, avril- juin 2005

La radio

Les Français peuvent aujourd'hui écouter quatre grands types de radios : des radios généralistes nationales (France Inter, RTL et Europe 1), des radios thématiques nationales (France Culture, France Info...), des radios locales indépendantes ou associatives. Ces radios sont des entreprises publiques, des entreprises privées ou des associations.

Le service public

Les émissions de radio du service public sont assurées par 3 sociétés nationales : Radio France, Radio France Outre-Mer (RFO) et Radio France Internationale (RFI). La plus importante, Radio France, regroupe 5 radios nationales (France Inter, France Info, France-Culture, France Musique et France bleue), des programmes locaux (des stations de France bleue, FIP, Le Mouv'), des programmes européens (France-Culture-Europe, Hector, Élisa). RFO diffuse vers les DOM-TOM et RFI, dans le monde entier.

Le secteur privé

Les radios privées sont très nombreuses : 3 348 stations sont exploitées par 1 077 opérateurs. Les plus importantes dépendent des mêmes groupes : Europe 1, Europe 2 et RFM du groupe Lagardère ; RTL, RTL2 et Fun du groupe Bertelsmann ; NRJ, Chérie FM, Nostalgie, Rire et Chansons du groupe NRJ.

À côté des grandes radios, plusieurs centaines de radios associatives locales émettent sur les ondes françaises. Radios musicales, d'informations ou communautaires (comme Beur FM ou Radio Méditerranée), elles offrent souvent des regards originaux et plus proches de leurs auditeurs.

Internet

Depuis l'apparition du réseau Internet en France dans les années 1980, des sites en tout genre n'ont cessé de se multiplier, et notamment les sites d'informations.

Des sites d'info

La plupart des journaux (télévisés, radios ou écrits) ont mis leurs contenus en ligne, de nouveaux journaux ont été créés, de nouvelles sources d'informations sont apparues. Toutes ne sont pas fiables car chaque personne peut désormais réaliser son propre site et le mettre en ligne. Mais ces informations sont mises sur le même plan que celles vérifiées par des journalistes et il est parfois difficile de s'y retrouver. Internet sert cependant de bibliothèque géante aux gens qui recherchent des informations, des divertissements... et permet aussi de communiquer rapidement.

Entre 2000 et 2003, les jeunes Français de 15 à 24 ans, qui ont accès à Internet, ont surfé entre 6 et 14 heures par mois. La recherche d'informations est l'une de leurs premières motivations de leur utilisation de ce média (d'après une étude de Bernard Spitz et de la Direction du développement des médias, réalisée en 2004).

Un média en progression

En France, plus de 24 millions[1] de personnes se servent d'Internet, soit 47 % des Français âgés de plus de 10 ans et 13 millions d'internautes se connectent en haut débit qui permet une consultation beaucoup plus rapide. L'accès à Internet est détenu par de grands groupes : AOL, le plus important, est américain. Dans notre pays, il est principalement concurrencé par Wanadoo (France Télécom) et Club Internet (Lagardère).

1. Source : Médiamétrie, juillet 2005.

Le bouleversement des médias

Depuis les années 1980, les médias se sont radicalement transformés. Les évolutions techniques, encouragées par des décisions politiques, ont entraîné l'explosion du nombre de radios, de chaînes de télévision et de magazines. Cette métamorphose s'est accompagnée d'un bouleversement de l'économie des médias.

Les nouvelles technologies ont révolutionné la façon de travailler des journalistes. Ici, un photographe transmet directement ses images, prises avec un appareil photo numérique, à sa rédaction depuis son lieu de prise de vue.

La révolution technologique

À partir des années 1980, des satellites de communication sont lancés, puis de nouveaux programmes de diffusion sont décidés et mis en place (par câble et par satellite), des médias électroniques en réseau sont créés (le Minitel puis Internet). Toutes ces innovations technologiques ont entraîné de nouvelles manières de fabriquer les journaux et de travailler pour les journalistes. Avec l'informatique et le numérique, toutes les tâches sont simplifiées. Les journalistes peuvent, par exemple, transmettre leurs écrits, leurs images et leurs sons en un temps record à leur rédaction, depuis la ville voisine ou l'autre bout du monde.

Une volonté politique

L'État a accompagné cette révolution technologique en abandonnant son pouvoir sur certaines télévisions et radios qui dépendaient alors de lui. Cette libéralisation a débuté en 1981 avec l'élection du socialiste François Mitterrand à la présidence de la République. Celui-ci a d'abord décidé de reconnaître officiellement les nombreuses « radios pirates » qui diffusaient dans l'illégalité. Puis, il a accepté la création de chaînes privées de télévision : Canal+ en 1984, bientôt suivie par la 5 et TV6 (devenue M6). En 1986, le nouveau gouvernement de droite, mené par Jacques Chirac, a poursuivi cette évolution. Il a vendu la première chaîne, TF1, au groupe privé Bouygues.

Une nouvelle économie

Lorsque l'État contrôlait la plupart des télévisions et des radios (directement jusqu'en 1964, puis indirectement à l'époque de l'ORTF, l'Office de radiodiffusion télévision française, de 1964 à 1974), la concurrence entre ces médias n'existait pas. L'État se contentait d'équilibrer les recettes et les dépenses et ne leur demandait pas de faire des bénéfices. En devenant privés, ces médias se sont transformés en entreprises comme les autres. Ils doivent rapporter de l'argent et donc, accroître leurs audiences et attirer la publicité. Tous sont entrés en concurrence, même ceux restés publics.

L'apparition des grands groupes

Cette nouvelle situation a accéléré le développement de grands groupes de communication. Ceux-ci peuvent désormais diversifier leurs activités entre chaînes de télévision, stations de radio, journaux ou magazines. On dit alors qu'ils sont « multimédias ». Leurs nouveaux magazines, qui donnent avant tout des conseils pratiques à un public ciblé (les femmes, les jeunes, les amateurs de voitures...), ont vite connu un grand succès. Du coup, les journaux télévisés, les radios et certains titres de la presse écrite ont adopté le style et le ton de ces magazines et consacrent, désormais, une partie de leur temps ou de leurs pages aux loisirs, au divertissement et aux informations pratiques.

Le rôle de l'État

En France, la loi encadre les activités des médias. Cette spécificité française doit permettre d'assurer trois principes fondamentaux de notre démocratie :
- la transparence,
- l'indépendance,
- le pluralisme des médias, c'est-à-dire le fait de diffuser des opinions différentes.
En ce qui concerne la transparence, le public doit pouvoir identifier facilement la personne ou le groupe qui l'informe. Ainsi, la presse écrite est-elle tenue de faire apparaître, dans chacun de ses numéros, plusieurs informations et notamment le nom du propriétaire et du directeur de publication.
Pour garantir l'indépendance, la publicité doit être facilement identifiable dans tous les médias et ne pas excéder un certain volume. À la télévision par exemple, la publicité ne doit pas dépasser 6 à 9 minutes par heure de diffusion. De leur côté, les titres de la presse écrite, pour bénéficier des aides de l'État, ne doivent pas accorder à la publicité plus des deux tiers de leurs pages.
Enfin, pour assurer la diffusion et l'existence de toutes les opinions, l'État tente, sans grand succès, de limiter le regroupement des médias **(voir pp. 58-59).**

La course au regroupement

Comme toutes les autres entreprises privées, les médias sont en concurrence les uns avec les autres et doivent être rentables. Ils ont tendance à se regrouper pour s'imposer et se développer. En France, cette concentration a provoqué la disparition de nombreux titres de journaux d'information ou la perte de leur indépendance.

Les formes de la concentration

La concentration peut se faire sous plusieurs formes. Une entreprise peut racheter une ou plusieurs entreprises qui fabriquent des produits similaires. Par exemple, une station de radio rachète d'autres stations de radio. Elles peuvent ainsi partager des compétences communes (certains contenus, etc). On appelle ce regroupement une concentration horizontale. Dans le cas d'une concentration verticale, le rachat permet de contrôler les différentes phases de sa production. Par exemple, un journal rachète une imprimerie et une entreprise de distribution de journaux. La concentration peut aussi être multimédia : une entreprise rachète plusieurs types de médias différents (journaux, radios, chaînes de télévision, maisons d'édition...).

Le cas particulier de la France

En France, la concentration dans la presse a débuté après la Première Guerre mondiale. À cette époque, la logique est de racheter un journal concurrent pour le faire disparaître. Dans les régions, l'illusion d'un nombre important de journaux a été maintenue car le journal vainqueur a lancé ses propres éditions locales dans toute sa zone géographique. Ce monopole provoque, malgré tout, un appauvrissement des points de vue puisque toute une partie des pages de ces éditions locales sont les mêmes. Au cours des années 1980, le regroupement des médias s'est encore accéléré avec l'apparition de la télévision et de la radio commerciales. Les groupes de presse sont devenus multimédias et contrôlent désormais tous les canaux de diffusion de l'information.

Les tentatives d'intervention de l'État

À la fin de la Seconde Guerre mondiale, le nouveau pouvoir issu de la Résistance a tenté de faire table rase du passé. L'État a voulu garantir une presse d'opinion variée et libre grâce à des règles : en 1944, la loi a ainsi interdit à une personne ou à un groupe d'être directeur de plus d'un quotidien. L'État a également mis au point un système d'aides pour permettre à tous ceux qui le souhaitaient de créer des journaux. Cependant, la faiblesse des ressources financières de la plupart d'entre eux ne leur a pas permis de faire face aux évolutions techniques. Beaucoup ont disparu. D'autres ont dû faire appel à des capitaux privés pour survivre et, très vite, le phénomène de concentration a repris. Pour contrer l'émergence de grands groupes, l'État a tenté à nouveau d'intervenir, mais sans grand succès : une loi de 1984 n'a jamais été appliquée. Une autre de 1986 interdit à une personne de détenir plus de 30 % de la diffusion des quotidiens d'information. Mais elle a, elle aussi, du mal à être respectée à cause de la complexité des montages financiers : aujourd'hui, la plupart des médias d'information appartiennent aux mêmes personnes.

Concentration et démocratie

Deux interprétations s'affrontent sur les conséquences de la concentration. La première prétend que la réduction du nombre d'entreprises indépendantes entraîne la disparition de certains points de vue. D'après la seconde opinion, au contraire, les médias ne sont pas assez concentrés et c'est leur petite taille qui les empêche de défendre leur indépendance. Ils deviennent ainsi les proies de groupes puissants extérieurs aux médias (Lagardère : armement, Dassault : aviation, Bouygues : bâtiments et travaux publics ...). Ceux-ci achètent des médias pour faire passer leurs idées et pour faire pression sur les dirigeants politiques. Ces pratiques sont une menace pour la démocratie en restreignant la diffusion de points de vue variés et en donnant la priorité aux contenus distrayants aux dépens des débats d'idées.

Le poids lourd TF1

TF1 est la première chaîne de télévison française. Elle enregistre le tiers (soit 34,5 % en août 2005) de l'audience totale de l'ensemble des chaînes. Cependant, la chaîne TF1 ne représente qu'une partie des activités et des bénéfices du groupe TF1. En effet, celui-ci est aussi le premier propriétaire du bouquet numérique TPS qui compte plus d'1,3 million d'abonnés. Il possède également d'autres chaînes de télévision (LCI, Cinéstar, Eurosport...), produit des films, les distribue, édite des cassettes vidéo, des DVD, des CD musicaux, et de nombreux produits dérivés (jeux de société, etc.). De plus, depuis 2004, le groupe tente de s'implanter dans la presse écrite : il a racheté une partie du journal gratuit, *Métro*, et prépare un projet de journal gratuit sportif. Malgré tout, le puissant groupe TF1 ne représente encore qu'une partie des diverses activités de son propriétaire : le groupe Bouygues.

20 et 18 milliards d'euros : ce sont les montants des ventes (ou chiffres d'affaires) respectifs du groupe allemand Bertelsmann et du britannique Murdoch.

9 milliards d'euros : c'est le chiffre d'affaires enregistré en 2004 par le premier groupe de média français, Lagardère. Les groupes français apparaissent donc moins puissants que leurs voisins européens.

Les médias concentrés entre quelques mains

Depuis les années 1980, les chaînes de télévision, les radios et les magazines se sont multipliés, donnant l'impression d'une grande diversité des sources d'information. Pourtant, quelques grandes entreprises seulement détiennent aujourd'hui la plupart de ces médias. Ce phénomène inquiète car il diminue la variété des informations et des points de vue diffusés.

Hachette / Lagardère

Le groupe français Lagardère est un groupe industriel qui fabrique de l'armement et des avions. Depuis les années 1980, il a racheté de nombreuses entreprises de presse et est devenu le plus grand groupe de communication en France.

- Presse : Ses magazines : Elle, Paris Match, Première, Télé 7 jours, Le Journal de Mickey… Ses quotidiens : Nice-Matin, La Provence, Var-Matin…
- Radio : Europe 1, Europe 2, Skyrock, RFM
- Télévision : Canal J, MCM, Match TV et 34 % de Canal Satellite.
- Édition : Hachette, Grasset, Fayard, Hatier, Le Livre de poche, Arlequin, Calmann-Lévy, Larousse, Stock, Armand Colin…

Presse · Télévision · Radio · Édition

La Socpresse / Dassault

La Socpresse est un grand éditeur français de journaux quotidiens et de magazines. Depuis 2002, après avoir changé plusieurs fois de propriétaire, elle appartient à plus de 80 % au groupe Dassault, constructeur d'avions.

- Presse : Ses quotidiens : Le Figaro, Le Progrès, La Voix du Nord, Le Courrier de l'Ouest, Le Dauphiné Libéré… Ses magazines : L'Expansion, L'Express, Lire…

Ouest France

Le groupe Ouest France est le plus grand éditeur de presse quotidienne régionale avec 42 éditions locales. Il est dirigé par une société, la Sipa, qui dépend d'une association (loi de 1901) : l'Association pour le soutien des principes de la démocratie humaniste. La société Sipa possède également Publihebdos, un éditeur de presse hebdomadaire régionale, une entreprise publicitaire et un groupe de communication.

- Presse : Ses principaux quotidiens : Ouest France, La Presse de la Manche, 20 Minutes (à 50 %), L'Éveil de Lisieux, Le Journal de l'Orne

Emap

Le groupe Emap est un grand groupe de presse britannique. Il possède de nombreux magazines en France :

- Presse : Télé Star, Télé Poche, Top Santé, Vital, Modes et Travaux, Biba, Nous Deux, FHM, Science et Vie, L'Auto Journal, Auto Plus…

Groupe Amaury

Amaury est un groupe français, grand éditeur de journaux quotidiens et de magazines spécialisés dans le sport. Il organise aussi des événements sportifs, comme le Tour de France et le rallye Paris-Dakar.

Ses quotidiens : Le Parisien, Aujourd'hui en France, L'Équipe...
Ses magazines : L'Équipe Magazine, France Football...

L'Équipe TV

La vie / Le Monde

Né en 1944, le quotidien Le Monde est aujourd'hui à la tête d'un important groupe de presse indépendant, qui s'est constitué par la création ou le rachat de journaux et magazines. Il a également pris le contrôle du groupe Midi-Libre et de plusieurs quotidiens régionaux. En 2002-2003, Le Monde a conforté sa position en rachetant 56 % du groupe PVC (La Vie, Télérama, Famille Magazine, Fleurus Presse...).

Ses quotidiens : Le Monde, Le Midi Libre, de Perpignan, Centre Presse...
Ses magazines : Le Monde de l'éducation, Le Monde diplomatique, Le Monde 2, Courrier International, Les Cahiers du cinéma, Télérama, La Vie...
Les magazines Fleurus : Je lis des histoires vraies, Papoum, Abricot...

Prisma Presse

Bertelsmann, le groupe allemand numéro 1 de la communication en Europe, a créé Prisma Presse en France à la fin des années 1970. Aujourd'hui, Prisma Presse est l'un des principaux éditeurs de magazines grand public français.

Ses magazines : Géo, Ça m'intéresse, Prima, Gala, Femme actuelle, Télé Loisirs, Télé 2 semaines, Voici, Capital, VSD...

RTL, RTL2, Fun radio

M6

Bayard Presse

Fondé en 1873 par un ordre religieux catholique, Bayard Presse est un groupe de presse indépendant. Il édite le quotidien La Croix et une centaine de magazines en France et à l'étranger. Bayard Presse domine notamment la presse jeunesse française. En 2003, il accroît encore cette domination en rachetant son principal concurrent dans ce secteur : Milan Presse.

Son quotidien : La Croix
Ses magazines : Le Pèlerin magazine, Notre Temps, Astrapi, Okapi, Pomme d'Api, J'aime Lire, Je Bouquine...
Les magazines Milan : Les Clés de l'actualité, Toupie, Picoti...

Aujourd'hui, Mathieu s'est réveillé en écoutant Skyrock. Allongé sur son lit, il a feuilleté le Journal de Mickey. Il a ensuite consulté Télé 7 jours et a allumé la télé pour regarder Canal J. Puis il a fait ses devoirs et utilisé son dictionnaire Larousse. Avant de s'endormir, il a lu quelques pages d'un livre, publié chez Grasset. Il ne le sait pas, mais derrière toutes ses activités de l a journée, il y a un seul et même groupe industriel : Lagardère.

La presse en danger

Depuis les années 1950, la presse quotidienne voit ses ventes et le nombre de ses titres diminuer. Elle est véritablement en crise depuis les années 1970. Moins de lecteurs, moins de vente de publicité, plus de concurrence : l'équilibre des journaux apparaît difficile et leur avenir, incertain.

La France est l'un des pays occidentaux où les habitants lisent le moins de quotidiens. En 2004 pour 1 000 habitants, on compte :
en France, 149 lecteurs ;
en Allemagne, 299 lecteurs ;
en Norvège, 582 lecteurs.
Source : Rapport du Conseil économique et social, juin 2005

Une perte d'identité

Aujourd'hui, moins d'un Français sur cinq lit un quotidien national chaque jour. Cette situation laisse penser que les Français n'y trouvent pas ce qu'ils y cherchent. Face à la concurrence de plus en plus écrasante de la télévision, la presse quotidienne nationale a eu tendance à adopter les sujets et les façons de faire de celle-ci au lieu de renforcer ses points forts : l'analyse et la distance par rapport à l'émotion. Dans plusieurs cas, des journaux ont publié précipitamment des informations qui se sont révélées fausses ou en partie fausses. Lors d'un sondage[1] effectué en 2005, plus d'un sondé sur deux disait avoir peu ou pas confiance dans la presse écrite. Et 41 % accordaient la même confiance aux journaux gratuits qu'à la presse payante. Ainsi, en n'affichant pas clairement sa différence entre elle et ses concurrents, la presse quotidienne nationale ne parvient pas à convaincre le lecteur de faire l'effort de l'acheter et de la lire.

La nouvelle concurrence

Un peu plus de la moitié des revenus d'un quotidien provient de ses ventes. L'autre moitié provient des pages vendues pour la publicité et les petites annonces. Les journaux en sont donc très dépendants. Or, ces revenus baissent aussi : les annonceurs ont désormais le choix pour passer leur publicité sur de multiples supports (télévisions, radios, journaux gratuits,

Internet, campagnes d'affichage, etc.). Et pendant les périodes récentes de crise économique, ils ont limité leurs budgets publicitaires. La presse quotidienne nationale est la plus touchée. Depuis trois ans, ses recettes publicitaires sont en baisse. Elle perd surtout les petites annonces (offres d'emploi, immobilier…) qui se dirigent vers Internet et les journaux gratuits.

Un avenir à défendre

Ce sont surtout les jeunes qui lisent de moins en moins la presse quotidienne. D'après une étude[2] réalisée en 2004, la lecture des jeunes se heurte à trois obstacles : le prix trop élevé des quotidiens nationaux, leur distribution dans des lieux qu'ils ne fréquentent pas, leur contenu peu adapté à leur attente. Les 15-24 ans s'informent essentiellement par la télévision, par Internet et par les journaux gratuits. Ils composent un tiers du lectorat du gratuit « 20 Minutes ». Ainsi, les lecteurs de la presse quotidienne payante ont tendance à vieillir, alors que ceux de la presse gratuite sont jeunes. Ce constat laisse présager une aggravation future de la situation des quotidiens. Or, la presse d'information est le meilleur support pour les débats d'idées, et de son avenir dépend aussi celui de la démocratie.

1. 18e baromètre TNS Sofres pour *La Croix* et *Le Point*
2. Étude de B. Spitz et de la Direction du développement des médias

Une faiblesse historique

La presse que nous connaissons aujourd'hui est née au lendemain de la Seconde Guerre mondiale. Les journaux, parus sous l'Occupation furent interdits. L'État mit en place tout un système d'aides pour permettre la reconstruction d'une presse libre et offrir au citoyen le journal de son choix. Les partis politiques et les syndicats issus de la Résistance créèrent de nombreux quotidiens. Mais, très rapidement, leur nombre diminua car beaucoup s'étaient constitués sans grands moyens financiers. Aujourd'hui encore, bien des journaux français ne pourraient pas vivre sans ces aides. Elles prennent la forme de subventions directes, de tarifs préférentiels pour l'envoi des journaux par La Poste ou leur acheminement par la SNCF, de diminution ou de suppression d'impôts.

Évolution du nombre de quotidiens nationaux et régionaux en France.

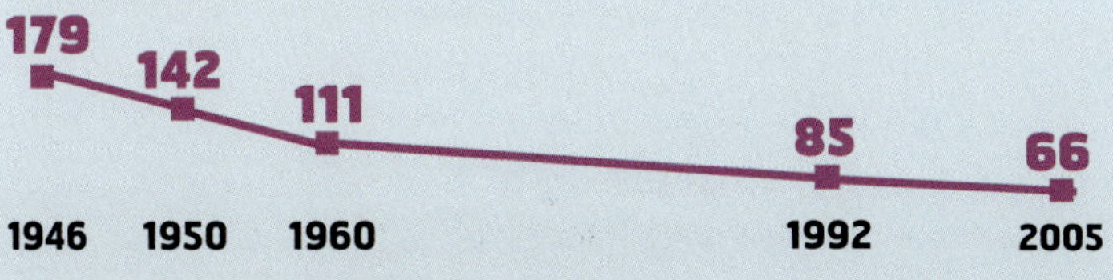

2 fois plus cher : depuis que le prix des journaux n'est plus fixé par l'État (1967), le prix du quotidien national a augmenté deux fois plus que les autres prix de la vie courante.

54 % de la vente des quotidiens se sont faits au numéro en 2004. C'est un système plus incertain que les ventes par abonnement ou portage à domicile, car les journaux ne peuvent jamais être sûrs que le lecteur sera fidèle.

L'impact de la pub

La publicité procure des recettes essentielles aux médias et placent ceux-ci dans une situation de dépendance vis-à-vis des annonceurs. Dès son introduction, la publicité a influencé l'allure et le contenu des médias.

Pub et concentration

La publicité a joué un rôle dans le regroupement des médias. En effet, lors de la privatisation des télévisions et des radios, les grands journaux de chaque région ont vu d'un mauvais œil l'arrivée de ces nouveaux concurrents qui risquaient de leur disputer leur marché publicitaire. Ils ont souvent réagi à cette situation en rachetant ces nouvelles chaînes et stations locales. Cette acquisition représentait pour eux un double intérêt : tout d'abord, ils ont accru leurs revenus publicitaires au lieu d'en perdre, et ensuite, en augmentant leur nombre de médias, ils ont élargi l'espace qu'ils peuvent vendre à la publicité.

La dépendance des médias

Alors que les médias publics reçoivent de l'argent de l'État, les médias privés tirent toutes leurs ressources, ou une large partie, de la vente d'espace publicitaire (page, temps d'antenne) à des entreprises. La survie de ces médias dépend donc de ces « annonceurs ». Et ceux-ci, en choisissant où ils placent leur publicité, exercent un réel pouvoir sur eux. Les annonceurs peuvent décider, par exemple, de ne plus diffuser de publicité dans un journal qui critique leurs activités. D'autre part, ils sélectionnent en priorité les médias qui enregistrent une large audience afin que leurs annonces touchent le public le plus large possible. Les médias entrent donc dans une concurrence effrénée pour attirer le plus grand nombre possible de lecteurs, de téléspectateurs, ou d'auditeurs aux dépens très souvent de la qualité de l'information.

Du rythme et de la couleur

Au XIXe siècle, l'introduction de la publicité dans la presse a été bien accueillie : en lui offrant de nouvelles

47,7% des recettes publicitaires des médias ont été effectués en 2004 par la presse écrite. Elle reste le principal support publicitaire parmi les médias mais sa part baisse régulièrement : elle était de 58,7 % en 1990.

32,6 % des recettes publicitaires des médias ont été enregistrés par la télévision ;

8 % par la radio.

recettes, elle lui a permis de vendre ses journaux moins chers et de gagner de nombreux lecteurs. Très vite, la publicité a exigé des journaux une évolution vers des mises en page plus aérées, davantage de couleurs et un papier de meilleur qualité afin que ses annonces soient mises en valeur. Ce changement d'allure des journaux a aussi entraîné la réduction des articles à des formats plus « confortables » et a influencé durablement la façon de traiter les sujets. Elle a été reprise ensuite et accentuée par la radio et la télévision qui ont adopté un rythme rapide pour ne pas ennuyer leurs auditeurs et leurs téléspectateurs.

Malgré leur nom, les journaux gratuits ne sont pas des journaux d'information comme les autres : ces derniers publient de la publicité pour pouvoir diffuser leurs informations, tandis que les gratuits publient des informations pour vendre de la publicité. Ci-dessus, des militants du Livre CGT ont déversé, en 2002, 200 000 exemplaires du quotidien gratuit *Métro*, pour protester contre leur concurrence déloyale.

Un contenu plus attrayant

Pour gagner de l'audience et attirer la publicité, les journaux télé, radio et écrits ont tendance à choisir des sujets qui intéressent le plus grand nombre et ne gênent personne. Du coup, les contenus et les informations traitées se ressemblent. Ainsi, dans les journaux télévisés, « dans un ordre plus ou moins différent, 70 à 80 % des sujets sont les mêmes[1] ». Cette évolution provoque la disparition des idées difficiles à comprendre ou différentes du discours habituel au profit des faits divers, du sport, des stars... Cette évolution vers le spectaculaire n'épargne pas les informations plus sérieuses. Les images chocs se multiplient et les journalistes ont recours à des formules stimulantes qui ressemblent beaucoup à des messages publicitaires : « des images bouleversantes, un reportage poignant, exclusif, un document exceptionnel... ». Dans le même temps, des publicités prennent de plus en plus la forme d'articles. Et la confusion entre information et publicité grandit.

1. *Politis* – 4 décembre 2003

LES JOURNALISTES

Le mot "journaliste" renvoie à des images qui ne correspondent pas au quotidien de tous ces professionnels des médias. Ceux-ci, en effet, sont très différents les uns des autres et les journalistes d'information ne représentent qu'une petite minorité parmi eux. Cependant, tous se réunissent autour de grands principes et sont reconnus sur la base de critères communs. Ces dernières décennies, les journalistes ont dû s'adapter aux nouvelles techniques et pratiques de leur profession. Et beaucoup se heurtent à des difficultés croissantes pour exercer sereinement leur activité.

Le journaliste : images et réalités

Au cours du XXe siècle, le journaliste s'est imposé comme un globe-trotter justicier. Incarné par le personnage de BD Tintin ou de roman policier Rouletabille, par l'écrivain Joseph Kessel ou le grand reporter Albert Londres, ce mythe du journaliste a suscité de nombreuses vocations et quelques désillusions.

En 1967, l'écrivain américain, John Steinbeck, écrit une série d'articles sur la guerre que mènent alors les États-Unis au Sud-Vietnam. Prix Nobel de littérature en 1962, John Steinbeck s'inscrit dans la prestigieuse famille des écrivains-grands reporters.

Le voyageur

Une toute petite minorité des journalistes voyage : ce sont les grands reporters, envoyés spéciaux d'une rédaction ou journalistes indépendants qui vendront ensuite leurs reportages. Leurs missions sont de plus en plus courtes car le grand reportage coûte cher.

Aujourd'hui, la plupart des journalistes exercent leur métier dans la presse magazine qui impose moins de déplacements. L'essentiel de leur travail s'effectue au sein de leur rédaction où ils reçoivent et traitent directement les informations.

Le justicier

L'image du journaliste défenseur de la vérité s'est dégradée depuis les années 1980. Des diffusions d'informations non vérifiées, voire truquées, ont provoqué l'indignation. Par exemple, pendant la guerre du Golfe en 1991, les journalistes de la télévision, contraints de trouver constamment de nouvelles images pour alimenter les chaînes d'information en continu (LCI, CNN...), se sont souvent contentés de films fournis par l'armée américaine. Celle-ci a ainsi pu imposer l'illusion qu'elle menait une « guerre propre », en ne montrant ni les morts ni les blessés.

Les risques d'erreur et les tentatives de manipulation ont toujours existé, mais les évolutions techniques récentes les ont décuplés : les nouveaux rythmes de travail, imposés aux journalistes, les contraignent à des enquêtes et à des vérifications plus rapides.

Aujourd'hui, les journalistes sont de plus en plus nombreux et la concurrence est forte pour récolter les informations et les meilleures photos. Ci-dessus, en 2000, les journalistes se pressent autour du maire de Paris de l'époque, Jean Tibéri, pour recueillir ses déclarations.

La star

La plupart des journalistes ne sont pas exposés au regard du public. C'est le cas des journalistes d'agences de presse. Pourtant, ce sont eux qui collectent les informations à travers le monde et les diffusent aux journaux, télévisions et radios.

Les éditorialistes de la presse écrite et les présentateurs de journaux télévisés, connus de tous, ne représentent qu'un tout petit nombre de journalistes. Leur célébrité a entraîné l'apparition d'une fausse idée : le bon journaliste n'est plus le professionnel rigoureux mais celui qui attire la plus forte audience.

Pourquoi veulent-ils devenir journalistes ?

Étude parue en 1999 dans Communication et Langages, réalisée par Édith Rémond à partir de 467 dossiers de candidature à l'IUT de journalisme de Bordeaux.

Le journaliste est pour :
233* : un témoin,
118 : un acteur social,
73 : un justicier,
49 : un narrateur,
4 : un aventurier.

À travers cette étude, il apparaît que ces candidats « viennent au journalisme par peur de la routine et de la monotonie. (...) Cette génération du zapping recherche avant tout dans ce métier la diversité. (...) Plus étonnant et alors que le nombre de candidatures augmente d'année en année : le "journaliste-aventurier, bourlingueur et même investigateur", semble avoir "disparu de l'horizon de leurs références. » Autre surprise : À une époque où il est beaucoup question de "dérapages" des médias, "le mot "éthique" n'apparaît que deux fois dans l'ensemble des textes et le mot "déontologie" une seule fois."

* certains candidats ont donné plusieurs réponses.

Portrait d'une profession à part

Le journaliste est un personnage familier : chaque jour, il pénètre dans notre quotidien par la télévision, la radio ou le journal. Cependant tous les journalistes ne font pas le même métier.

Des inégalités subsistent entre les hommes et les femmes journalistes : les femmes restent moins bien payées que les hommes, elles deviennent plus difficilement cadres et travaillent surtout dans la presse magazine.

Photo de famille

La famille des journalistes a profondément changé depuis les années 1960. D'abord le nombre des journalistes a triplé en 40 ans. C'est entre 1980 et 1990 que la croissance a été la plus forte avec une augmentation de 60 %. Aujourd'hui, en France, 36 148[1] personnes possèdent le statut officiel de journaliste, et donc la carte de presse.

Les jeunes journalistes sont plus diplômés que leurs aînés et, de nos jours, 69 % des titulaires de la carte de presse ont un diplôme d'études supérieures. Il est de plus en plus difficile d'entrer dans le métier par la « petite porte », sans diplôme, comme c'était encore souvent le cas dans les années 1960.

Enfin, les femmes ont fait leur place dans la profession. Mais elles ne représentent encore que 42 % des journalistes.

Une profession, des métiers

Le mot « journalisme » recouvre des métiers très différents. Certains journalistes écrivent, filment ou enregistrent, d'autres corrigent les articles ou les mettent en forme. Certains ne sortent jamais de leur bureau, d'autres sont toujours sur le terrain. Certains couvrent la guerre ou l'actualité politique, d'autres suivent les rendez-vous sportifs ou rédigent les programmes télévisés. À cette grande variété d'activités s'ajoute la diversité des supports (presse écrite, télévision, radio, Internet) et des rythmes de parution (quotidien, hebdomadaire, mensuel…).

Des profils variés

Les journalistes ont, pour la plupart, un niveau d'études élevé, mais 15 % seulement sont diplômés en journalisme. En effet, cette profession, contrairement à d'autres, n'exige pas de diplôme précis. L'obtention de la carte de presse ne dépend donc ni de la compétence ni du niveau de formation du candidat. Elle se base uniquement sur une constatation financière : est journaliste celui qui gagne sa vie par ce travail. Cette carte est avant tout un moyen pour la profession de reconnaître ses membres. Dans la pratique, elle n'est pas nécessaire pour s'exprimer dans un média : rien n'interdit à des personnes qui n'ont pas la carte de presse d'exercer des activités de journaliste. C'est pourquoi il arrive que des animateurs de télévision interviewent des hommes politiques.

Cette ouverture a permis à la profession d'intégrer des personnes venues d'horizons très divers (politique, scientifique, sportif...), ce qui en fait une profession riche de compétences, mais aux frontières imprécises.

1. Commission de la carte d'identité des journalistes professionnels, 2005.

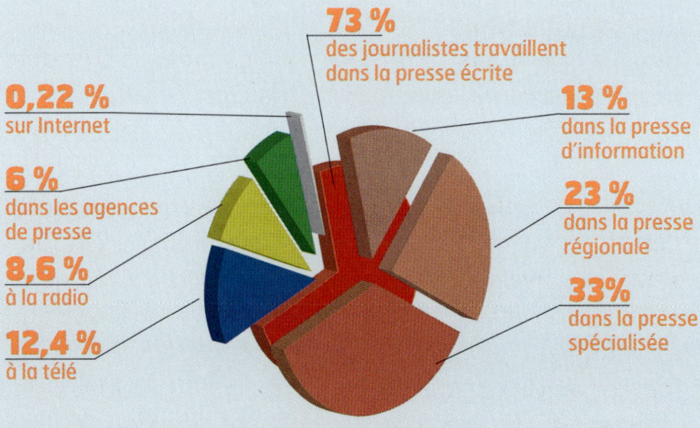

Étude : *Les journalistes français à l'aube de l'an 2000*, Institut français de la presse

La formation des journalistes

Si aucun diplôme n'est exigé pour l'exercice de la profession, le passage par l'une des douze écoles reconnues par la profession est indispensable pour travailler dans un média renommé. L'obtention du diplôme de fin d'études réduit à un an (au lieu de deux) la durée pendant laquelle un jeune journaliste est considéré comme stagiaire. Deux écoles bénéficient d'un prestige particulier : le Centre de formation des journalistes (CFJ) de Paris et l'École supérieure de journalisme (ESJ) de Lille. Elles forment des jeunes professionnels prêts à travailler, mais leurs méthodes d'apprentissage sont aujourd'hui critiquées car elles ont tendance à produire des journalistes qui se ressemblent tous.

Ceux qui ne sortent pas de ces écoles de journalisme prestigieuses, c'est-à-dire la majorité des jeunes journalistes, sont surtout embauchés par la presse régionale et spécialisée, les radios et les télés locales.

Statut et indépendance

Pour la première fois en 1935, une loi, dite « loi Brachard », reconnaît aux journalistes que le fait d'écrire dans un journal constitue un vrai métier. Les journalistes se sont battus pour obtenir ce statut, c'est-à-dire cette reconnaissance juridique. Désormais, seuls ceux qui travaillent régulièrement dans un média peuvent s'appeler journalistes. C'est une avancée très importante, mais la loi Brachard constate simplement une situation matérielle et ne donne pas une morale au travail de journaliste.

Définition du journaliste

Selon la loi Brachard, le journaliste professionnel est défini comme « celui qui a pour occupation principale, régulière et rétribuée, l'exercice de sa profession dans une publication quotidienne ou périodique éditée en France ou dans une agence française d'informations ». Il doit aussi tirer de cette activité « le principal des ressources nécessaires à son existence », évalué aujourd'hui à plus de 50 % des revenus.

Différents métiers

La loi Brachard compte parmi les journalistes professionnels : « les collaborateurs directs de la rédaction : rédacteurs-traducteurs, rédacteurs, rédacteurs-réviseurs, reporters-dessinateurs, reporters-photographes, à l'exclusion des agents de publicité et tous ceux qui n'apportent, à titre quelconque, qu'une collaboration occasionnelle ».

Les pigistes

En 1974, la loi Cressard élargit la définition du journaliste professionnel au journaliste pigiste. Ce dernier est un journaliste qui collabore plus ou moins régulièrement à un journal écrit, radio ou télévisé. Il est rémunéré pour chacune de ses piges.

Indépendance reconnue

La loi Brachard établit la clause de conscience. Un article du contrat professionnel du journaliste lui donne le droit de quitter son entreprise s'il remarque « un changement notable dans le caractère ou l'orientation du journal ». Il bénéficie alors des mêmes droits que s'il avait été licencié. La loi Brachard garantit ainsi l'indépendance du journaliste, mais celui-ci risque toutefois de se retrouver ensuite sans travail.

La carte de presse

La loi Brachard prévoit la mise en place d'une carte d'identité professionnelle. Elle doit permettre de faire un premier tri parmi ceux qui écrivent dans les journaux et de dire qui est journaliste et qui ne l'est pas. Une commission chargée de son attribution est instituée en 1936. Cette commission est dite paritaire car elle est formée d'un nombre égal de représentants des employeurs et de représentants des journalistes. Elle attribue la carte de presse à ceux qui remplissent la définition du journaliste donnée par la loi Brachard.

Les limites de la commission

Très vite, les compétences de la commission d'attribution de la carte de presse sont apparues limitées. Un conseil de l'ordre des journalistes, chargé de sanctionner les journalistes qui ne respectent pas la charte, a semblé nécessaire. Pourtant, malgré plusieurs tentatives, un tel ordre n'a jamais vu le jour car il s'est toujours heurté au grand principe de la liberté d'expression. C'est aussi pour cette raison que la profession n'a jamais pu exiger de diplôme spécifique pour son exercice : cela signifierait que seuls certains auraient le droit de s'exprimer dans la presse. Or, la déclaration des droits de l'homme et du citoyen reconnaît à tous la liberté d'expression.

Le journaliste d'information

On considère comme « journaliste d'information » celui qui traite de l'actualité politique, économique et des sujets de société. Il a la tâche de tenir informé le public et de lui rendre compréhensibles la société et le monde.

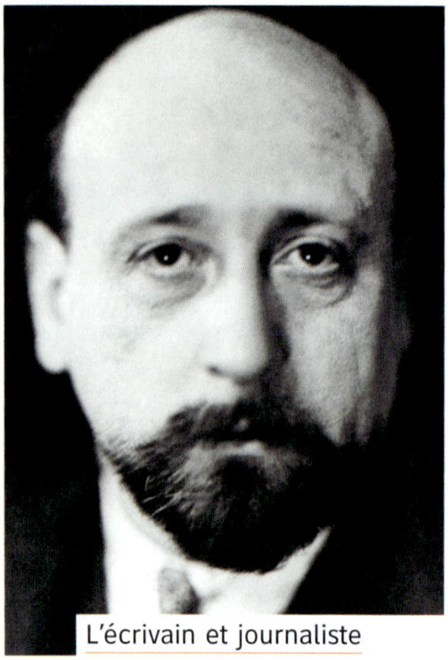

L'écrivain et journaliste français Albert Londres (1884-1932) reste un modèle pour tous les journalistes. Fort de sa devise : « Notre rôle est de porter la plume dans la plaie », il a rendu publiques les conditions de vie insoutenables des prisonniers du bagne de Cayenne en Guyane française, des malades d'asiles psychiatriques en France, etc.

Un rôle dans la société

Le journaliste rend compte des événements. Il collecte les informations et choisit celles qui lui paraissent dignes d'intérêt, les vérifie, les met en forme et les transmet au public. Il a la responsabilité d'enquêter, d'observer d'un œil critique et de décrypter les faits, les phénomènes politiques, sociaux ou économiques, mais aussi les débats d'idées en prenant soin de présenter fidèlement toutes les opinions différentes.
Pour toutes ces raisons, le journalisme d'information est considéré comme un contre-pouvoir au service des citoyens et de la démocratie, face aux trois pouvoirs traditionnels : l'exécutif (le gouvernement), le législatif (le Parlement) et le judiciaire (la justice). Ce qui lui vaut parfois le titre de « quatrième pouvoir ».

Pouvoir et complicité

Au quotidien, il est difficile pour le journaliste de maintenir la distance indispensable par rapport à ses informateurs et aux acteurs de la vie publique. Il rencontre fréquemment les mêmes personnalités (dirigeants politiques, chefs d'entreprise, attachés de presse, artistes...) pour obtenir des informations. Des liens de sympathie se nouent entre eux. Le journaliste est alors souvent accusé de traiter ses interlocuteurs sans esprit critique ou même de les avantager par ses questions. De leur côté, les personnalités cherchent sans cesse à le séduire et à l'utiliser comme instrument de leur communication. Car, dans notre société où il faut faire parler de soi pour exister, le journaliste détient un pouvoir très envié : il décide quelles idées et quelles personnes vont apparaître dans les journaux et à la télévision.

Un modèle à part

Le journalisme français semble particulièrement sensible aux influences car c'est un journalisme d'opinion. Il se distingue en cela du journalisme anglo-saxon qui s'est imposé dans plusieurs pays à partir du XIXe siècle. Le journalisme français a adopté, lui aussi, en partie les méthodes de travail de ce modèle. Comme lui, le journalisme français s'attache à présenter les faits le plus fidèlement possible. Mais alors que le modèle anglo-saxon sépare la description des faits des commentaires, le journalisme français tente toujours d'expliquer les événements. Cette différence est le résultat de deux conceptions différentes : le journaliste américain croit qu'en décrivant les faits, il garantit la représentation de la réalité. Le journaliste français pense, au contraire, qu'un événement ne peut se comprendre que s'il est resitué dans un contexte plus général. Les deux modèles sont critiqués : le journalisme américain, car il expose les faits sans en donner d'explication ; le journalisme français, car il conserve une grande part de points de vue personnels.

Le journalisme français

L'attachement du journalisme français à la littérature et à la politique tient à son histoire. De son apparition au XVIIe siècle jusqu'au XIXe siècle, les journaux se font sans journalistes. Les rédacteurs sont des écrivains connus ou de jeunes hommes qui ambitionnent une carrière littéraire ou politique. Il faut faire entendre sa voix pour atteindre la notoriété et la critique devient le genre journalistique le plus prestigieux. Les plus grands noms signent dans la presse : Voltaire, d'Alembert, Condorcet et, plus tard, Balzac, Chateaubriand, Zola. Et tandis que les régimes successifs tentent de faire taire cette presse décidément trop rebelle, la liberté d'expression devient une revendication essentielle et lie durablement le journalisme et l'action politique.

44,8 % de l'ensemble des journalistes sont rédacteurs/reporters

4,8 % reporters photographes
3,2 % grands reporters **2,9 %** reporters d'images

Étude : Les journalistes français à l'aube de l'an 2000, Institut français de la presse

Les principes du journalisme

Les journalistes influencent les opinions des citoyens. Leurs informations doivent donc refléter la réalité et se dégager de toute influence. Pour assurer leur mission, les journalistes ont ressenti très tôt le besoin de délimiter leur profession et de lui donner un code moral. La Première Guerre mondiale va être pour eux l'occasion à ne pas manquer. Soumis, pendant ce conflit, à la censure du ministère de la Guerre, les journaux donnent de bonnes nouvelles des combats au lieu de décrire les batailles meurtrières. Si certains, comme *Le Canard Enchaîné*, dénoncent, dès 1916, ce « bourrage de crâne », le discrédit retombe sur toute la profession. Elle réagit dès 1918 en créant son syndicat et en se dotant d'une charte.

Le Syndicat des journalistes

Le Syndicat national des journalistes naît en mars 1918 alors que la Première Guerre mondiale n'est pas encore finie. À l'époque, il existe déjà une centaine d'associations de journalistes en France, mais c'est la première fois que les journalistes tentent de se rassembler en un seul groupe. Le Syndicat a deux grandes ambitions : faire du journalisme une profession à part entière en lui obtenant un statut, c'est-à-dire une reconnaissance juridique, et donner une morale aux journalistes.
La charte, ou code moral des journalistes, sera publiée en juillet 1918. Mais le statut des journalistes ne verra le jour qu'en 1935.

La charte des devoirs

La charte des devoirs des journalistes, publiée en juillet 1918 et révisée en 1938, n'est pas une loi. Rien n'oblige donc les journalistes à la respecter. Mais elle s'impose comme leur texte de référence.
La charte donne des règles de conduite.
Elle établit que le journaliste « digne de ce nom » doit assumer « la responsabilité de tous ses écrits » et considérer « la calomnie, les accusations sans preuve, l'altération des documents, la déformation des faits, le mensonge pour les plus graves fautes professionnelles ».
Pour éviter la corruption, la charte exige que le journaliste n'utilise pas des informations obtenues dans le cadre de son travail ou grâce à « sa qualité de journaliste » pour s'enrichir personnellement.

La liberté et la responsabilité

« La libre communication des pensées et des opinions est un des droits les plus précieux de l'homme ; tout citoyen peut donc parler, écrire, imprimer librement, sauf à répondre de l'abus de cette liberté dans les cas déterminés par la loi. » (Déclaration des droits de l'homme et du citoyen, 1789)
La liberté de la presse est l'un des grands principes fondateurs de notre démocratie, ce qui ne signifie pas que l'on peut écrire n'importe quoi. Chaque journal est responsable de ce qu'il publie.
La loi du 29 juillet 1881 encadre la liberté de la presse et fixe des règles pour réprimer les abus.
Les abus les plus courants concernent : l'injure et la diffamation publiques, l'incitation aux crimes et délits, la protection de la vie privée et le droit à l'image.

L'injure et la diffamation publique

L'injure consiste à traiter quelqu'un d'une façon outrageante et méprisante.
La diffamation contient des « propos mensongers, ou qui ne reposent sur aucun fait ». L'injure et la diffamation portent toutes deux atteinte à l'honneur de la personne mise en cause. Elles sont dites publiques car, en paraissant dans la presse, elles sont portées à la connaissance de tous.

La protection de la vie privée

L'intimité de la vie privée est reconnue comme un droit de chacun. Le fait d'y porter atteinte est donc condamné par la loi.
Les photos, les images et les paroles d'une personne se trouvant dans un endroit privé ne peuvent donc être reproduites sans son autorisation.
(Loi du 17 juillet 1970)

L'incitation aux crimes, aux délits, à la haine raciale

Les journalistes qui abordent le meurtre, le vol, la haine raciale, etc., de manière favorable, en donnant l'impression que ces actes ne sont pas graves, peuvent être condamnés par la justice. Leurs propos peuvent en effet être perçus comme un encouragement à commettre de tels actes. Dans le cas où un crime aurait lieu suite à un article de ce genre, le journaliste peut être considéré comme complice de l'auteur du crime.

Des journalistes de plus en plus fragiles

Aujourd'hui, il y a de plus en plus de journalistes, et beaucoup d'entre eux ont du mal à trouver du travail. Les patrons de la presse écrite, de la télévision et de la radio en profitent pour imposer leurs conditions de travail et leur vision de l'information.

Ci-dessus, des journalistes reporters d'images de France 3 en grève enchaînent symboliquement leurs caméras en 1997. Les chiffres sur l'augmentation du nombre des pigistes ne traduisent qu'en partie la fragilité croissante des journalistes. Car les statistiques ne prennent pas en compte tous ceux qui n'ont pas un revenu suffisamment élevé pour obtenir la carte de presse.

Une situation instable

Depuis les années 1980, le nombre de journalistes sans travail, ou sans travail régulier, augmente. Cette situation difficile touche d'abord les plus vulnérables, c'est-à-dire les plus jeunes. Il est impossible aujourd'hui pour un jeune journaliste de trouver un premier emploi fixe. Il doit d'abord effectuer plusieurs contrats de courte durée ou devenir pigiste, c'est-à-dire vendre ses articles (les piges) à un ou plusieurs médias différents. Ces modes de travail instables ont toujours été considérés comme des moyens pour le jeune journaliste de compléter sa formation et de faire ses preuves. Cependant, les journalistes sont de plus en plus nombreux à être pigistes par obligation et gagnent difficilement leur vie. Beaucoup d'autres accumulent les contrats courts qui ne débouchent pas sur une embauche réelle.

Des journalistes dépendants

Les piges et les contrats courts présentent des avantages nombreux pour les patrons des médias, notamment ceux de la télévision, de la radio et des magazines, qui abusent de ce système. De plus en plus, ils engagent une personne pour un travail précis, en la payant moins cher qu'un salarié, puis s'en séparent aussitôt. Ainsi, les patrons de presse évitent de supporter la charge de journalistes à plein temps et disposent d'une main-d'œuvre disponible et docile qui doit les satisfaire pour ne pas perdre son travail.

La qualité de l'info en baisse

Les journalistes souffrent et l'information aussi. De plus en plus soumis au bon vouloir des patrons de presse, ils ont du mal à conserver l'indépendance qui leur est nécessaire pour fournir une information de qualité. D'ailleurs, l'information change depuis plusieurs années : longtemps considérée comme un bien au service de tous, l'information devient une marchandise comme les autres. Dans cette logique, elle doit d'abord rapporter de l'argent et, pour cela, elle doit plaire et distraire. Les patrons de presse n'ont donc pas besoin de faire appel à des journalistes spécialisés. À la télévision et dans les magazines, il leur suffit d'un pigiste « touche-à-tout » pour produire un article dans l'air du temps et sans réelle réflexion. Dans le même temps, les articles sont de plus en plus courts et les pigistes se retrouvent pris dans une course folle à cause de revenus bien souvent insuffisants. Ils ne peuvent donc pas compenser leur situation difficile par la satisfaction d'un travail bien fait. Menacés par le désenchantement, certains hésitent moins à enfreindre quelques règles fondamentales du journalisme.

Les salaires des journalistes

Si le revenu brut moyen de l'ensemble des journalistes se situe autour de 2 500[1] euros par mois, de très fortes disparités existent. Entre un pigiste qui se bat pour atteindre l'équivalent du salaire minimum et un présentateur vedette de TF1 qui gagne 45 700[2] euros brut par mois, il est impossible de faire une moyenne.
Les différences de salaires entre les hommes et les femmes sont particulièrement sensibles, les femmes gagnant en moyenne 20 % de moins[1] que leurs confrères masculins.
Les écarts selon les médias sont aussi particulièrement importants : ce sont les télévisions qui payent le mieux leurs collaborateurs, avec un salaire moyen brut de 3 400 euros[2].

1. Étude : *Les journalistes français à l'aube de l'an 2000*, Institut français de la presse
2. *Le Point*, janvier 2002

Les médias et le public

Les médias ont une grande influence sur les dirigeants politiques et sur le public. Dans les dictatures, ce pouvoir vaut à des journalistes d'être emprisonnés ou même assassinés. Dans les démocraties, les médias sont libres et nombreux, mais le pouvoir qu'ils détiennent est facilement détourné. Les habitants des pays démocratiques disposent donc d'une profusion d'informations, à l'échelle planétaire, mais le doute grandit sur leur provenance et leur justesse. Aussi est-il essentiel que le public varie ses sources d'informations pour porter un regard critique sur l'actualité.

Le pouvoir des médias

Les médias portent à la connaissance de tous des faits et des idées. Cela leur permet d'agir sur les décisions et la stabilité des personnalités politiques, et d'influencer les opinions et les comportements du public. C'est un pouvoir important, mais les journalistes ne sont pas les seuls à l'exercer.

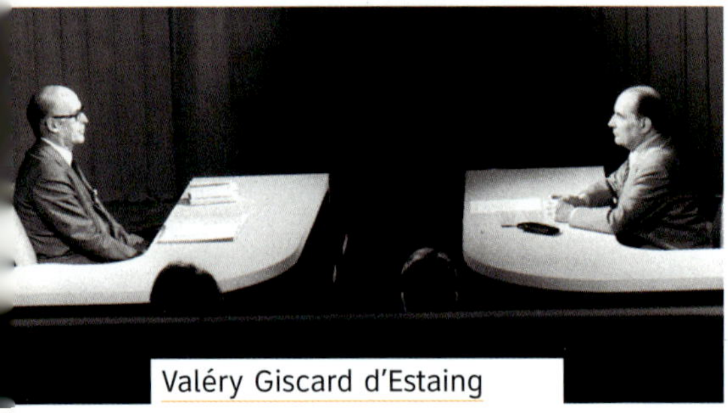

Valéry Giscard d'Estaing a été le premier à adapter son discours aux règles de la télévision. Lors des débats face à son principal adversaire François Mitterrand, en 1974 et 1981 (ci-dessus), il a utilisé des phrases percutantes. Ainsi, lors du premier débat, il lance à François Mitterrand : « Vous n'avez pas le monopole du cœur ! ». Cette tactique lui a attiré la sympathie des téléspectateurs et a contribué à lui faire gagner l'élection présidentielle de 1974.

Scandales politiques

En 1898, en France, l'écrivain et journaliste, Émile Zola, publie une lettre ouverte où il s'indigne de la condamnation du capitaine Alfred Dreyfus. Ce soldat d'origine juive fut en effet condamné sur de fausses preuves, dans une France gangrenée par l'antisémitisme. Ce texte de Zola, diffusé dans les journaux sous le titre « J'accuse », soulève alors une très vive polémique. Cette affaire Dreyfus a provoqué l'une des plus grandes crises politiques de la IIIe République. En 1972, aux États-Unis, deux journalistes révèlent, après une longue et minutieuse enquête, que le président républicain de l'époque, Richard Nixon, avait mis en place un système d'espionnage contre ses adversaires politiques, les démocrates. La publication de leur article poussera le président américain à démissionner en 1974. Chacun à sa manière, ces deux événements montrent à quel point les médias peuvent déstabiliser les dirigeants politiques.

Pressions en tous genres

En réaction à ce pouvoir détenu par les médias, les gouvernements exercent des pressions sur les journalistes. Dans les dictatures, certains d'entre eux sont emprisonnés ou tués parce qu'ils font leur métier, contre la volonté du pouvoir en place. Dans les pays démocratiques, la pression sur les médias n'est pas violente. Elle est plus subtile, mais réelle.

Dans les années 1960 en France, la télévision était soumise au pouvoir politique. Des personnes proches du gouvernement étaient placées dans les services politiques de grands journaux de la presse écrite. Ces pratiques ont disparu, mais des stratégies de séduction se sont développées pour rendre les journalistes favorables au pouvoir. Dans les années 1980, qui voient l'apparition des chaînes de télévision privées, les pressions politiques cèdent peu à peu la place aux pressions économiques. Aujourd'hui, les dirigeants de multinationales propriétaires de médias n'hésitent pas à placer leurs hommes de confiance à la tête des journaux, radios ou télévisions qu'ils ont achetés.

Influences sur le public

Les médias sont l'enjeu de nombreuses convoitises, car les informations qu'ils diffusent influencent les idées, les opinions et les comportements du public. Beaucoup de personnes ne voient le monde et la société qu'à travers le regard des médias. Ainsi, certains thèmes comme la guerre en Irak, la délinquance dans les banlieues, les extrémistes islamistes, tiennent une place importante dans les discussions et les préoccupations d'une grande partie du public. À l'inverse, d'autres sujets, aussi dignes d'intérêts, sont peu connus et peu débattus car ils apparaissent rarement dans les médias.

Sondages et politique

Les sondages recueillant l'avis du public sur les membres du gouvernement ou sur des sujets de société sont très présents dans les médias et influencent les dirigeants politiques. Ainsi, lors des campagnes électorales, la plupart des candidats adaptent leurs discours pour obtenir de meilleurs résultats dans les sondages. Or, un sondage favorable ne garantit pas la victoire aux élections : tout peut changer très vite. De même, les gouvernants prennent certaines décisions politiques en fonction des opinions exprimées dans les sondages. C'est le cas en particulier pour des sujets concernant la justice et la sécurité. Pourtant, la majorité n'a pas toujours raison. Par exemple, la peine de mort n'aurait pas été abolie en France si le gouvernement avait suivi l'avis de la majorité en 1981.

600 millions
de téléspectateurs répartis aux quatre coins de la planète ont assisté en direct aux premiers pas de l'homme sur la Lune, le 21 juillet 1969.

« *En 2004, Patrick Le Lay, directeur de la chaîne privée TF1, a fait scandale en déclarant que son métier consistait à rendre les « cerveaux » des téléspectateurs « disponibles » afin qu'ils se laissent convaincre par les publicités. Il exprimait la logique de la télévision commerciale privilégiant la distraction et le spectacle aux dépens de l'information.* ■

Début 2005, l'enlèvement de Florence Aubenas, journaliste à *Libération*, et de son guide irakien Hussein Hanoun, a déclenché une réaction de soutien du public sans précédent. Le jour de sa libération, la journaliste a déclaré que cette mobilisation, découverte sur la télévision de ses ravisseurs, l'avait aidée à garder espoir.

Réactions collectives

Les médias détiennent ce pouvoir particulier de « rendre publiques » des idées et des opinions, qui finissent par être acceptées par le plus grand nombre. Cela peut être positif ou négatif : par exemple, l'urgence de réduire la pollution de l'air fait son chemin dans les esprits, mais l'idée fausse que l'islam est à l'origine du terrorisme aussi. La médiatisation de certains événements déclenche également des réactions collectives dans le public, à l'échelle planétaire parfois. Ainsi, après le raz-de-marée qui a fait 295 000 morts en Asie du Sud-Est à la fin 2004, les médias ont consacré, des jours durant, presque tous leurs sujets à cette catastrophe. Touchées par la détresse des populations et l'ampleur du drame, des millions de personnes ont fait des dons. Dans le même temps, le paludisme et le sida tuaient des centaines de milliers de personnes chaque semaine en Afrique, mais ces catastrophes, beaucoup moins médiatisées, mobilisent peu le public.

Consacrés par les médias

Les médias ont aussi le pouvoir de mettre en avant des dirigeants politiques, des intellectuels, des artistes. Selon les articles, les reportages, les interviews, ces personnes sont avantagées ou, au contraire, rendues très impopulaires. Mais ce pouvoir peut échapper aux journalistes quand des personnes très habiles le détournent à leur profit. Ainsi, le ministre de l'Intérieur, Nicolas Sarkozy, met en scène son conflit avec le président Chirac : il place le bon mot au bon moment et alimente une sorte de « feuilleton » que les médias retransmettent fidèlement. De même, le chef de l'extrême-droite en France, Jean-Marie Le Pen, a construit sa notoriété sur ce type de stratégie : régulièrement, il lance une provocation. Ses phrases les plus choquantes remettent en question l'importance du génocide juif durant la Seconde Guerre mondiale : elles sont aussi les plus médiatisées.

Semer la peur

Le pouvoir des médias est parfois détourné par des individus dangereux. En 1995, un Américain surnommé Unabomber, qui envoyait des colis piégés pour clamer sa haine du monde industriel, parvint à faire publier ses écrits dans le « New York Times » en promettant d'arrêter ses attaques. Certains groupes terroristes sont devenus experts pour semer la peur par le biais des médias. Ainsi, les attentats du 11 septembre 2001 ont été organisés pour faire la une des journaux. Les avions se sont abattus sur deux tours au cœur de New York, comme dans un film catastrophe ; ils sont arrivés l'un après l'autre, afin que le second avion soit filmé en direct. Les médias ont tendance à privilégier le spectacle et le drame et donnent la priorité aux images chocs. Pour « passer à la télé », il suffit donc de réunir quelques-uns de ces « ingrédients ». Et certains sont prêts, dans ce but, à commettre les pires excès.

Des idées au format des médias

Auparavant, les chercheurs ou les philosophes devaient d'abord être reconnus par leurs collègues avant d'être consacrés par les médias. Ce n'est plus le cas aujourd'hui. Les journalistes mettent parfois en avant un chercheur car il sait expliquer simplement son travail et transmettre son savoir à un large public. Mais, à force de privilégier la simplicité, les médias donnent peu la parole à d'autres chercheurs, sociologues ou philosophes, dont le discours est pertinent mais plus complexe. De même, des artistes sont mis en avant car leur travail est dans « l'air du temps » et recoupe des thèmes chers aux médias.
À la longue, certains artistes, chercheurs, philosophes orientent leur travail et leurs méthodes vers ce qui « plaît » aux médias.

Pouvoir et contre-pouvoir

Les pays occidentaux imposent, dans le monde entier, leurs points de vue et leurs valeurs, à travers leurs médias. Mais les décisions des dirigeants de ces pays sont aussi très dépendantes des informations diffusées. Dans le même temps, de nouvelles voies d'information se développent.

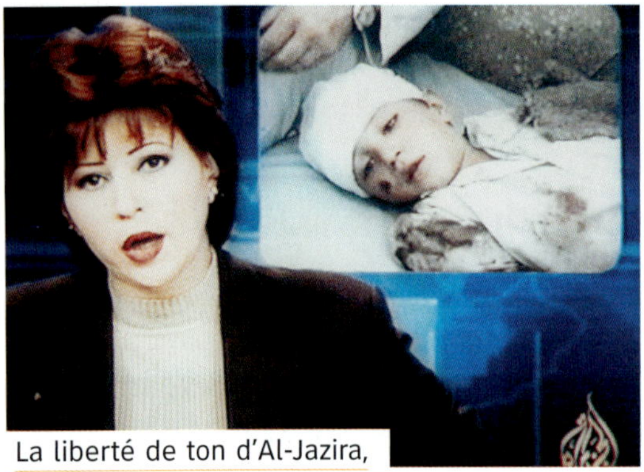

La liberté de ton d'Al-Jazira, la chaîne de télévision en continu du Qatar, dérange à la fois les pays du Proche-Orient et les États-Unis. Par exemple, lors de la guerre d'Afghanistan menée par les États-Unis en 2001, Al-Jazira a montré des images de victimes civiles alors que l'armée américaine tentait de les cacher au public.

La guerre des images

Les pays occidentaux, les États-Unis en tête, consacrent des moyens considérables à leurs médias. Ils disposent de techniques de diffusion performantes (câble, satellites...), grâce auxquelles ils diffusent leur vision du monde dans les autres pays. Ainsi, lors de la première guerre en Irak en 1991, la télévision américaine et notamment CNN, la chaîne américaine d'information en continu, a fait passer sa version des événements. Elle a provoqué l'indignation des pays arabes qu'elle présentait souvent de façon déformée. La chaîne d'information en continu Al-Jazira propose désormais un nouveau point de vue. Cette chaîne, diffusée par satellite, a été créée en 1996 par le gouvernement du Qatar, pays de la péninsule arabique. Al-Jazira connaît un tel succès dans les pays arabes que les États-Unis ont décidé de riposter. Ils projettent de lancer leur chaîne d'information en arabe destinée au Proche-Orient.

Télévision et politique

La télévision influence le public, mais aussi de plus en plus la politique. Ce pouvoir est surtout visible lors des grandes crises internationales. Par exemple, au début des années 1990, en Somalie, pays d'Afrique de l'Est touché par la famine et déchiré par une guerre civile, les images terribles diffusées par les journaux télévisés ont déclenché l'envoi de forces américaines en décembre 1992. Et quelques mois plus tard, d'autres images de cadavres de soldats américains malmenés par des Somaliens ont entraîné la fin de l'opération. Ainsi, ce sont de plus en plus les images choquantes que diffusent les médias qui décident de la politique en provoquant l'indignation du public. Celui-ci exige alors un changement auprès de ses dirigeants. Mais ces réactions sont plus souvent provoquées par l'émotion que par l'analyse des situations.

En décembre 1992, les États-Unis déclenchent en Somalie l'opération *Restore Hope* (Restaurer l'espoir) avec l'autorisation de l'Organisation des Nations unies. Cette intervention surmédiatisée tourne vite à la catastrophe car les chefs de guerre somaliens s'y opposent.

Les blogs

Face à la disparition des débats d'idées à la télévision et dans de nombreux autres médias, de nouveaux lieux d'échanges et d'information apparaissent. Sur le réseau Internet, ces dernières années ont vu la multiplication des journaux personnels, appelés blogs. Certains deviennent de véritables sites d'information qui bousculent les journaux traditionnels. Ainsi, au début de la guerre en Irak, en 2003, un Irakien a raconté en anglais, au jour le jour, l'arrivée des soldats américains et les combats dans Badgad. Il offrait ainsi un regard sur le conflit très différent de celui des chaînes de télévision américaines. En France, au printemps 2005, le blog d'un professeur de lycée de Marseille a attiré jusqu'à 25 000 visites par jour. Il y expliquait longuement pourquoi il fallait, selon lui, refuser le Traité constitutionnel européen, alors que les médias s'étaient positionnés en majorité pour le oui.
Ces deux exemples de « contre-information » montrent la volonté grandissante, parmi les citoyens, de renouer avec les débats d'idées, qui disparaissent peu à peu des grands médias.

Le point de vue du public

S'informer en lisant le journal, en écoutant la radio ou en regardant la télévision, nécessite une certaine confiance dans le travail des journalistes. Cette confiance s'est dégradée depuis la fin des années 1980 : un doute s'est installé sur les informations présentées par les médias.

Dépendance médiatique

Les reproches faits aux médias sont fréquents, mais le public continue à allumer la radio et la télévision, à acheter des magazines (par contre, les ventes des journaux quotidiens sont en baisse).
Une étude réalisée en 2004 par l'Observatoire du débat public, organisme privé indépendant, a montré que beaucoup de personnes se sentent submergées d'informations angoissantes (attentats, cataclysmes, épidémies, etc.). Certaines font parfois des pauses sans médias, puis reprennent leurs habitudes. Une partie du public de cette enquête déclare préférer les informations courtes, sans commentaire des journalistes, pour ne pas être « manipulé ». Enfin, des personnes réagissent en s'informant dans plusieurs médias, en comparant les informations recueillies, confrontant ainsi différents points de vue.

Le public et ses choix

En France comme dans les autres pays démocratiques, le public fait son choix parmi de nombreux journaux d'information. Il s'habitue à l'un plutôt qu'à l'autre parce qu'il est publié ou diffusé à une heure qui lui convient : informations du matin à la radio, quotidien du soir dans les transports en commun, journal télévisé au dîner... Le public choisit aussi « ses » médias en fonction de leur manière de décrire le monde. Un journal télévisé est apprécié car il traite l'actualité internationale ou, au contraire, parce qu'il parle de la vie locale. Un journal peut avoir du succès car il révèle de façon ironique les travers des dirigeants politiques, un autre parce qu'il consacre des pages à la vie des stars, un troisième pour sa réputation de sérieux ou son orientation politique. La fidélité du public dépend ensuite de la confiance qu'il porte aux journalistes, mais aussi de la force de ses habitudes.

Crise de confiance

Depuis une vingtaine d'années, la confiance du public s'est dégradée vis-à-vis des journalistes. Un large mouvement critique s'est développé, en particulier depuis 1989. Cette année-là a éclaté le scandale des « faux charniers » de Timisoara en Roumanie. De nombreux médias ont annoncé la découverte de fosses remplies de corps de victimes du dictateur Ceausescu. Mais il s'agissait d'une mise en scène d'opposants au pouvoir. Après cet événement, les critiques se sont multipliées sur le fonctionnement des médias et leur tendance à déformer la réalité. De nombreux ouvrages ont été publiés sur la question, écrits par des journalistes ou des chercheurs. En France, des dirigeants politiques ont repris ces critiques. Certains ont réfléchi à des lois ou à des institutions qui permettraient de contrôler le travail des journalistes, mais cette démarche n'a pas abouti.

Dans les années 1990, des reportages ont présenté des banlieues où des incidents s'étaient produits comme des endroits très dangereux. Les personnes qui y vivent ou y travaillent normalement ont vu alors à quel point les médias pouvaient déformer la réalité.

La réponse des médias

Quand les médias commettent des erreurs graves, ils le reconnaissent généralement. De plus, les critiques ont poussé des journaux, puis des radios et des chaînes de télévision publiques, à mettre en place des médiateurs. Ces journalistes ont pour rôle de répondre aux questions et aux réactions du public, dans le journal ou par un courrier personnel. Quelques médias ont également créé des émissions de « décryptage » où les journalistes expliquent et comparent le traitement de certains événements par différents médias. Un dialogue s'est ainsi ouvert entre les médias et leur public. Mais peu de choses ont évolué et certains journalistes se déclarent parfois impuissants à éviter les dérives, dans un système guidé par la concurrence et le profit.

99,1 % des Français possèdent un poste de radio ;
95 % une télévision, selon une étude de l'Institut Médiascopie en 2005.

Moins de **1** Français sur **2** croit que « les choses se sont vraiment, ou à peu près, passées comme la télévision et les journaux les présentent », selon un sondage réalisé par la Sofres en 2005 pour les journaux *La Croix* et *Le Point*. Depuis 1987, la Sofres enregistre une perte de confiance du public envers les journalistes.

Un œil critique sur l'info

Regarder passivement la télévision ne suffit pas pour comprendre l'actualité. C'est en comparant les journaux, en s'interrogeant sur les informations diffusées, voire en interpellant les journalistes, que l'on aiguise son regard sur le monde.

En famille, les occasions sont nombreuses pour discuter de l'actualité. Les parents, les grands frères ou les grandes sœurs n'ont pas réponse à tout, mais questionner permet déjà de réfléchir ensemble.

Comparer les médias

Chaque média traite l'actualité avec une vision de la réalité qui lui est propre. Comparer les médias met en évidence ces différences de points de vue. Pour s'en rendre compte, on peut suivre un événement sur une journée en lisant les articles le concernant dans les journaux du matin et du soir, dans les journaux locaux et nationaux, ou d'orientations politiques opposées, en écoutant différentes stations de radio, en regardant les journaux télévisés (enregistrés au besoin). En suivant ce même événement sur plusieurs jours ou plusieurs semaines, on voit ensuite comment il est approfondi dans un journal hebdomadaire ou mensuel, dans une émission de radio ou de télévision qui prend du recul sur l'actualité. On peut aussi découvrir à quel rythme il disparaît ou réapparaît à la une des médias.

Se poser des questions

S'interroger sur les événements retransmis par les médias permet d'exercer son sens critique et de se faire une opinion plus personnelle sur l'actualité. Les questions sont nombreuses, en voici des exemples. Cet événement est-il important pour les personnes qui le subissent, est-il important pour moi, pour mes proches, pour la société ? Que m'inspire cette information : de la peur, de la haine, de la compassion, de la révolte, l'envie d'agir, rien ? Pourquoi ai-je ces réactions ? Pourquoi cet événement est-il mis en avant par les journalistes ? Va-t-il changer ma façon de penser, mon mode de vie ? Les journalistes présentent-ils cet événement (qui s'est passé près de chez moi) comme je l'ai vécu ? La liste des questions est sans fin et les réponses seront d'autant plus riches qu'elles seront partagées : entre frères et sœurs, entre amis, avec les parents, les grands-parents, les professeurs, un voisin de train, les membres d'une association de téléspectateurs…

Écrire aux journalistes

La plupart des médias sont à l'écoute de leur public. Aussi, si l'on veut en savoir plus sur une information ou réagir, positivement ou négativement, au traitement d'un sujet par un journaliste, le mieux est de contacter le média concerné. Certains journaux, stations de radio ou chaînes de télévision ont des médiateurs. Leur rôle est de dialoguer avec le public, puis de porter à la connaissance des journalistes les critiques et remarques qu'ils reçoivent. On peut aussi prendre contact avec un média en adressant un courrier postal ou électronique au rédacteur en chef ou à un journaliste particulier. Les réponses ne sont pas garanties. Mais écrire permet d'exprimer son opinion, et plus on est nombreux à le faire, plus on a de chances d'être entendu.

Tout voir, tout de suite ?

De nombreux médias privilégient l'information immédiate : l'objectif est de tout montrer, le plus vite possible. Cela peut créer une illusion de réalité auprès du public, en donnant l'impression de vivre les événements, en particulier avec les images télévisées. Mais cela ne permet pas de saisir la complexité du monde. Ainsi, on ne comprend pas un conflit en voyant l'explosion d'une voiture piégée, en comptant les tués du jour ou en écoutant les déclarations de quelques chefs de guerre, habiles à imposer leurs points de vue. Il est essentiel de connaître les raisons historiques du conflit, l'ensemble de ses acteurs, ses prolongements internationaux, etc. Ces informations sont présentes dans les médias. Mais il faut les chercher : en lisant des articles approfondis, en écoutant ou en regardant des émissions spécialisées.

Peut-on tout savoir ?

Les journalistes exigent de tout connaître des dirigeants politiques, des hommes d'affaires, du fonctionnement des institutions, des entreprises, des associations… Cette démarche, fondée sur un idéal de « transparence », est légitime car elle permet de révéler des pratiques illégales et, parfois, de les faire cesser. Elle a cependant des limites, quand les informations concernent la vie privée notamment. Et surtout, la transparence totale n'existe pas : on ne peut pas tout savoir ni tout connaître car la réalité a de multiples facettes. Aussi les journalistes, en « promettant » de tout dire sans pouvoir le faire, peuvent donner l'impression au public que beaucoup de choses sont volontairement cachées.

Pour aller plus loin sur Internet

Internet est une mine d'informations, pour qui sait s'y retrouver. Les sites sur la presse, la télévision, le journalisme sont nombreux. Certains d'entre eux proposent de jouer les « journalistes en herbe » : s'essayer à ce métier est en effet le meilleur moyen d'en saisir précisément les contraintes et les responsabilités.

Sites sur les médias

• **Sur l'éducation aux médias :**
http://www.clemi.org/
Site du Centre de liaison de l'enseignement et des médias d'information (CLEMI). Il organise, chaque année en mars, la semaine de la presse à l'école.
http://www.ac-creteil.fr/medialog/experiences.htm
Site de l'Académie de Créteil présentant la revue éducative Médialog. Celle-ci propose des articles et expériences sur les médias : Info télé, la critique par la pratique (n°33) - Sept JT à la loupe : Informer c'est choisir (n° 50)...

• **Sur les médias en France :**
http://www.ddm.gouv.fr/
Site de la Direction du développement des médias du ministère français de la Culture et de la Communication.

Exploration de sites

Pour chercher des informations sur Internet, plusieurs démarches sont possibles. Si l'on veut, par exemple, s'informer sur la liberté de la presse en Tunisie, on peut aller sur le site de Reporters sans frontières (1), une association qui enquête sur le sujet, à travers le monde : www.rsf.org. L'adresse d'un site mène toujours à sa page d'accueil. Cette « porte d'entrée » présente en général les auteurs, leurs objectifs et l'organisation du site. Il faut ensuite parcourir les autres pages pour trouver des informations sur un sujet précis. La plupart des sites proposent des « liens », c'est-à-dire des adresses d'autres sites traitant du même thème. On peut ainsi explorer un grand nombre de pages, à partir d'une seule adresse.

1

Recherche par mots-clés

On peut aussi faire une recherche thématique. On choisit un site appelé moteur de recherche (http://fr.yahoo.com, http://fr.altavista.com, http://www.google.fr...). On place l'expression « liberté de la

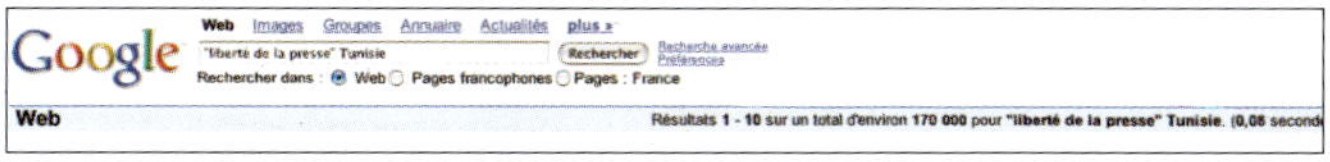

❷

presse » entre guillemets, suivie du mot Tunisie, dans l'espace prévu en haut de page (2). Le site sélectionne alors les pages web dans lesquelles ces mots et expressions sont présents. Si l'on obtient trop de pages, il faut rajouter un mot ou une expression pour préciser sa recherche. Ainsi, sur la liberté de la presse en Tunisie, on peut rajouter le mot « emprisonnés » pour en savoir plus sur les journalistes jetés en prison par exemple. Les moteurs de recherche mènent directement à l'intérieur des sites, sans passer par la page d'accueil.

Savoir qui parle

Sur Internet, chacun est libre de diffuser les informations qu'il souhaite : il est donc indispensable de connaître le site sur lequel on se trouve et l'auteur des pages que l'on a choisi de lire. Ces informations sont parfois indiquées près du texte (1). Sinon, il faut les rechercher dans la page d'accueil du site. Pour retrouver celle-ci, on clique sur le mot « Accueil » ou « Home », placé en général en haut ou en bas de page. Ou alors, on sélectionne le début de l'adresse web de la page dans laquelle on se trouve. Par exemple (3), pour retrouver l'accueil du site de la page www.aidh.org/ViolDE/rsf_rapp2003f.htm, on sélectionne www.aidh.org/. On découvrira alors que l'AIDH est l'Association Internet pour la promotion et la défense des droits de l'homme.

❸

www.aidh.org/

Sites sur l'information

• **Sur le décryptage de l'information et de l'image :**
http://www.tocsin.net/index_archives.htm
Site créé par une équipe de journalistes proposant des analyses d'événements ou de thèmes de l'actualité.
http://www.imagesmag.net/FR/accueil.las
Site du Musée d'histoire contemporaine sur le décryptage des images des médias et du cinéma, soutenu par le ministère de l'Éducation nationale.
http://www.france5.fr/asi/
Site de l'émission « Arrêt sur Images » diffusée sur France 5. Descriptions et analyses de journaux, d'émissions et de séries de télévision, retour sur des scandales médiatiques...

• **Sur la critique des médias :**
http://www.observatoire-medias.info/
Site de l'Observatoire français des médias, association militant pour l'indépendance des médias. Analyses sur la concentration des médias et le traitement de l'actualité.
http://www.acrimed.org
Site de l'association Action critique médias (Acrimed), qui incite les citoyens à jouer un rôle actif vis-à-vis des médias. Analyses et propositions d'actions à mener, coordonnées des principaux médias français.

Lexique

Accréditation
Document fourni par une institution, par un pays étranger ou par l'organisateur d'une manifestation à un journaliste. Ce document lui donne accès aux informations, aux conférences de presse, aux spectacles...

Accroche
Premières phrases en début d'article, qui attirent le lecteur et lui donnent envie d'en savoir plus.

Achat d'espace
Achat effectué par une entreprise, une institution, une association... pour diffuser une publicité : page de journal, page Internet, temps d'antenne à la télévision ou à la radio.

Actualité
Ensemble de faits et d'événements récents, retransmis par les médias.

Agence de presse
Entreprise qui recueille des informations dans le monde entier et les propose sous forme de photos et de dépêches aux journaux, radios et télévisions.

Angle
Manière dont un journaliste aborde un sujet. Par exemple, il peut traiter une inondation sous l'angle du travail des pompiers ou sous l'angle des entreprises sinistrées. Le choix d'un angle permet de sélectionner et d'organiser les informations.

Animateur
Personne qui travaille pour une télévision ou une radio, mais qui n'est pas journaliste. L'animateur présente des émissions (divertissements, débats, météo...), choisit une programmation musicale ou fait le lien entre différents programmes.

Annonceur
Organisme qui passe une publicité dans un journal, sur une radio, à la télé, par voie d'affiches, sur Internet.

Attaché(e) de presse
Son travail consiste à mettre en valeur une entreprise, un spectacle, un livre, un artiste, un produit... et à convaincre les journalistes d'en parler.

Audience
Nombre de téléspectateurs, d'auditeurs ou de lecteurs d'un média. On mesure l'audience d'un journal papier en multipliant le nombre d'exemplaires diffusés par le nombre de lecteurs réels (en moyenne, un magazine est lu par quatre personnes).

Audimat
Mesure des choix de programmes des téléspectateurs, grâce à des interviews téléphoniques ou à un appareil (appelé Audimat) branché sur la télévision, qui enregistre les changements de chaînes.

Banc-titre
Dispositif permettant de rajouter du texte (générique, sous-titres, noms...) sur les images d'un film, d'une vidéo, d'une interview...

BAT
Abréviation de « bon à tirer », c'est-à-dire bon à imprimer. Avant de signer le BAT d'une page de journal, une ultime et méticuleuse relecture s'impose.

Bidonner
Inventer et diffuser de fausses informations.

Billet
Souvent intitulé « billet d'humeur », c'est un article bref, en général écrit d'une plume alerte, qui livre un point de vue personnel sur un fait d'actualité.

Blog
À l'origine, weblog, mot anglais constitué de « web » (Internet) et de « log » qui signifie « journal de bord ».
Un blog est une page Internet, mise à jour régulièrement, dans laquelle une personne présente ses opinions ou raconte sa vie.

Bouclage
Période d'intense activité durant laquelle un journal prend sa forme définitive, avant envoi à l'imprimerie ou diffusion à l'antenne.

Bouillon
Exemplaires de journaux ou magazines invendus.
Si le bouillon est fréquent et important, le journal est en danger.

Bouquet de chaînes
Ensemble de chaînes proposées dans une offre commerciale de télévision par câble, par satellite ou par la télévision numérique terrestre (TNT).

Brève
Texte court, qui livre une information de manière concise, souvent mis en page sous forme de colonnes, ou énoncé en série par un présentateur télé ou radio.

Câble
Ligne souterraine ou aérienne qui transporte, sous forme de signaux électriques, des flux importants d'images et de sons.
Le réseau câblé est utilisé pour les télécommunications et la diffusion de chaînes de télévision.

Cadrage
Angle et disposition d'une image, choisis par un photographe ou un cameraman. On recadre une photo en en supprimant une partie, pour l'adapter à la mise en page ou pour obtenir un gros plan.
L'opération est délicate car elle peut transformer radicalement le sens de la photo.

Canard
Journal, en argot.
De cette expression vient le nom de l'hebdomadaire satirique *Le Canard enchaîné*.

Caractère
Lettre utilisée en imprimerie.
Il existe aujourd'hui des milliers de caractères, qui se distinguent par leur dessin : la forme du trait, l'épaisseur (graisse), la largeur de la lettre (chasse), l'aspect droit (romaine) ou penché (italique), la hauteur (minuscule, ou bas-de-casse ; majuscule, ou capitale)...

Carte de presse
Carte d'identité professionnelle des journalistes. Chaque année, une commission vérifie que chaque détenteur de cette carte tire l'essentiel de ses revenus en travaillant pour un média d'information et peut en vivre.

Censure
Interdiction d'une opinion ou d'une œuvre par un pouvoir politique.

Chaîne
Entreprise responsable d'un ensemble de programmes.
En France, on est passé de trois chaînes au début des années 1980, à plus de 100 aujourd'hui.
On distingue des chaînes publiques (France Télévision : France 2, France 3, France 4 (uniquement diffusée par la TNT), France 5, RFO (chaîne d'outre-mer) ; ainsi qu'Arte, la chaîne parlementaire et TV5 (relais des chaînes francophones à l'étranger).
Les autres chaînes sont des entreprises privées qui diffusent leurs programmes gratuitement (TF1, M6...) ou par abonnement (Canal +, LCI...).

Chapeau ou chapô
Texte qui résume l'essentiel de l'article qu'il précède.
Le chapeau est en général écrit dans un corps plus gros et en caractères gras.

Chemin de fer
Croquis des pages d'un journal. Au fur et à mesure de la réalisation, le secrétaire de rédaction y note les articles prévus, la place des publicités, etc. Le chemin de fer est présenté sous forme

d'une série de rectangles numérotés qui ressemblent à une succession de wagons, d'où son nom.

Chiens écrasés
Faits divers peu importants.

Chronique
Rubrique régulière d'un journal ou d'une radio, consacrée à un domaine particulier de l'actualité : chronique politique, chronique de cinéma, etc. Les journalistes chroniqueurs informent, mais ils livrent aussi leurs analyses personnelles.

Citation
Reproduction d'un extrait de texte ou de paroles, placé entre guillemets. Le code de Propriété intellectuelle exige que la citation soit courte et que le nom de son auteur soit indiqué, ainsi que sa source (livre, article de presse, interview...). En revanche, pour les images et les sons, il faut demander l'autorisation à l'auteur et, souvent, payer un droit d'utilisation.

Cliché
Formule toute faite qui peut se glisser dans les textes ou les paroles d'un journaliste inattentif ou peu rigoureux.

Commission paritaire
Commission formée d'un nombre égal de représentants des employeurs et des journalistes. Elle attribue la carte de presse aux personnes que la loi reconnaît comme journalistes, c'est-à-dire celles qui travaillent régulièrement pour un média d'information et en retirent plus de 50 % de leurs revenus.

Conducteur
Liste détaillée du déroulement du journal télé ou radio avec les sujets traités, leur ordre de passage et leur durée.

Conférence de presse
Réunion à laquelle une personnalité, une entreprise ou une institution convie les journalistes afin de leur communiquer des informations ou de répondre à leurs questions.

Conférence de rédaction
Réunion de préparation de l'édition d'un journal de presse écrite, de radio ou de télé : rédacteur en chef et journalistes décident quels sujets seront traités et de quelle manière.

Coquille
Faute typographique, dite de « frappe ».

Corps
Taille d'un caractère, mesurée en points. Dans les magazines, beaucoup de textes sont écrits en corps 12, dont les lettres mesurent environ 4 mm de haut. Mais un gros titre à la une d'un quotidien peut être écrit en corps 48, soit 2 cm de haut.

Correspondant
Journaliste envoyé par sa rédaction ou son agence, pour suivre en permanence l'actualité d'une ville ou d'un pays étranger. Dans la presse régionale, la plupart des correspondants, ou localiers, ne sont pas des journalistes, mais des personnes qui écrivent occasionnellement des articles sur la vie de leur commune.

Couverture
Le terme de couverture s'applique aux magazines. Chacune des quatre pages qui enveloppent les pages intérieures sont appelées 1re de couv (la une), 2e, 3e et 4e de couv.

Couvrir
Pour un journaliste ou un média, couvrir signifie suivre un événement et en rendre compte.

Crédit photo
Nom du photographe ou de l'agence photo qui a fourni l'image. On peut lire parfois « DR » ou « droits réservés » en guise de crédit : cela signifie que la rédaction ne connaît pas le nom de l'auteur de la photo, ou qu'elle ne veut pas le mentionner.

Conseil supérieur de l'audiovisuel (CSA)
Organisme public indépendant chargé de faire respecter la loi sur la diffusion audiovisuelle. Le CSA nomme les présidents des télévisions et radios publiques, attribue des fréquences radio et télé, encadre les campagnes télévisées officielles lors des élections. Le CSA est composé de neuf membres dont le président est nommé par le président de la République.

Déontologie
Ensemble des règles morales et des devoirs d'une profession. Les journalistes français se doivent de respecter la Charte des devoirs, établie en 1918 et revue en 1938. Une loi de juillet 1881 encadre également la liberté de la presse.

Dépêche
Information écrite diffusée par une agence de presse. Le texte d'une dépêche est clair, bref, précis. Il répond en priorité aux questions essentielles (qui ? où ? quand ? comment ? pourquoi ?), sans commentaire. Puis viennent des précisions, que les médias peuvent s'abstenir de diffuser sans nuire à l'information principale.

Désinformation
Diffusion de fausses informations ou d'informations incomplètes dans le but de tromper l'opinion.

Diffamation
Critique excessive, injurieuse faite en public ou dans un média (journal, radio, télévision) contre une personne ou un organisme. La diffamation est punie par la loi.

Différé
Diffusion d'une émission enregistrée au préalable (contraire de direct).

Diffusion
Fait de rendre public une émission de radio ou de télé, un film, un journal... Pour un journal, la diffusion est aussi le nombre des exemplaires vendus (en kiosque et par abonnement) ou le nombre des exemplaires publicitaires gratuits. Ces chiffres sont contrôlés et publiés pour de nombreux titres par l'association Diffusion Contrôle.

Direct
Diffusion d'une émission, d'un spectacle ou d'un événement sportif, à l'instant même où ils se déroulent (contraire de différé). Un programme réalisé dans les «conditions du direct» est diffusé en différé, mais exactement comme il a été enregistré, sans coupure ni montage.

Directeur de la publication
Responsable devant la loi d'un journal et des informations qui y sont publiées.

Distribution
Ensemble des moyens qui permettent de diffuser les journaux imprimés : les points de vente (alimentés par les messageries de presse), les abonnements par envoi postal, le portage au domicile du lecteur.

Droits d'auteur
Rémunération d'un auteur pour sa création (roman, scénario, illustration, photo...), représentant en général un pourcentage du prix de vente. Dans les médias, de nombreux photographes sont rémunérés en droits d'auteur.

Droit de réponse
La loi française donne le droit à une personne nommée dans un journal de réagir aux informations diffusées sur elle. Elle écrit à son tour un texte que le journal doit publier.

Droits de retransmission
Droits de diffuser des événements sportifs ou autres en direct, que les télévisions ou les radios achètent aux organisations sportives. Pour des manifestations très populaires (matchs de football, Tour de France...), les droits de retransmission télévisée sont exclusifs pour une durée déterminée : ils ne sont vendus qu'à une seule chaîne.

Éditorial
Souvent abrégé en « édito ». Texte de réflexion et de commentaire souvent écrit par le rédacteur en chef, pour réagir à l'actualité ou réaffirmer les grandes orientations du journal.

Encadré
Texte bref, entouré d'un trait ou disposé sur un fond de couleur, qui précise un aspect d'un article plus long, ou donne brièvement une information complémentaire (chiffres, adresses, références bibliographiques...).

Envoyé spécial
Journaliste envoyé par sa rédaction ou son agence, pour suivre un événement particulier.

Épreuve
Exemplaire de test, permettant les derniers réglages de la mise en page ou des couleurs avant de lancer l'impression d'un journal.

Événementiel
Événement fabriqué dans le but d'attirer l'attention du public et des médias, pour promouvoir un produit ou une entreprise.

Exclusivité
Fait, pour un média, d'être le seul à diffuser une information ou une image. Pour certains événements, sportifs par

exemple, cette exclusivité se négocie et s'achète : ce sont les droits de retransmission.

Fait divers
Événement de la vie quotidienne sans lien avec l'actualité nationale ou internationale : histoires de voisinage, petits scandales, accidents, mais aussi délits et crimes.

Feuillet
Unité de mesure de la longueur d'un texte. Un feuillet contient 1 500 signes (lettres, signes de ponctuation ou espaces), soit 25 lignes de 60 signes.

Flash
Journal d'information très bref, qui donne les grands titres ou annonce une actualité particulièrement importante.

FM
Sigle anglais de modulation de fréquence : transmission des ondes radio. La modulation de fréquence permet d'obtenir une bonne qualité de sons, mais sur de courtes distances.

Frigo
Terme familier qui désigne les articles ou les reportages gardés en réserve en attendant d'être diffusés. Dans la presse écrite, on parle aussi de « marbre ».

Générique
Séquence d'un film ou d'une émission de télévision ou de radio qui signale le début ou la fin d'un programme.
Le générique comporte le nom de l'émission ou du film, le nom et la fonction des collaborateurs, etc.

Grand public
L'ensemble du public, par opposition à certaines catégories de publics (jeunes, professionnels, sportifs...). Un film ou une émission grand public sont conçus pour plaire au plus grand nombre.

Groupe de presse
Ensemble de journaux qui appartiennent au même propriétaire ou à la même société.

Iconographe
Personne chargée de trouver et de choisir les images, photos et dessins qui illustrent un journal ou un livre.

Infographie
Cartes, schémas ou tableaux créés par ordinateur pour expliquer une information.

Information
Nouvelle communiquée par une agence de presse, un média.

Interactif
Qui permet un échange entre un média et son utilisateur. Par exemple, la télévision dite « interactive » permet aux spectateurs de participer à une émission en exprimant leur opinion par un appel téléphonique.

Interview
Entretien au cours duquel un journaliste interroge une personne.
Par extension, désigne un article ou un reportage qui expose les questions du journaliste et les réponses de l'interviewé.

Jingle
Bref morceau de musique qui introduit une émission ou accompagne une publicité.

Journaliste reporter d'images (JRI)
Le JRI est à la fois rédacteur, cameraman et preneur de son. Il travaille avec une Bétacam, une caméra légère qui enregistre des sons de bonne qualité.

Liberté de la presse
En France, la loi du 29 juillet 1881 sur la liberté de la presse fixe des limites à la liberté d'expression, en interdisant l'injure et la diffamation publiques, l'incitation aux crimes et délits, en garantissant la protection de la vie privée, le droit à l'image des personnes et la protection de l'ordre public.

Liberté d'expression
En France, le droit de chacun d'exprimer ses opinions est énoncé par la Déclaration des droits de l'homme et la Constitution.
Toutefois, quand cette liberté d'opinion s'exprime dans un média, elle doit respecter les principes posés par la loi sur la liberté de la presse.

Lobby
Groupe de personnes qui défendent les intérêts politiques ou économiques d'un peuple, d'une entreprise ou d'une industrie, en faisant pression sur les médias, les administrations, les institutions.
Ces personnes font alors du lobbying.

Londres Albert
Journaliste français (1884-1932), il a été un témoin engagé de son époque, il a multiplié les grands reportages sur presque tous les continents, dénoncé les crimes de la colonisation française en Afrique et l'horreur du bagne de Cayenne... Ses enquêtes ont secoué l'opinion publique et influencé le gouvernement de l'époque. Depuis 1933, le prix Albert Londres récompense, chaque année, le meilleur reportage.

Maquette
« Visage » graphique d'un journal : organisation des pages, ordre des rubriques, taille de la titraille, styles d'écriture, illustrations (photos, dessins, images informatiques), tonalités de couleurs...

Marronnier
Sujet d'actualité qui revient de façon aussi régulière que les arbres perdent leurs feuilles (rentrée des classes, fêtes de fin d'année, embouteillages sur la route des vacances...).

Média
Tout support qui diffuse des informations vers un large public : presse écrite, télévision, radio, Internet, panneaux d'affichage...

Micro-trottoir
Série de très courtes interviews de personnes anonymes sur un sujet d'actualité, comme la hausse du prix des carburants, les effets d'une période de canicule...

Mise en page
Assemblage des textes et des photos selon des règles précises, et conformément à la maquette de chaque journal. Elle s'effectue aujourd'hui sur ordinateur : on parle alors de PAO (publication assistée par ordinateur). La mise en page doit permettre un accès simple et agréable aux informations.

Mise en scène
Au cinéma ou au théâtre, interprétation personnelle d'une œuvre reposant sur le jeu des acteurs, le choix des décors, etc. Dans le domaine journalistique, le mot est péjoratif puisqu'il désigne une présentation déformée d'un événement ou d'un témoignage, pour le rendre plus émouvant ou plus spectaculaire, par exemple.

Multimédia
Ensemble des techniques et des produits qui utilisent plusieurs moyens de communication : texte, image, son.

Nécrologie
Familièrement abrégé en nécro, c'est un texte publié à la mort d'une personnalité et qui retrace sa vie ou son action. Les « nécros » des personnalités âgées ou malades sont écrites à l'avance pour pouvoir être publiées très rapidement en cas de décès.

Newsmagazine
Mot anglais qui désigne les magazines d'actualité nationale et internationale, comme *Le Nouvel Observateur*, *L'Express*, *Le Point*...

Numéro zéro
Cette première édition d'un journal ou d'une émission qui ne sera jamais diffusée est un test grandeur nature : elle sert à peaufiner la maquette, l'organisation de la rédaction, etc. avant le lancement public.

Objectivité
Manière de rapporter les faits, en décrivant précisément la réalité, sans laisser apparaître ses sentiments ou ses opinions. Beaucoup de journalistes reconnaissent que l'objectivité parfaite est un idéal... inaccessible.

Off the record (ou Off)
Expression anglaise qui signifie que les propos tenus à un journaliste ne doivent pas être enregistrés ni publiés. Des confidences faites « off » permettent de contredire un discours officiel ou de fournir des informations tout en restant anonyme.

Ours
Encadré comportant des informations sur un journal : nom, adresse, nombre d'exemplaires imprimés, nom du directeur de la publication, de l'imprimeur, des responsables de rubriques...

Paparazzi
Photographe de presse qui utilise des moyens souvent peu respectueux de la vie privée pour obtenir des photos.

Papier
Nom familier donné à un article de presse écrite ou au texte qui accompagne un sujet de télévision ou de radio.

Perchiste
Technicien chargé de la prise de son sur un plateau de télévision ou de cinéma. Pour placer le micro en dehors du champ de la caméra, il utilise une perche, un long support au bout duquel est accroché le micro.

Périodicité
Rythme de parution d'un périodique : quotidien (tous les jours) ; hebdomadaire (toutes les semaines) ; bimensuel (tous les quinze jours) ; mensuel (tous les mois) ; bimestriel (tous les deux mois) ; trimestriel (tous les trois mois) ; annuel (tous les ans).

Photogravure
Technique qui permet de reproduire les pages d'un journal sur des plaques métalliques utilisées par l'imprimeur.

Pigiste
Journaliste payé à la pige, c'est-à-dire en fonction du nombre de lignes écrites. Il collabore souvent à différents journaux (écrit, radio ou télévisé) plus ou moins régulièrement.

Plan médias
Programme d'une entreprise pour diffuser ses publicités sur différents médias en fonction des catégories de consommateurs visées.

Presse généraliste
Ensemble des journaux qui fournissent des informations internationales et nationales, économiques, politiques, sociales, culturelles...

Presse people
Ensemble des journaux qui fournissent des informations sur la vie et les activités de personnalités.

Presse spécialisée
Ensemble des journaux qui fournissent des informations sur un seul thème (sport, informatique, santé...) ou pour une catégorie de public (les femmes, les professionnels, les jeunes...).

Prime time
Terme anglais, désignant le moment de plus grande audience d'un média. À la télévision française, c'est la première partie de soirée, de 20 h 30 à 22 h 30, qui rassemble le plus de téléspectateurs. Les tarifs des publicités en prime time sont les plus élevés.

Producteur
Personne ou société qui assure le financement d'un film ou d'une émission.

Publireportage
Publicité qui adopte la forme d'un article afin de ressembler à une véritable information. Ce type de texte doit obligatoirement comporter la mention publireportage, publi-rédactionnel ou info-rédactionnel pour avertir le lecteur. Mais cette mention est souvent placée dans un angle, écrite verticalement et en petits caractères.

Pulitzer Joseph
Né en Hongrie, Joseph Pulitzer (1847-1911) émigre aux États-Unis en 1864 et devient un puissant patron de presse. Depuis 1918, un prestigieux prix portant son nom est décerné chaque année à des travaux journalistiques et littéraires : reportage, éditorial, caricature, photographie...

Quadri
Abréviation de quadrichromie. Procédé d'impression qui permet de reproduire toutes les couleurs en superposant quatre couleurs de base (rouge, jaune, bleu, noir).

Raflette
Mot d'argot journalistique qui désigne les éléments (photos de famille, vidéos amateurs...) que les journalistes demandent ou achètent aux témoins d'un événement, à la famille d'une victime.

Réalisateur
Responsable du déroulement technique et de l'enregistrement d'une émission de télévision ou de radio.

Rédaction
Ensemble des journalistes (pigistes, reporters, dessinateurs, photographes, infographistes, chefs de service, rédacteur en chef, secrétaire de rédaction...) qui réalisent un journal.

Redevance
Somme payée chaque année à l'État par les propriétaires de téléviseurs pour financer les chaînes et les radios publiques.

Régie
Local attenant à un studio de télévision ou de radio où sont installés les appareils de contrôle et de commande

(écrans, consoles...) permettant l'enregistrement des émissions.

Relations publiques
Communication d'une entreprise ou d'une institution visant à promouvoir son activité, un produit, etc., auprès du public. Cette promotion passe très souvent par les médias, mais aussi par campagne d'affichage, etc.

Reporter
Journaliste qui recueille des informations sur le terrain. Le grand reporter est chargé de reportages sur des événements importants ou lointains.

Rétrospective
Reportage ou article qui présente de façon chronologique l'histoire d'une personne, d'un événement, d'un fait de société.

Revue de presse
Compte rendu des articles de journaux sur un même sujet.

Rewriting
Réécriture d'un article qui est trop long, trop court ou mal écrit, avant sa publication.

Rotative
Presse d'imprimerie de forme cylindrique qui utilise du papier en rouleaux ou bobines.
Les rotatives peuvent imprimer des dizaines de milliers d'exemplaires d'un quotidien en quelques heures.

Scoop
Information importante ou sensationnelle obtenue et dévoilée par un seul journaliste ou un seul média.

Secrétaire de rédaction
Journaliste chargé du suivi de la rédaction et de la production d'un journal.

Serpent de mer
Information qui revient régulièrement dans les médias : les fournitures scolaires avant la rentrée des classes, etc.

Source
Origine d'une information (personne, article, livre). Quand sa source est une personne qui veut rester anonyme, le journaliste s'engage, au nom du secret professionnel, à ne pas révéler son identité.

Subjectivité
Manière de rapporter les faits en laissant libre cours à ses perceptions et opinions personnelles. C'est le contraire de l'objectivité.

Technicien de plateau
Personne chargée des éclairages, des caméras ou des micros lors de l'enregistrement d'une émission de télé ou sur le tournage d'un film.

Télé-réalité
Émission qui met en scène des personnes, souvent anonymes, et leurs problèmes intimes, ou qui réunit des volontaires dans un lieu isolé où ils sont filmés en permanence. Très populaires et souvent controversées pour leur voyeurisme, les émissions de télé-réalité se sont multipliées aux dépens d'autres programmes depuis 2000.

Tirage
Nombre d'exemplaires d'un ouvrage (journal, magazine...) imprimé en une seule fois.

Titraille
Ensemble des éléments d'un article habillant le texte : titre, surtitre, sous-titre, chapeau, intertitres.

Télévision numérique terrestre (TNT)
Nouvelle technologie de diffusion numérisée des programmes, lancée en France en mars 2005. La TNT permet d'améliorer la qualité de l'image et du son et d'élargir l'offre de chaînes.

Tribune
Lieu d'où l'on s'adresse à un large public et, par extension, page d'un journal ou émission dans laquelle une personne ou un groupe expose ses idées. Une « tribune libre » est un article émanant d'une personne extérieure à la rédaction.

Typo
Abréviation de typographie, qui désigne deux choses : la composition graphique d'un texte imprimé (caractères utilisés, interlignes, colonnes...), mais aussi une technique d'impression.

Voix off
Commentaire d'images énoncé par une personne qu'on ne voit pas.

Thèmes et faits d'actualité

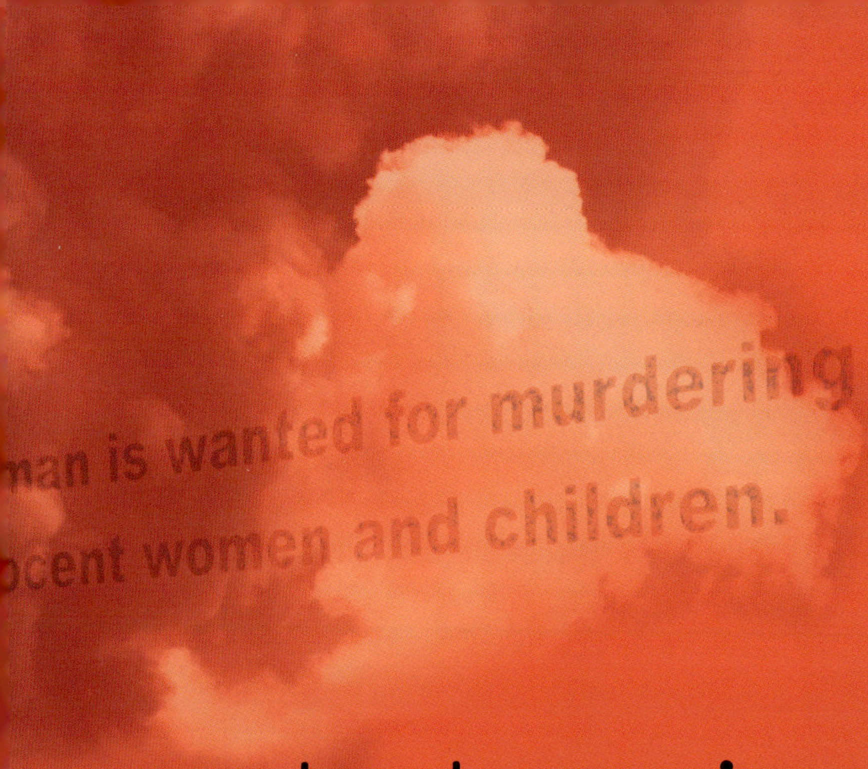

Le terrorisme

Aujourd'hui surmédiatisé et contagieux, le terrorisme est un danger pour la démocratie. Les actes terroristes, qui utilisent la violence contre des innocents, étaient autrefois surtout motivés par des luttes politiques. Ils sont désormais pratiqués par des organisations cherchant à répandre le chaos, à leur profit. Ainsi, le réseau Al-Qaida détourne l'islam dans le but d'accaparer du pouvoir et de l'argent au sein du monde arabe. De plus en plus de jeunes, nés dans la violence ou déracinés, sont sensibles aux discours extrémistes et choisissent de mourir en kamikazes.

« Des avions kamikazes s'abattent sur New York. »

Le 11 septembre 2001, deux avions détournés par des terroristes s'écrasent contre le World Trade Center, faisant près de 3 000 morts. Ces images ont été diffusées en direct dans le monde entier. Un premier avion avait déjà percuté la première tour, les caméras des journalistes déjà braquées vers le ciel ont donc pu filmer l'arrivée du second. La plupart des télévisions réalisaient des éditions spéciales et ont diffusé ces images en direct.

Ces attentats qui ont changé le monde

Quatre avions de ligne ont été détournés le 11 septembre 2001. Deux d'entre eux ont frappé les tours du World Trade Center à New York. Le troisième s'est abattu sur le Pentagone, bâtiment du commandement de l'armée américaine à Washington. Le dernier s'est écrasé dans une forêt de Pennsylvanie. Ces attentats sont attribués au réseau islamiste radical Al-Qaida, créé par le milliardaire saoudien Oussama Ben Laden. Après ces attaques, les États-Unis ont lancé une vaste riposte, suivis par la plupart des pays occidentaux. Ils ont attaqué l'Afghanistan, base d'Al-Qaida, puis l'Irak, et durci leurs lois sur la sécurité intérieure.

L'œil critique

Stupeur et improvisation
Les attentats du 11 septembre 2001 ont surpris le monde entier. Journalistes, hommes politiques, grand public, chacun a été saisi d'une même stupeur. La plupart des chaînes de télévision ont arrêté leurs programmes pour diffuser, des heures durant, les images sidérantes des avions percutant les tours. Le traitement médiatique de l'événement a d'abord été dominé par l'émotion et l'improvisation, alimentant la peur dans le public occidental, visé dans son ensemble à travers ces attentats.

Surenchère médiatique
La première émotion passée, les analyses se sont multipliées, notamment dans la presse écrite. L'excès d'images a fait place à une surenchère de commentaires. Ces explications ont touché un large public car, face au choc de l'événement, beaucoup se sont sentis directement concernés par l'actualité internationale. En monopolisant les médias, les attentats du 11 septembre ont imposé brutalement et durablement la menace terroriste dans notre quotidien.

Au-delà du réel
Les images du 11 septembre ont suscité, à la manière d'un film catastrophe, des sentiments mêlés de fascination et d'effroi, renforcés par les images des personnes se jetant dans le vide. Mais aucun corps n'a été montré : pour se représenter la mort, il fallait l'imaginer. L'absence de victimes visibles a augmenté la dimension irréelle de l'événement et sa force symbolique. Ce n'était pas un événement comme les autres et tout alors devenait possible : une riposte démesurée, la multiplication des attentats, le chaos.

Le terrorisme à l'échelle planétaire

Créé en Afghanistan en 1988, le réseau islamiste radical Al-Qaida a montré, le 11 septembre 2001, sa capacité d'action. En réaction, les États-Unis ont lancé une vaste lutte contre ce mouvement qui appelle à combattre l'Occident.

Le Jordanien Abou Moussab al-Zarqawi, proche des islamistes radicaux d'Al-Qaida, est le chef de l'organisation « Unification et Jihad ». Ce groupe est à l'origine de nombreux attentats, ainsi que de décapitations d'otages en Irak.

La naissance d'Al-Qaida

Fin 1979, l'Union soviétique envahit l'Afghanistan. Des combattants sont alors recrutés dans le monde musulman pour mener le Jihad (la « guerre sainte ») contre l'envahisseur communiste. À l'époque, ils obtiennent le soutien des États-Unis. Lorsqu'en 1989, l'URSS se retire d'Afghanistan, ces combattants sont récupérés par Al-Qaida, (« la base »). Créée un an auparavant par Oussama Ben Laden, cette organisation appelle à de nouveaux Jihads et, au nom de l'islam, au combat contre l'Occident et ses valeurs. Mais ses véritables motivations ne sont pas religieuses. Son but est de déstabiliser les pays arabes dont les chefs d'Al-Qaida sont originaires, afin d'y prendre le pouvoir. Al-Qaida s'attaque à la fois à ces régimes arabes et aux pays occidentaux qui les soutiennent, États-Unis en tête.

La dispersion des combattants d'Afghanistan

Durant les années 1990, les combattants de la guerre en Afghanistan retournent dans leur pays d'origine, se dispersent dans le monde musulman et en Europe. Certains mènent une lutte violente contre le pouvoir en place, en Algérie, en Égypte. D'autres rejoignent des organisations d'aide aux populations musulmanes, en Bosnie, en Somalie, en Tchétchénie. D'autres encore commettent des attentats contre les États-Unis et leurs alliés. Des volontaires sont entraînés dans des camps en Afghanistan, où Oussama Ben Laden s'est installé en 1996 et a fait alliance avec la dictature islamiste des talibans. C'est dans ce contexte qu'ont eu lieu les attentats du 11 septembre 2001.

Le tournant du 11 septembre

À la suite de ces attentats, les États-Unis déclenchent une lutte sans précédent contre Al-Qaida et les mouvements islamistes radicaux. En octobre 2001, une coalition menée par l'armée américaine abat le régime des talibans. Al-Qaida perd des dirigeants et sa liberté d'action en Afghanistan, mais le réseau reste un symbole fort. Invoquant la lutte antiterroriste et l'existence d'armes de destruction massive en Irak, les États-Unis attaquent ce pays en mars 2003. Ils mettent fin à la dictature de Saddam Hussein. Cependant les combats se poursuivent, menés par des Irakiens en rébellion contre la présence des troupes occidentales. L'enlisement de la guerre permet à des combattants non-irakiens proches d'Al-Qaida de créer des groupes armés dans le pays. Dans le même temps, les sentiments anti-américains s'amplifient dans le monde musulman et donnent plus de force aux appels à la haine des chefs d'Al-Qaida. En Asie, en Afrique, en Europe, au Moyen-Orient, des groupes s'appuient sur ces discours pour recruter des volontaires et poursuivre leurs actions terroristes.

Montée en puissance du mouvement islamiste radical

1988 Création d'Al-Qaida

1993 Premier attentat contre le World Trade Center

1994 Expulsé d'Arabie saoudite, Oussama Ben Laden s'installe au Soudan.

1996 Arrivée au pouvoir des talibans en Afghanistan. Ben Laden les y rejoint.

1998 Attentats contre les ambassades américaines au Kenya et en Tanzanie

2001 Attentats du 11 septembre. Une coalition menée par les États-Unis frappe l'Afghanistan.

2002 Ouverture du camp américain de Guantanamo Bay (Cuba) où sont emprisonnés les combattants islamistes capturés en Afghanistan.

2003 Déclenchement de la guerre en Irak. Les attentats s'y multiplient.

2004 Attentat du 11 mars à Madrid. Enlèvements et décapitations de civils en Irak

2005 Attentats du 7 juillet à Londres

17 000
personnes ont été victimes du terrorisme entre 1998 et 2002 dans le monde.

Al-Qaida
est suspectée d'avoir entraîné entre 15 000 et 50 000 hommes dans le monde depuis quinze ans.

« *Tout État qui opte pour l'agression et le terrorisme en paiera le prix* ■
George Bush, 2002.

« Bain de sang dans une école du Caucase »

Un commando composé en majorité de Tchétchènes a pris en otages pendant plusieurs jours des centaines de personnes dans une école de Beslan, en Ossétie du Nord, un pays de la Fédération de Russie. Le 3 septembre 2004, après plusieurs jours de prise d'otages, les forces spéciales russes ont donné l'assaut et déclenché un carnage : au moins 366 personnes, dont 156 enfants, ont été tuées.

La Tchétchénie, entre terrorisme et résistance

La prise d'otages de Beslan fait partie des attentats commis par des groupes armés réclamant l'indépendance de la Tchétchénie. Cet acte a été revendiqué par le chef des plus extrémistes d'entre eux : Chamil Bassaïev. Les Tchétchènes résistent depuis longtemps contre la Russie, qui n'est pas prête à lâcher cette république du Caucase si bien placée sur la route du pétrole. Dans les années 1990, deux conflits ont ravagé le pays et divisé la résistance en groupes ennemis. Aujourd'hui, le président russe Vladimir Poutine mène une politique de répression aveugle sur la population sans faire de différence entre indépendantistes modérés et extrémistes.

L'œil critique

Émotion intense
La Tchétchénie apparaît dans les médias au rythme des attentats et des prises d'otages qui créent une intense émotion, comme à Beslan où des enfants ont été tués. Des médias ont alors proposé des explications sur le problème tchétchène. Certains, plus rares, ont rappelé que l'Europe ferme les yeux sur les exactions de l'armée russe en Tchétchénie. Mais l'émotion passée, la situation des Tchétchènes est retombée dans l'oubli ; et seule la barbarie des attentats perdure dans les esprits.

Le choc des images
Traiter en profondeur de la question tchétchène à partir d'un attentat est difficile car le temps dont disposent les médias est limité. Une information chasse l'autre et les drames ne manquent pas à travers le monde. De plus, les meilleurs articles ou chroniques ont peu de poids face aux images de corps ensanglantés diffusées en boucle par les journaux télévisés. Il est difficile, face à ces images chocs, de faire entendre que de nombreux Tchétchènes refusent la violence aveugle.

Censure
Le travail des journalistes sur la Tchétchénie est difficile car le pouvoir russe les tient à distance. Cela a été le cas à Beslan ou lors de l'assassinat par l'armée russe du président tchétchène indépendantiste modéré, Aslan Maskhadov. Aussi des médias diffusent-ils parfois des informations non vérifiées, certains en disant « il se pourrait que... », d'autres sans précaution. Ils prennent alors le risque de se tromper et d'alimenter l'incompréhension sur la question tchétchène.

Les contours flous du terrorisme

Le terrorisme, dont la définition fait débat, a changé de visage au cours du xxe siècle. Durant les années 1990, les groupes armés menant des combats politiques ont été remplacés par des organisations cherchant à provoquer l'affrontement entre les civilisations et le chaos.

En juillet 1985, dans le port d'Auckland (Nouvelle-Zélande), les services secrets français ont fait exploser une bombe sous un navire de l'organisation écologiste Greenpeace, afin d'empêcher les militants de manifester contre les essais nucléaires français dans le Pacifique. Laurent Fabius, alors Premier ministre, a reconnu que la France s'était rendue coupable de « terrorisme d'État ».

Un système basé sur la terreur

Le mot « terrorisme » apparaît au lendemain de la Révolution française de 1789. Il désigne alors un terrorisme d'État, le terme s'appliquant au gouvernement sanguinaire de Robespierre qui a établi le régime de la Terreur. Mais il faut attendre près d'un siècle pour qu'il prenne sa définition actuelle. Aujourd'hui, le terrorisme peut se définir comme la succession d'actes de violence contre des civils, destinés à propager la peur et à obliger les dirigeants d'un pays ou d'une organisation à modifier leur politique. Ces actes, en général médiatisés, sont surtout le fait d'organisations clandestines, mais parfois aussi d'États, de sectes ou d'individus isolés.

Des combats politiques historiques

Les acteurs du terrorisme et leurs méthodes ont pris des formes multiples dans la seconde moitié du xxe siècle. Des années 1950 au début des années 1990, la guerre froide partage le monde en deux blocs ennemis et les pays colonisés obtiennent leur indépendance. Durant cette période, les groupes qui commettent des actes terroristes s'engagent dans des combats souvent liés à la revendication d'un territoire ou d'un pays (Palestine, Liban, Sri Lanka...). Ils sont fréquemment soutenus et financés, de manière discrète, par des États, Union soviétique et États-Unis en tête, qui s'affrontent à distance. Certains chefs de ces groupes ont, dans un deuxième temps, abandonné la lutte armée au profit du combat politique, comme le Palestinien Yasser Arafat.

Glissement vers le chaos

La fin de la guerre froide et la dissolution de l'URSS en 1991 transforment le terrorisme. Les groupes utilisant des méthodes terroristes élargissent leur terrain d'intervention et créent des liens à travers le monde. Certains ont recours aux méthodes du grand banditisme pour financer leurs actions : trafic de drogue, enlèvements avec rançon, etc. De nouveaux groupes agissent au nom de thèmes destructeurs comme le choc des civilisations ou la fin du monde. On compte parmi eux les organisations proches du mouvement islamiste radical Al-Qaida. D'autres font également parler d'eux, comme la secte Aum, auteur d'un attentat au gaz toxique au Japon, ou encore l'extrême droite américaine, responsable d'attentats meurtriers aux États-Unis. Ce sont parfois des individus isolés qui envoient des courriers piégés. Avec peu de moyens, ces actions, fortement médiatisées, propagent une angoisse diffuse (peur de l'autre, des déplacements, de l'avenir...) dans le monde entier.

Les dérives de la lutte contre le terrorisme

Au lendemain du 11 septembre, de nombreux États se sont engagés à la suite des États-Unis dans la lutte antiterroriste. Mais la difficulté à définir le terrorisme et à identifier ses auteurs entraîne souvent de graves atteintes aux droits de l'homme. Les dirigeants des pays non démocratiques en profitent pour renforcer la répression contre toute contestation, qu'elle soit celle de groupes armés rebelles, ou de simples opposants politiques. C'est le cas en Chine, en Birmanie, au Pakistan, en Indonésie, en Ouzbékistan... Dans des pays démocratiques, de nombreuses mesures ont été mises en place afin de lutter contre le terrorisme, tel le Patriot Act, loi américaine qui augmente les pouvoirs des forces de l'ordre aux dépens des droits des citoyens.

En 2004, les États-Unis ont dépensé **41 milliards** de dollars pour la sécurité de leur territoire.

C'est en **1798** que le mot « terrorisme » apparaît dans le dictionnaire de l'Académie française.

« *Interpol, l'Organisation internationale de la police criminelle, est, avec l'ONU, l'un des principaux acteurs de la lutte contre le terrorisme dans le monde* ■

« Nouvelle vague d'attentats en Irak »

Fin avril 2005, la formation d'un nouveau gouvernement irakien soutenu par les Américains a entraîné un regain de violence. Les attentats se sont multipliés à travers le pays, coûtant la vie à plusieurs centaines de personnes, essentiellement des civils.

Une société décomposée, source de violences

La guerre en Irak, déclenchée en mars 2003 par une coalition menée par les États-Unis, a mis fin à la dictature de Saddam Hussein. Mais très vite, des Irakiens se sont rebellés contre ces troupes étrangères considérées comme des occupants. Cette rébellion se nourrit de l'humiliation d'une population, libérée du dictateur mais plongée dans la misère, qui a du mal à envisager l'avenir. Avec le conflit qui s'enlise, la violence s'amplifie et les groupes armés se multiplient : mouvements islamistes chiites et sunnites, groupes proches d'Al-Qaida, partisans de Saddam Hussein, criminels...

L'œil critique

Victimes à la une

Les médias parlent très régulièrement, tous les jours parfois, des attentats en Irak. Ils font le choix d'évoquer l'ensemble des attentats, montrant ainsi la violence d'une guerre qui n'en finit pas. La diffusion des informations sur ces attaques répond cependant à une logique particulière : les plus médiatisées sont celles qui font le plus de victimes, en particulier s'il s'agit de cibles civiles et occidentales.

Banalité de la violence

Chaque attaque, chaque explosion retentit dans les foyers du monde entier qui, pour beaucoup, disposent d'une télévision. Ces images qui se répètent tous les jours deviennent familières, créant la sensation que ce conflit fait partie du quotidien. Les nouvelles victimes qui, chaque soir, s'ajoutent à celles de la veille, réduisent la mort à un simple décompte. La violence devient banale et l'intérêt du public, sa volonté de comprendre, sa capacité à s'émouvoir et à s'indigner s'émoussent.

Faits contre explications

Le traitement médiatique des attentats en Irak donne la priorité aux faits du jour : Comment ont-ils été perpétrés ? Où ? Contre qui ? Combien de victimes compte-t-on ? Ces informations sont importantes, mais elles montrent toujours le même aspect de la situation : l'explosion et les morts. Ce traitement laisse peu de place, en particulier dans les journaux télévisés, à des sujets expliquant comment l'enlisement du conflit et les difficultés de la population irakienne alimentent le terrorisme.

Aux sources des attentats suicides

Les raisons qui poussent les jeunes à devenir kamikazes sont multiples. Parmi elles : la violence et l'injustice subies au quotidien, la pauvreté, l'absence d'avenir, mais aussi le déracinement, la manipulation par des individus en quête de pouvoir...

L'ESCALADE DE LA VIOLENCE

Les attentats suicides sont efficaces avec peu de moyens. Ils se sont multipliés dans les zones de conflits et dans les pays en paix depuis la première attaque de ce type en 1982 au Liban.

- **Entre mi-1982 et mi-2000 : 16 attentats par an en moyenne**
- **Entre mi-2000 et mi-2004 : 39 attentats par an en moyenne. 16 attentats ont été commis par des femmes.**

Le coût d'un attentat :
- **150 dollars suffisent à organiser un attentat suicide.**
- **1 million de dollars au maximum a permis d'organiser les attentats du 11 septembre 2001. Le montant des pertes est évalué à 40 milliards de dollars.**

Le sacrifice comme solution ultime

Derrière chaque attentat suicide, il y a une personne décidée à se donner la mort en assassinant un maximum d'innocents. Ces kamikazes, des hommes jeunes en général, mais aussi des femmes, ne choisissent pas cette mort violente et criminelle du jour au lendemain. C'est souvent l'aboutissement d'une histoire personnelle ou collective difficile. Ces attentats, apparus en 1982 au Liban, en 1987 au Sri Lanka, puis à partir de 1994 dans les territoires palestiniens, se sont ensuite répandus en Turquie, au Cachemire, en Arabie saoudite, au Pakistan, en Tchétchénie et dans le Caucase, en Irak, mais aussi aux États-Unis, au Kenya, en Tanzanie, en Indonésie... Le recours massif à cette violence extrême marque souvent l'échec des autres méthodes de lutte armée.

Violence et absence d'avenir

Les premiers attentats suicides ont eu lieu dans des zones de crise où les populations s'opposent à un pouvoir oppresseur depuis des générations. C'est le cas des Palestiniens, des Tamouls au Sri Lanka, des Tchétchènes. Ces jeunes grandissent avec la certitude que la violence et la mort sont la seule solution contre un pouvoir qui confisque leur avenir et celui de leur peuple. Ils sont en cela encouragés et utilisés par des mouvements extrémistes. Seules des négociations politiques pourraient mettre fin à cette spirale de violence. Mais elles sont difficiles à mettre en place tant l'injustice et la barbarie des attentats accentuent la haine entre les populations et incitent à une répression de plus en plus dure.

L'Occident, ennemi symbolique

Avec les attentats du 11 septembre 2001, les attentats suicides ont changé de dimension et de cible. Le réseau islamiste radical Al-Qaida, auquel ils sont attribués, appelle à combattre l'Occident au nom de l'islam. L'ennemi n'est plus un pays ou un pouvoir politique précis. C'est l'ensemble des Occidentaux et tous ceux qui leur sont proches, y compris dans les pays musulmans. Dès lors, les volontaires au suicide ne sont plus guidés par une lutte politique. Il s'agit souvent de jeunes musulmans, instruits, mais déracinés et sans repères, perdus entre plusieurs cultures, qui font une lecture extrémiste de l'islam. Ils deviennent sensibles aux discours des chefs radicaux mêlant haine et religion. Ainsi fanatisés, ces jeunes sont prêts à mourir pour lutter contre un ennemi symbolique, l'Occident, rendu responsable de tous les maux du monde actuel. Un monde dans lequel ils ne trouvent pas leur place.

Les candidats aux attentats suicides ne manquent pas dans la jeunesse palestinienne qui n'a connu que la violence et l'humiliation. Aussi ces attaques se sont multipliées contre des civils en Israël. En réaction, les Israéliens se sont rassemblés autour de la politique répressive d'Ariel Sharon.

En **1985,** une jeune fille de 16 ans commet, au Liban, le premier attentat suicide perpétré par une femme.

Avec plus **200** actions, les Tigres tamouls du Sri lanka ont commis le plus grand nombre d'attentats suicides dans le monde.

47 % de la population des Territoires palestiniens vit sous le seuil de pauvreté, avec moins de deux dollars par jour.

« Deux journalistes français enlevés en Irak »

Le 20 août 2004, les journalistes Christian Chesnot et Georges Malbrunot, et leur chauffeur syrien Mohammed al-Joundi ont été enlevés par l'Armée islamique en Irak, déjà responsable du meurtre du journaliste italien Enzo Baldoni. Après une mobilisation sans précédent dans le monde arabe et en Europe, les Français ont été libérés le 21 décembre 2004.

La stratégie des prises d'otages

Les enlèvements d'étrangers se sont multipliés en Irak. Le premier a eu lieu en avril 2004 dans la ville de Fallouja où les troupes anglo-américaines ont tué de nombreux innocents. Puis la méthode s'est répandue. En octobre 2004, 150 étrangers avaient déjà été enlevés, dont 36 assassinés. Des exécutions ont été filmées et les vidéos diffusées sur Internet ou vendues sur les marchés irakiens. Les otages sont des employés d'entreprises pétrolières, des hommes d'affaires, des humanitaires, des journalistes... Ces enlèvements permettent aux ravisseurs de toucher des rançons, de semer la terreur et de pousser la communauté internationale hors d'Irak.

L'œil critique

Contradictions médiatiques

Lorsque la première vidéo de décapitation d'un otage en Irak a été diffusée sur Internet en 2004, les médias ont tous parlé de l'événement. Des télévisions ont présenté la vidéo, l'arrêtant juste avant l'exécution. Des journaux ont décrit toute la vidéo, remplaçant les images déclarées insoutenables par des mots qui ne l'étaient pas moins. Ainsi, alors qu'ils s'en défendaient, les médias ont offert une publicité phénoménale aux auteurs de cette action barbare.

Caméras aveugles sur Bagdad

Plus de trente journalistes ont été enlevés en Irak depuis 2004. Face au danger grandissant, leur présence s'est réduite à Bagdad. Ceux qui s'y trouvent encore sortent peu de leur hôtel, sauf pour accompagner les troupes anglo-américaines. Ils sont alors protégés, mais manquent de liberté pour enquêter. Ainsi, l'Irak occupe la une des médias depuis des mois, mais les journalistes, continuellement menacés, n'ont plus les moyens de faire correctement leur travail.

Informer en temps de guerre

Les enlèvements de journalistes français en Irak ont déclenché de vastes mouvements de soutien dont les actions ont été largement médiatisées. Ces actions se sont parfois essoufflées, le temps jouant pour les ravisseurs. Mais ce type de mobilisations est l'occasion de mettre à la une des médias le débat sur la nécessité d'informer sur les zones de conflits. Là plus qu'ailleurs en effet, il est essentiel de disposer d'informations neutres, ne provenant ni d'un camp ni de l'autre.

La peur, première arme du terrorisme

Menaces biologiques, chimiques ou nucléaires, mises en scène d'exécutions, enlèvements de journalistes, les méthodes du terrorisme semblent toutes tendre vers le même but : médiatiser la peur et l'ancrer dans notre quotidien à tous.

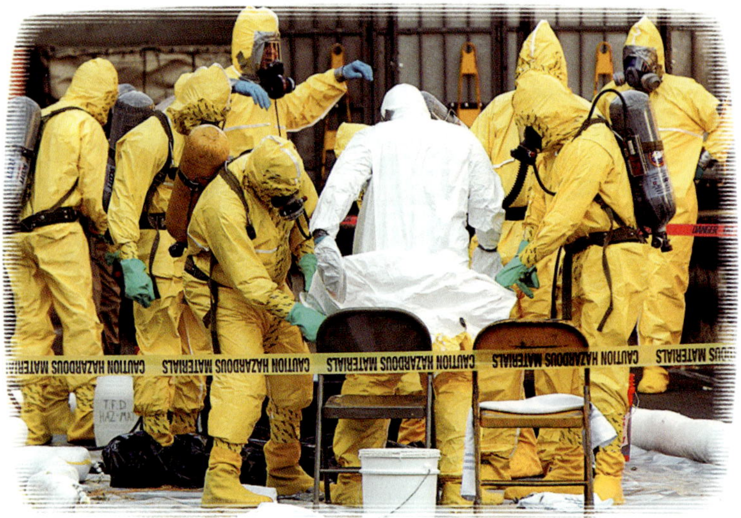

À l'automne 2001, les enquêteurs américains ont suspecté un chercheur d'avoir envoyé des lettres contenant de l'anthrax, un poison mortel, à des institutions du pays. Cette attaque a fait cinq morts et propagé la peur. Depuis, les États-Unis consacrent des milliards de dollars à la recherche sur les armes biologiques.

Des armes de destruction massive

Le début des années 2000 a vu se multiplier le nombre des victimes d'attentats dans le monde. La principale crainte aujourd'hui est que des groupes terroristes aient recours à des armes de destruction massive. Ces armes sont des substances nucléaires, des microbes très contagieux, des produits chimiques mortels qui peuvent faire des milliers de morts en une seule attaque. Il n'est pas certain qu'aujourd'hui des terroristes soient en mesure d'organiser de telles attaques. Mais la menace est prise au sérieux. Les groupes terroristes ont donc en partie atteint leur but : populations et dirigeants politiques ont peur, sans savoir précisément contre quoi ils doivent se protéger.

Jouer sur la peur

La peur est l'une des armes principales du terrorisme. Les groupes qui y ont recours sont en effet trop faibles pour attaquer de front un ou plusieurs États et leurs armées. Aussi, pour compenser ce déséquilibre des forces, ils jouent sur la surprise et l'horreur. C'est le seul moyen dont disposent ces groupes pour obliger des gouvernements à modifier leur politique, à prendre des mesures en leur faveur ou, tout simplement, à leur verser des rançons. Aujourd'hui, la lutte antiterroriste répressive menée par George W. Bush renforce le terrorisme dans certains pays, notamment en Irak. Les organisateurs des attentats du 11 septembre 2001 ont, en ce sens, gagné une bataille.

La spirale du spectacle terroriste

Les groupes terroristes ont besoin de publicité pour compenser leur faiblesse vis-à-vis de leurs ennemis. Le meilleur moyen d'obtenir cette publicité est de faire en sorte que leurs actions soient fortement médiatisées. Pour qu'elles émergent du flot ininterrompu d'événements tragiques dont les médias rendent compte chaque jour, les terroristes doivent imaginer des actions de plus en plus sanglantes, inattendues, impensables. Pour couper court à cette spirale de l'horreur médiatique, il est essentiel de proposer une information précise sur le terrorisme et ses acteurs, sans faire systématiquement écho à ses méthodes inacceptables. Le problème est de taille pour les médias : comment continuer à informer sans faire le jeu du terrorisme ?

Terrorisme en réseau

Internet est largement utilisé aujourd'hui par les groupes adeptes des méthodes terroristes. Il leur permet de faire parler d'eux par la diffusion de vidéos d'assassinats ou de messages destinés à leurs ennemis. Ils peuvent recruter des volontaires, trouver des financements, échanger des techniques, effectuer des rapprochements entre groupes éloignés géographiquement. Le réseau islamiste radical Al-Qaida a ainsi multiplié les sites web de propagande et de formation après avoir perdu sa liberté d'action en Afghanistan fin 2001. Une menace terroriste nouvelle apparaît avec les réseaux informatiques : nos sociétés sont totalement dépendantes de ces systèmes et le blocage de certains d'entre eux (aéroports, pôles industriels...) pourrait avoir d'importantes conséquences.

Le 11 septembre 2001, **75 millions** d'Américains ont suivi l'actualité des attentats à la télévision.

En 2001, tous les groupes définis comme terroristes par les États-Unis disposaient d'un site **Internet**.

« *L'hyperterrorisme, dont le terme est apparu en 2001, désigne l'usage terroriste d'armes de destruction massive* ■

Le terrorisme

❶ Al-Qaida et les mouvements islamistes radicaux

• Organisation internationale
• Actions terroristes : attentats suicides, détournements d'avions, attentats à la bombe, enlèvements, assassinats ciblés
• Al-Qaida est un réseau de groupes indépendants répartis dans le monde musulman. On l'appelle la « nébuleuse Al-Qaida » car les liens entre les groupes qui disent en faire partie sont mal connus. L'organisation a été créée par Oussama Ben Laden afin de prendre le pouvoir et d'accaparer les richesses dans les pays arabes. Mais, pour réunir des candidats au combat et au suicide, les chefs d'Al-Qaida disent lutter, au nom de l'islam, contre l'Occident chrétien. La majorité des musulmans condamnent les actions terroristes commises par Al-Qaida.

❷ Extrémistes américains

• Individus ou milices
• Actions terroristes : attentats à la bombe, lettres piégées

❸ Forces armées révolutionnaires de Colombie (FARC)

• Mouvement révolutionnaire d'extrême gauche
• Actions terroristes : attentats à la bombe, enlèvements

❹ Sentier lumineux

• Mouvement révolutionnaire d'extrême gauche péruvien
• Actions terroristes : attentats à la bombe, enlèvements, assassinats ciblés
• Mouvement très actif jusqu'en 1992, de petits groupes ont perduré ensuite.

❺ Libye

• État
• Actions terroristes : détournements d'avions, soutiens financiers à des groupes terroristes, enlèvements
• En 2003, sous la menace de représailles américaines, la Libye indemnise les victimes de l'attentat de Lockerbie, en Écosse, et renonce à produire des armes de destruction massive.

❻ Groupes armés palestiniens

• Mouvements nationalistes
• Actions terroristes depuis 2000 : attentats à la voiture piégée, attentats suicides
• De 1968 à la fin des années 1980, des actions violentes sont menées avec Yasser Arafat et l'Organisation de libération de la Palestine (OLP). En 1988, Yasser Arafat renonce à la lutte armée et choisit de négocier avec Israël. Certains groupes palestiniens, dont le Hamas et le Jihad islamique, refusent le dialogue et poursuivent les actes terroristes.

⓫ « Armée républicaine irlandaise » (IRA)

• Mouvement indépendantiste catholique
• Actions terroristes : attentats à la bombe
• Depuis 1998, un difficile processus de paix est en cours avec les protestants d'Irlande du Nord et le Royaume-Uni.

10 Groupes armés tchétchènes
- Mouvements indépendantistes
- Actions terroristes : attentats à la bombe, prises d'otages, attentats suicides
- Les Tchétchènes luttant contre l'occupation russe sont divisés. Certains souhaitent négocier la paix, mais leur chef, Aslan Maskhadov, a été assassiné par l'armée russe. D'autres sont beaucoup plus violents, les partisans du chef islamiste radical Chamil Bassaïev en particulier.

7 « Groupes islamistes armés » (GIA)
- Ensemble de groupes islamistes radicaux algériens
- Actions terroristes : attentats à la bombe, détournements d'avion
- En 2002, le chef du GIA est tué par l'armée algérienne.

8 Tigres tamouls
- Mouvement indépendantiste du nord-est du Sri Lanka
- Actions terroristes : attentats à la bombe, attentats suicides, assassinats ciblés
- Depuis 2002, un difficile processus de paix est en cours avec le gouvernement.

9 Aum
- Secte japonaise
- Actions terroristes : attentat à l'arme chimique

syndicats retirent
préavis de grève
Dollar

Le pétrole

Le pétrole est indispensable aux économies des pays industrialisés : il est l'une de leurs principales sources d'énergie et un composant de base pour de multiples produits d'usage quotidien. Cette dépendance rend les sociétés modernes, notamment la société française, fortement vulnérables. Pour s'approprier cette matière première vitale, toujours plus chère et plus rare, les pays consommateurs se livrent une concurrence acharnée. Cette compétition provoque ou envenime de nombreux conflits à travers le monde. De plus, l'usage mondial et intensif du pétrole est lourd de conséquences pour l'environnement.

« Nouvelle envolée du prix de l'essence »

La hausse du prix du pétrole brut fait bondir les prix à la pompe. Cette hausse est si forte que, depuis 2003 et pour la première fois en France, les ventes d'essence diminuent.

Le prix du pétrole et notre quotidien

Les carburants automobiles (essence, gazole) et les produits de chauffage (fioul, mazout) issus du pétrole ne sont que la partie la plus visible de la forte présence de cette énergie dans nos sociétés modernes. De nombreuses activités et quantité d'objets de notre quotidien sont directement liés au pétrole et fabriqués grâce à lui. Le prix du pétrole a donc une grande influence sur le niveau général des prix, ainsi que sur l'activité économique et le chômage.

L'œil critique

Trente millions de voitures
L'augmentation du prix des carburants surgit régulièrement dans l'actualité. Le transport automobile est en effet le premier consommateur de produits pétroliers et concerne, en France, les propriétaires de trente millions de voitures. Cependant, dans son traitement médiatique, ce sujet apparaît très souvent sous la forme de micros-trottoirs (succession d'interviews très courtes) réalisés dans les stations-service auprès d'automobilistes excédés.

Consommateurs mécontents
C'est souvent à travers le mécontentement des Français qu'est évoquée la taxe intérieure sur les produits pétroliers (TIPP), impôt prélevé par l'État sur les achats de carburants qui en augmente le prix d'environ 70 %. Ainsi, la dépendance au pétrole de nombreux secteurs de l'économie française est traitée lorsque agriculteurs, marins pêcheurs, taxis ou routiers se plaignent du coût du carburant, en manifestant ou en bloquant les routes ou les ports.

Énergivores
La hausse du coût du pétrole est rarement mise en relation avec nos habitudes de consommation avides de cette énergie : l'achat de légumes cultivés sous serre, la priorité donnée à la voiture individuelle sur les transports en commun, la multiplication des emballages et des objets issus des industries chimiques et plastiques, l'importation de produits plutôt que la production sur place, etc.

Une société vulnérable au pétrole

La France, comme les autres pays industrialisés, a fondé son économie sur un pétrole abondant et bon marché. Aujourd'hui, la plupart de nos activités exigent de grandes quantités de cette énergie de plus en plus chère.

L'impact sur l'économie

En France, la moitié du pétrole consommé est absorbée par les transports, un quart par l'industrie, et le dernier quart est partagé entre l'agriculture, les services et les particuliers. Pour de nombreuses professions, le pétrole est aujourd'hui vital (agriculteurs, pêcheurs, routiers, taxis...). Il représente aussi une grosse part des coûts de fabrication des produits et des services. Lorsque son prix augmente, toute la chaîne économique est touchée. Pour compenser cette hausse, le producteur peut soit maintenir ses prix de vente mais voir son bénéfice diminuer, soit augmenter le prix de ses produits : le consommateur paie alors le surcoût. En touchant ainsi le pouvoir d'achat des individus et l'activité des entreprises, le prix du pétrole influence aussi la consommation et le niveau de chômage.

En France, sur chaque euro de carburant vendu, l'État prélève un impôt de 74 centimes. En 2003, cette taxe intérieure sur les produits pétroliers (TIPP) a représenté 24 milliards d'euros. Plus le pétrole est cher et le trafic routier intense, plus la TIPP rapporte d'argent à l'État.

Une salade au pétrole

Le pétrole est partout dans notre vie. Un simple sachet de salade verte, dans un rayon de supermarché au cœur de l'hiver, est le résultat d'un processus extrêmement gourmand en énergie : semée dans une serre chauffée au mazout, nourrie d'engrais issus du pétrole, arrosée, triée, lavée à l'aide de systèmes mus par celui-ci, la salade est emballée dans un sachet de plastique tiré du pétrole, embarquée dans un camion réfrigéré qui roule au gazole, jusqu'au supermarché... Il en va ainsi pour la plupart des produits que nous consommons ou que nous utilisons chaque jour. Tous les combustibles (fioul, carburant diesel, mazout, essence) proviennent de la distillation du pétrole. Comme les produits de la pétrochimie, des médicaments aux produits ménagers, en passant par les plastiques.

Toujours dépendante

Comme la plupart des pays industrialisés, la France a été secouée par les chocs pétroliers des années 1970, lorsque les pays producteurs ont massivement augmenté leurs prix. Elle a alors cherché à diminuer sa dépendance. D'une part, elle a construit des centrales nucléaires qui produisent maintenant 80 % de l'électricité française. D'autre part, elle s'est tournée vers de nouveaux fournisseurs comme le Royaume-Uni et la Norvège, qui exploitent le pétrole de la mer du Nord représentant aujourd'hui un tiers des importations françaises. Mais les deux tiers du pétrole consommé en France sont encore achetés, en dollars, à la Russie, au Moyen-Orient et à l'Afrique. La France reste donc dépendante d'approvisionnements dont elle ne contrôle ni le prix ni la régularité.

Du pétrole aux plastiques

Le pétrole brut subit de complexes opérations de raffinage pour obtenir les molécules chimiques nécessaires à la fabrication des polymères, ou plastiques. Rendus résistants, solides, élastiques, colorés, étirés, moulés, formés... ils donnent naissance aux objets de notre quotidien.

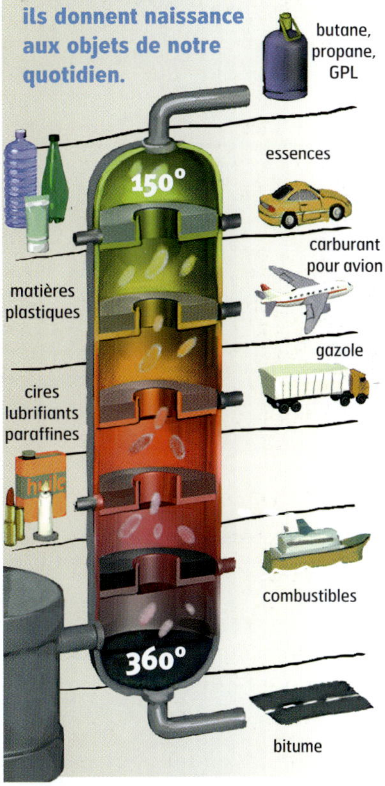

90 millions de tonnes de pétrole consommées en France chaque année.

En 2004, la facture pétrolière s'est élevée à **20 milliards d'euros**.

123 000 personnes travaillent dans l'industrie pétrolière en France.

« L'OPEP décide d'augmenter sa production. »

Réunis en Iran, les dirigeants des onze pays de l'Organisation des pays exportateurs de pétrole (OPEP) ont décidé de produire 500 000 barils supplémentaires par jour. En augmentant l'offre sur le marché mondial, ils tentent d'enrayer la hausse du prix du pétrole. Cette décision sera sans doute insuffisante, car la demande mondiale croît sans cesse.

Un marché du pétrole sous pression

Les réunions de l'Organisation des pays exportateurs de pétrole (OPEP) sont toujours suivies avec inquiétude par le reste du monde. Car ces pays détiennent encore près de la moitié des réserves mondiales, même si d'autres producteurs arrivent sur ce marché. Or, le pétrole est vital pour les pays industrialisés, qui se livrent une rude concurrence à travers leurs grandes compagnies pétrolières. Cette confrontation entre une offre limitée et une demande grandissante pousse à la hausse le prix du pétrole.

L'œil critique

Marché agité

Les médias, en France comme dans les autres pays industrialisés, traitent régulièrement des sujets à l'origine des soubresauts du marché du pétrole : les décisions des pays producteurs, le jeu des alliances entre ces pays, les variations du dollar, les conflits dans les zones de production, les besoins en pétrole accrus par la météo, etc. Ces événements ont de grandes répercussions économiques et politiques, en particulier quand le cours du pétrole atteint des sommets et qu'une vague de froid balaie l'Europe ou les États-Unis, faisant augmenter les besoins en chauffage… et la facture d'énergie.

Sujets ignorés

Certains sujets, qui ont pourtant une forte influence sur le prix du pétrole sont, au contraire, rarement analysés : la guerre féroce que se livrent les multinationales dans les coulisses de l'exploration pétrolière, les découvertes de nouveaux gisements, les conflits autour du pétrole lorsqu'ils touchent des régions avec lesquelles la France a peu de liens. On parle de l'Irak, de l'Iran, du Moyen-Orient en général, beaucoup moins du Caucase, du Nigeria, du Venezuela…

Scène complexe

Le marché du pétrole dans son ensemble est rarement expliqué. C'est un sujet complexe, qui ne se prête pas à un reportage de quelques minutes. Sur cette scène, les différents acteurs sont nombreux (pays de l'OPEP, non-membres de l'OPEP, importateurs, grandes compagnies pétrolières…) : leurs rôles et leurs intérêts sont multiples et souvent opposés.

Le marché du pétrole

Chaque année, pays producteurs, pays consommateurs et multinationales échangent 3,5 milliards de tonnes de pétrole. Cette énergie indispensable à l'économie mondiale est toujours plus rare et plus chère.

Des réserves limitées

Les réserves de pétrole prouvées sont estimées à 140 milliards de tonnes. En 2003, elles représentaient, au rythme actuel, quarante ans de consommation mondiale. Mais, le pétrole étant une énergie non renouvelable, la production commencera, selon les prévisions, à chuter entre 2008 et 2015. D'un gisement à l'autre, le pétrole peut toutefois être très différent et plus ou moins accessible. En effet, le pétrole est une huile fossile, piégée dans des roches poreuses, un peu comme de l'eau dans une éponge. Ainsi le brut d'Arabie saoudite, très léger, coûte cinq fois moins cher à extraire que le brut du Venezuela, épais comme du goudron, et deux fois moins cher que celui des gisements sous-marins du Brésil.

Des producteurs divisés

Dans les années 1960, des États producteurs ont créé l'Organisation des pays exportateurs de pétrole (OPEP). Désormais au nombre de onze, ils représentent 40 % de la production mondiale et détiennent les deux tiers des réserves connues. Depuis les années 1970, sous l'influence de l'Arabie saoudite, l'OPEP ouvre plus ou moins le « robinet » du pétrole en fixant, de réunion en réunion, une limite à sa production. Ses membres ont ainsi pu contrôler les prix, réaliser d'importants bénéfices et s'imposer sur la scène internationale. Aujourd'hui, leur pouvoir est menacé par l'arrivée de nouveaux producteurs (Russie, Chine...) qui, en restant indépendants, veulent produire au maximum de leurs possibilités.

Une consommation en hausse

La consommation de pétrole est proportionnelle au développement économique. Le plus grand consommateur mondial, les États-Unis, engloutit à lui seul un

159 litres
C'est la contenance d'un baril, l'unité de mesure utilisée sur le marché du pétrole.

« Le pétrole représente la moitié du commerce mondial des produits de base ■

L'OPEP *Algérie, Arabie saoudite, Émirats arabes unis, Indonésie, Irak, Iran, Koweït, Libye, Nigeria, Qatar, Venezuela.*

quart du total mondial, et consomme autant que les pays en voie de développement. Viennent ensuite le Japon, la Chine, l'Europe, la Russie... Les futurs gros consommateurs, comme la Chine et l'Inde, entrent déjà en compétition avec le reste du monde sur les achats de pétrole.

Le prix du pétrole est largement influencé par la spéculation sur le cours du dollar, monnaie de paiement des produits pétroliers, sur le marché des changes. Ainsi, plus l'euro est fort par rapport au dollar, moins le pétrole est cher pour les Européens.

De grandes entreprises

Leurs activités sont la recherche et la production de pétrole brut, le raffinage et la distribution. Dans le monde entier, ces entreprises se livrent à une concurrence sans merci, parfois à la limite de la légalité, pour contrôler les nouveaux gisements, avec la complicité de leur pays d'origine et des pays producteurs. Quatre grandes compagnies pétrolières, surnommées les Majors, dominent le secteur : l'américaine Exxon Mobil, la britannique British Petroleum, l'anglo-néerlandaise Shell, la française Total. En 2004, grâce au niveau élevé des cours du brut et du gaz, les bénéfices de Exxon Mobil ont augmenté de 188 %, ceux de Total de 126 %.

Le prix du baril en dents de scie

Le prix du pétrole résulte du rapport entre la production et la demande, et de l'influence des événements internationaux.

1960
Les entreprises occidentales imposent un prix bas.

1973
Premier choc pétrolier. L'Organisation des pays exportateurs de pétrole (OPEP) quadruple ses prix en réaction à la guerre israélo-égyptienne.

1981
Deuxième choc pétrolier : la production chute après la révolution en Iran et la guerre Iran-Irak.

1999
La demande diminue, de nouveaux producteurs apparaissent (Russie, mer du Nord...). L'OPEP se divise.

2000
Les producteurs OPEP et non OPEP s'entendent pour contrôler les prix.

2005
La demande mondiale grimpe en flèche alors que se profile le déclin de la production. Les relations internationales sont tendues au Moyen-Orient, en Asie centrale...

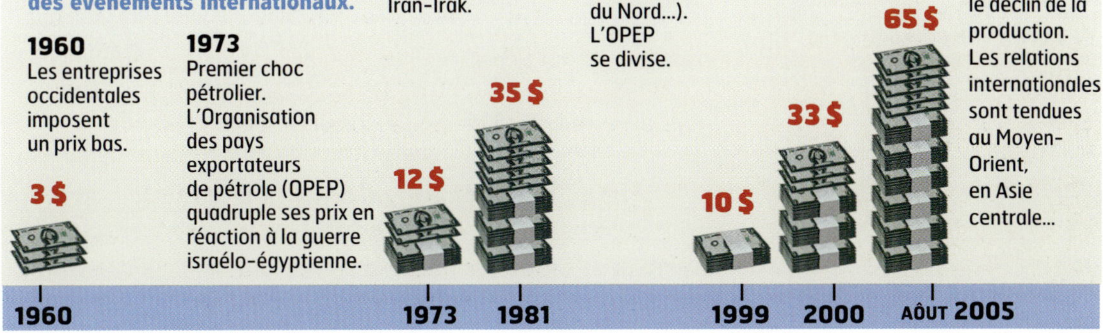

« Un oléoduc saboté dans le nord de l'Irak »

Les raffineries et oléoducs irakiens sont la cible de nombreux attentats depuis l'occupation du pays par les États-Unis, en mars 2003. En entravant les exportations de pétrole, ces attentats empêchent la reconstruction de l'économie irakienne.

Le pétrole, source de guerres

Depuis que l'armée irakienne a été vaincue par les États-Unis, en 2003, la guerre en Irak prend la forme d'attentats, notamment contre les installations pétrolières de ce pays. Ces attentats seraient en particulier commis par des partisans du réseau terroriste Al-Qaida, pour paralyser le pays, mais aussi empêcher les États-Unis de profiter des exportations de pétrole irakien. La guerre en Irak est ainsi l'un des plus violents conflits pour la conquête de nouvelles sources de pétrole.

L'œil critique

Menace sur les prix
Les événements en Irak font partie de ces thèmes très présents dans les médias du monde entier, car ils pèsent sur l'équilibre politique et économique de notre planète. La guerre en Irak, comme toutes les tensions au Moyen-Orient, gros producteur de pétrole, suscitent l'inquiétude des pays consommateurs. Ils craignent une hausse des prix de l'énergie ou l'extension du conflit à d'autres États de cette région.

Lente disparition
Toutefois, les péripéties de la guerre en Irak ont été longuement traitées par les médias lorsque la polémique faisait rage entre la France et les États-Unis. Les attentats contre la population irakienne et le décompte de leurs victimes sont égrainés quotidiennement, mais les attentats contre des installations pétrolières ont disparu des médias, remplacés par d'autres sujets d'actualité. Or, le pétrole, l'une des seules ressources de l'Irak, est un enjeu fondamental pour sa reconstruction.

Public réduit
Lorsqu'il est évoqué, le sujet du pétrole irakien est rarement relié aux autres conflits pétroliers, ni replacé dans la compétition mondiale pour le pétrole. Ainsi, les intérêts pétroliers des États-Unis, qui expliquent en partie l'intervention militaire américaine en Irak, sont peu présentés. Ces sujets sont plus souvent traités dans des magazines télévisés consacrés aux reportages ou bien par la presse écrite : ils touchent donc un public moins large.

Grand angle

La ruée vers l'or noir

La compétition entre pays consommateurs pour assurer leurs approvisionnements date du début du XXe siècle. Aujourd'hui, les zones de forage se multiplient et peu de continents sont épargnés par les conflits.

L'Afrique, nouvel eldorado

Nigeria, Cameroun, Soudan... En Afrique, les tensions liées au pétrole se multiplient. Longtemps dominé par la France, le continent passe peu à peu sous la coupe des Américains. Ces derniers, avec l'accord de gouvernements africains, placent sous contrôle militaire les forages et l'acheminement du pétrole. Les pays du golfe de Guinée sont les premiers visés : l'Angola, dont la côte recèle dix-neuf gisements géants, le Nigeria, la Guinée équatoriale. Dans d'autres pays comme le Tchad ou la Mauritanie, les États-Unis investissent des millions de dollars pour la construction d'ouvrages pétroliers. Cet argent, loin de profiter aux populations, parmi les plus pauvres de la planète, renforce les régimes dictatoriaux et corrompus. Ailleurs, en Algérie ou en Libye, les dirigeants confisquent depuis longtemps les revenus du pétrole.

Au Nigeria, comme dans de nombreux pays producteurs, l'armée est souvent mise au service de l'exploitation du pétrole. Les militaires assurent ainsi la sécurité des grandes compagnies contre les populations locales.

Le Moyen-Orient, hautement instable

Cette région détient 66 % des réserves mondiales de pétrole. En 1990, la première guerre du Golfe a eu pour origine les immenses gisements du Koweït, convoités par l'Irak. Puis en 2003, au nom de la guerre contre le terrorisme international, les États-Unis ont attaqué l'Irak et démis le dictateur Saddam

Hussein. Ils ont alors conquis un accès aux réserves irakiennes de 120 milliards de barils. Les pressions américaines se sont ensuite tournées vers l'Iran, deuxième pays producteur de l'OPEP. En Arabie saoudite, comme en Irak, des attentats visent principalement les installations pétrolières.

L'Asie, touchée à son tour

La mer Caspienne recèle sans doute le troisième gisement mondial de pétrole. De nombreux différends opposent les cinq pays riverains tandis qu'une véritable « guerre des oléoducs » oppose Russes, Américains, Européens et Asiatiques pour le contrôle de l'acheminement. Au Caucase, depuis 1991, la Russie maintient son contrôle sur les oléoducs de la Tchéchénie au prix d'une répression sanglante. Plus à l'est, l'Indonésie et la Malaisie se disputent des gisements frontaliers, tandis que l'Australie prive le Timor-Leste voisin, où sévit la famine, de ses ressources pétrolières.

Colère en Amérique du Sud

En Amérique du Sud, le pétrole est à l'origine de nombreux troubles sociaux. En 2002, au Venezuela, huitième producteur mondial, l'armée est intervenue pour briser une grève qui paralysait le secteur pétrolier. En 2005, la Bolivie a connu une crise politique grave provoquée par des conditions d'exploitation de ses hydrocarbures (gaz), que la population jugeait trop favorables aux compagnies pétrolières.

Total et la Birmanie

Depuis une dizaine d'années, la Birmanie, en Asie du Sud-Est, est soumise à une dictature implacable. Les militaires forcent des milliers de personnes à travailler dans des conditions inhumaines, notamment au bénéfice de la compagnie française Total, qui exploite le gaz birman. Les opposants birmans, persécutés, ont appelé au boycott de leur pays afin de priver l'armée de ressources et l'obliger à quitter le pouvoir. Une grande part de la communauté internationale s'abstient donc de commercer et d'investir en Birmanie. Mais Total verse chaque année entre 200 et 450 millions de dollars à la dictature militaire birmane. Ces pratiques contribuent à rendre inefficaces les sanctions adoptées par l'Union européenne depuis 1996.

Les réserves de l'Arabie saoudite sont les plus importantes du monde. Elles s'élèvent à **264** milliards de barils.

Les réserves pétrolières : Moyen-Orient (66 %), Amérique (15 %) Europe (8 %), Afrique (7 %), Asie-Océanie (4 %).

« *La sécurité énergétique est prioritaire dans notre politique étrangère* ■

Dick Cheney, vice-président américain, 2001.

« Le naufrage du Prestige »

Des volontaires recueillent du pétrole échappé des soutes du Prestige. *En novembre 2002, ce navire pétrolier délabré est surpris par une tempête au large des côtes espagnoles. Il sombre et déverse 63 000 tonnes de fioul sur des centaines de kilomètres de la côte atlantique.*

Des marées noires symboliques

Les marées noires sont les symboles du pouvoir polluant du pétrole. Les naufrages de pétroliers et autres cargos ont des conséquences évidentes : l'eau et les côtes souillées, les plages jonchées de cadavres de poissons, d'oiseaux, de mammifères marins empoisonnés. En vingt-cinq ans, vingt-quatre marées noires ont déversé plus d'un million de tonnes d'hydrocarbures dans les eaux européennes. Mais ces atteintes à l'environnement, aussi spectaculaires soient-elles, ne représentent qu'une petite partie des pollutions dues au pétrole.

L'œil critique

Médiatisation maximale
Les médias rivalisent pour montrer les dégâts des marées noires, surtout si elles touchent la France. Les pétroliers « poubelles » sont désignés coupables et les pouvoirs publics, sommés de trouver des solutions. Les caméras attendent des ministres qu'ils se déplacent sur les lieux, expriment la solidarité nationale avec les victimes. Les médias exposent les polémiques sur la toxicité du pétrole, les dangers encourus par les volontaires qui le ramassent, le faible engagement des pouvoirs publics dans le nettoyage des côtes.

Boulettes et procès
La marée noire disparaît peu à peu des écrans, chassée par de nouvelles actualités. L'on entend encore parler de temps à autre de « boulettes » de pétrole rejetées sur les plages, surtout lorsque les vacances approchent et que la pollution menace le tourisme. Au fil des années, le sujet ressurgit au gré des poursuites judiciaires, lentes et complexes, engagées contre les pollueurs.

Marée noire engloutie
La marée noire une fois « passée de mode », ses conséquences à long terme sont rarement présentées. Il en va de même des autres pollutions dues au pétrole (dégazages, pollution atmosphérique, chimique...), bien plus graves pour l'environnement. Enfin, un lien n'est jamais établi : celui entre ces catastrophes écologiques et notre consommation, qui exige le transport par mer de 90 millions de tonnes de pétrole par an.

Le pétrole, une énergie très noire

Des marées noires à la pollution de l'air, les pollutions dues au pétrole sont multiples. De la production à la consommation, elles résultent de négligences comme de la recherche du profit.

Punir les pollueurs

Jusqu'à présent, les pollueurs des mers étaient condamnés à des amendes dérisoires et les victimes peu ou pas indemnisées après de longs combats juridiques. Ainsi, le procès de la marée noire de l'« Erika » n'a débuté que cinq ans après la catastrophe. Car son propriétaire, la compagnie pétrolière et les intermédiaires ne cessaient de se renvoyer la responsabilité des dégâts. En 2005, le Parlement européen a adopté une directive qui permettra de sanctionner toute pollution maritime, qu'elle soit ou non volontaire. Une négligence grave, comme transporter du mazout sur un navire « poubelle », pourra être punie. D'autre part, tous les acteurs intervenant dans le transport – armateur, capitaine, équipage et société de contrôle des bateaux – pourront être sanctionnés par des peines allant jusqu'à la prison.

Faune, flore : l'impact des marées noires

La marée noire de l'« Erika », en décembre 1999, a tué quelque 300 000 oiseaux marins, celle du « Prestige », trois ans plus tard, environ 130 000. D'autres dégâts sont moins spectaculaires mais tout aussi graves : les nappes de fioul noir recouvrent l'eau et, empêchant le passage de la lumière, tuent massivement les végétaux (phytoplancton microscopique, algues...). Des millions d'œufs de poissons sont détruits, ainsi que les vers et les mollusques. Le fioul bouche les branchies des poissons et des crustacés, qui sont alors asphyxiés. Des animaux à fourrure (loutres, phoques...) meurent empoisonnés.

Des pollutions invisibles

Les marées noires choquent l'opinion publique, mais elles ne sont pas les plus néfastes pour la vie maritime. Les pollutions les plus graves sont invisibles et sont dues aux quatre millions de tonnes de produits pétrochimiques (hydrocarbures, huiles, métaux lourds...) déversées chaque année dans les mers du globe. La Méditerranée à elle seule en reçoit un million de tonnes par an, soit l'équivalent de vingt marées noires du « Prestige »... Ces produits proviennent des résidus des villes et des routes, apportés par les fleuves, des pétroliers qui nettoient illégalement leurs cuves au large, des navires qui se débarrassent de résidus de carburants, de l'activité des plates-formes pétrolières... Ces hydrocarbures mettent longtemps à se décomposer dans l'eau de mer, se répandent à travers les océans, au gré des courants, et représentent la plus grande menace pour l'écosystème marin. Ils s'accumulent dans le plancton et empoisonnent lentement toute la chaîne alimentaire, poissons, cétacés, jusqu'aux humains.

Le porte-conteneur *Voltaire*, surpris en flagrant délit de dégazage dans la Manche, est conduit par les autorités françaises au port du Havre. En 2004, le propriétaire d'un pétrolier qui avait aussi nettoyé ses cuves en pleine mer avait été condamné à 300 000 euros d'amendes.

Une atmosphère de plus en plus polluée

Aucune autre source d'énergie ne nuit plus au climat que le pétrole. Chaque année, la combustion du pétrole rejette dix milliards de tonnes de dioxyde de carbone (CO_2) et plus de mille produits nocifs dans l'atmosphère. Ces substances sont dangereuses pour la santé et, en accentuant l'effet de serre, provoquent le réchauffement de la planète. La plus grande partie de ces rejets (42 %) provient des pots d'échappement des voitures, des motos et des poids lourds. Même s'il existe d'autres énergies (gaz naturel, huile de colza, alcool d'origine végétale, hydrogène...), celles-ci ne sont pas assez rentables pour que les constructeurs acceptent d'adapter les moteurs. L'essence et le diesel, produits dérivés du pétrole, resteront donc encore longtemps les carburants des véhicules. Et la demande mondiale d'énergie du secteur des transports ne cesse d'augmenter...

Il faut **6 à 7 ans** pour que les effets d'une marée noire disparaissent sous nos latitudes.

Une voiture produit deux fois son poids en CO_2 par an. Et il y aura bientôt **1 milliard** de véhicules en circulation !

« *En 2003, la production mondiale de pétrole brut était de 3, 4 milliards de tonnes. Celle de l'éthanol, un biocarburant, s'élevait à 19 millions de tonnes* ■

Le pétrole

Plus gros consommateurs en pourcentage de la consommation mondiale

Plus gros producteurs en millions de barils par jour

Conflits liés au pétrole depuis 2003

Marées noires et pollutions liées au pétrole

Principaux flux pétroliers

Producteurs OPEP

Arabie saoudite, Algérie, Émirats arabes unis, Indonésie, Irak (sorti de l'OPEP en 1990), Iran, Koweït, Libye, Nigeria, Qatar, Venezuela

Plus gros producteurs non OPEP

Angola, Brésil, Cameroun, Chine, Équateur, États-Unis, Mexique, Norvège, Russie et CEI (Arménie, Moldavie, Géorgie, Biélorussie, Ukraine, Azerbaïdjan, Turkménistan, Ouzbékistan, Tadjikistan, Kirghizistan, Kazakhstan)

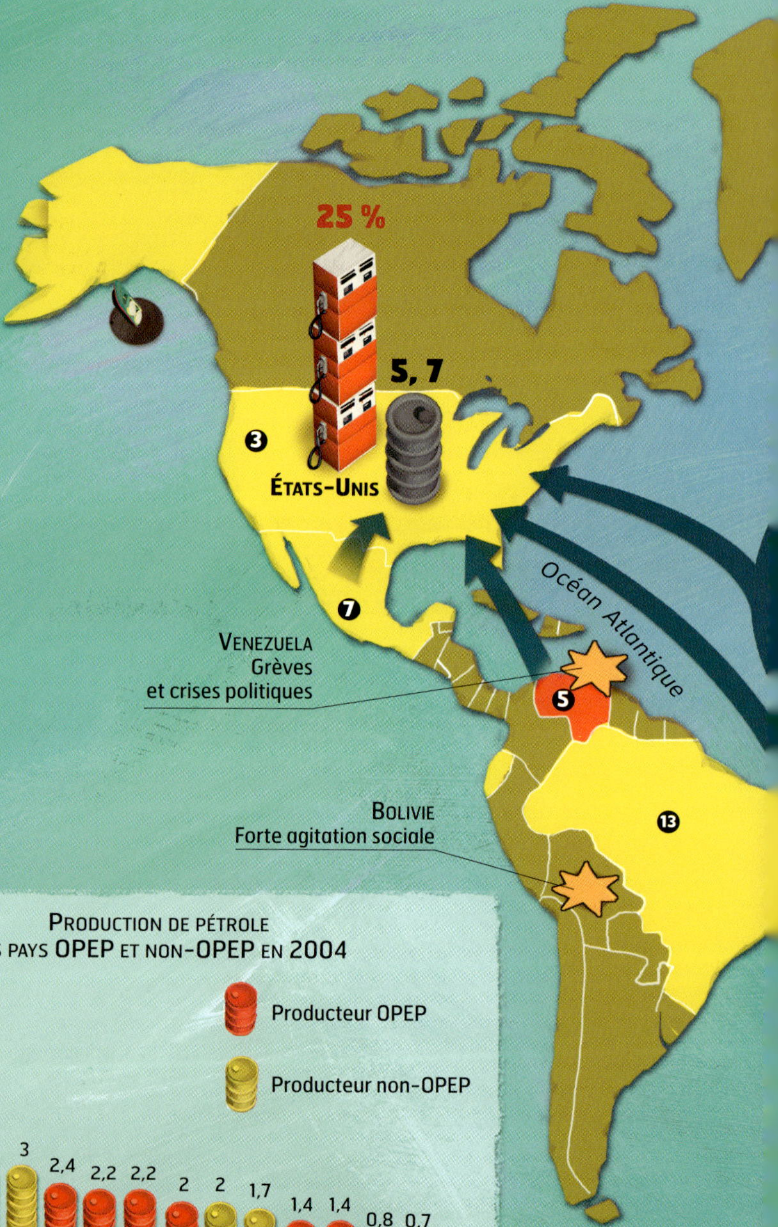

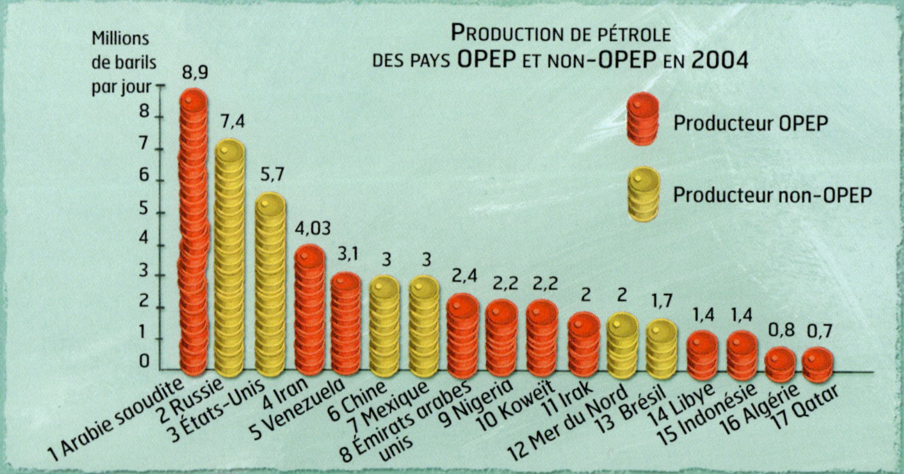

Les oléoducs du Caucase
Ukraine
Russie
Kazakhstan
Oléoducs
Ouzbékistan
Mer
Noire
Tchétchénie
Géorgie
Turkménistan
Turquie
Arménie
Azerbaïdjan
Mer
Caspienne
Iran
Irak
Syrie
7, 4
22, 4
19 %
Europe
Russie et CEI
(Communauté des
États indépendants)
5,3 %
6,5 %
8,1 %
Japon
Chine
Pays OPEP
du Moyen-Orient
Océan
Pacifique
Tchétchénie
Conflits liés au contrôle
des oléoducs
Irak
Attentats terroristes
Timor Leste
Conflits frontaliers
avec l'Australie
Nigeria
Guerre civile pour
l'appropriation des
gisements côtiers
Soudan
Guerre civile
autour des gisements
du sud du pays

Le réchauffement du climat

La Terre se réchauffe et le monde vivant en est perturbé. Les scientifiques sont pessimistes pour l'avenir, même s'ils s'interrogent encore sur le lien entre la hausse des températures et la multiplication des catastrophes climatiques. Le protocole de Kyoto, qui oblige les pays industrialisés à réduire leurs émissions de gaz à effet de serre, ne sera pas suffisant. D'autres mesures politiques sont indispensables pour diminuer la pollution de l'air, ainsi que la volonté des habitants des pays riches d'adapter leurs modes de vie.

« Coup de chaud sur la planète »

La température moyenne à la surface de la Terre a augmenté d'environ 0,6 °C au cours du XXe siècle. Des travaux publiés au début de l'année 2005 révèlent que cette température pourrait augmenter de plus de 6 °C d'ici à un siècle si l'on ne limite pas sérieusement la pollution au gaz carbonique, en partie responsable de ce réchauffement.

Une lente prise de conscience

Les études sur le réchauffement climatique se sont multipliées ces dernières années. Une majorité de chercheurs affirme désormais que la hausse des températures est en grande partie causée par la pollution aux gaz dits à « effet de serre ». Mais cette question a longtemps divisé le milieu scientifique. D'une part, les « preuves » ont été difficiles à réunir. D'autre part, beaucoup de centres de recherches sont liés à de puissants groupes industriels. Or, réduire les émissions de gaz polluants crée de fortes contraintes pour les grandes industries.

L'œil critique

● ***Influences industrielles***
Le contexte dans lequel travaillent les chercheurs est largement passé sous silence dans l'actualité. Les scientifiques se sont longtemps affrontés, par médias interposés, sur les origines du réchauffement climatique. Certains le disaient seulement naturel, d'autres accusaient aussi la pollution. Le public aurait mieux compris ce débat et ses enjeux si les liens entre certains laboratoires et les grandes industries polluantes avaient été soulignés.

● ***Chiffres à la une***
Les médias présentent les études sur le climat en donnant la priorité aux chiffres, gages de sérieux et de précision. Mais ces chiffres sont des hypothèses ; ils sont donc accompagnés de conditionnels et présentés sous forme de fourchettes : « La température pourrait augmenter entre 1,9 °C et 11,5 °C. » La contradiction entre la précision accordée en général aux chiffres et les incertitudes liées à ces prévisions alimente l'idée que l'on ne sait pas grand-chose et que ce n'est pas si grave.

● ***Prudence scienfitique***
Les liens entre la pollution et le réchauffement climatique sont parfois expliqués dans les médias. Mais les sujets sur la démarche scientifique des climatologues demeurent rares. Avant de publier un résultat, ces chercheurs doivent réunir des observations, comme autant de preuves : ce travail demande du temps. Ils sont aussi très prudents car leurs prévisions sont établies dans des conditions précises : si une condition change, les résultats sont remis en question.

Doutes et débats sur le climat

Depuis plus d'un siècle, la Terre se réchauffe à un rythme sans précédent dans l'histoire des hommes. Les scientifiques s'interrogent sur l'importance des activités humaines dans l'apparition de ce phénomène et ses conséquences pour l'avenir de la planète.

Des scientifiques extraient des « carottes » glaciaires en Antarctique pour analyser les bulles d'air piégées dans la glace depuis des centaines de milliers d'années. Ils peuvent ainsi étudier la composition de l'air d'autrefois, sa teneur en gaz carbonique notamment, et mieux comprendre les liens entre l'atmosphère et les variations du climat.

Des variations naturelles

Le climat à la surface de la Terre est notamment lié à la présence dans l'atmosphère de gaz dits à « effet de serre ». Il s'agit principalement de gaz carbonique (CO_2) et de vapeur d'eau. Présents en petite quantité à l'état naturel, ces gaz permettent de garder la chaleur du soleil : sans eux, la température moyenne à la surface de la planète serait de -18 °C au lieu de +15 °C actuellement. Les variations du climat et de la composition de l'atmosphère sont des phénomènes naturels anciens : la Terre a connu dans son passé lointain de longues ères glaciaires suivies de forts réchauffements. Plus récemment, une période chaude a marqué le Moyen Âge, entre le XIe et le XIIIe siècle, tandis que les années allant de 1450 à 1850 ont vu l'installation d'un « petit âge glaciaire ».

Le carbone de l'ère industrielle

Au cours du XXe siècle, le climat s'est réchauffé plus rapidement que jamais et les gaz à effet de serre se sont concentrés dans l'atmosphère. Le CO_2 par exemple n'a cessé d'augmenter depuis le XIXe siècle, marqué par la révolution industrielle. Les températures ont grimpé régulièrement de 1900 à 1940, puis à partir de 1975 pour atteindre des records durant les années 1990 et 2000. De même, la température des océans s'est progressivement élevée, en particulier depuis les années 1950. La majorité des scientifiques estime aujourd'hui que ces changements récents sont liés aux activités humaines qui émettent des gaz à effet de serre, en particulier le CO_2 : transports, industrie, chauffage et agriculture.

L'urgence malgré les doutes

La difficulté est de distinguer les causes artificielles des causes naturelles du changement climatique, puis de faire des prévisions fiables. Des incertitudes demeurent sur l'influence des océans et de la vapeur d'eau sur le climat. Cependant, la hausse des températures a déjà des conséquences visibles : fonte des glaces, réchauffement et élévation du niveau des océans, augmentation des pluies, des sécheresses, des tempêtes. Une part de ces phénomènes est causée par des gaz déjà présents dans l'atmosphère et qui s'y maintiendront durant des décennies. Même si la pollution aux gaz à effet de serre était totalement supprimée, ce qui paraît impossible car il faudrait renoncer à notre mode de vie moderne, le réchauffement du climat ne s'arrêterait pas subitement. Il est donc urgent d'en limiter les émissions.

L'augmentation de la température globale au-delà de laquelle la planète serait gravement menacée est de **2°C**.

« *La lutte contre les émissions de gaz à effet de serre est indispensable à un développement durable* ■

1 Américain émettrait autant de gaz à effet de serre que **107** Bangladais.

L'effet de serre

1) Les rayons du soleil sont composés de lumière visible, d'infrarouges et d'ultraviolets. L'atmosphère renvoie 30 % de ces rayons vers l'espace, les gaz à effet de serre de l'atmosphère en absorbent 20 %. Le reste des rayons du soleil (50 %) frappent la Terre et les infrarouges qu'ils contiennent chauffent sa surface.

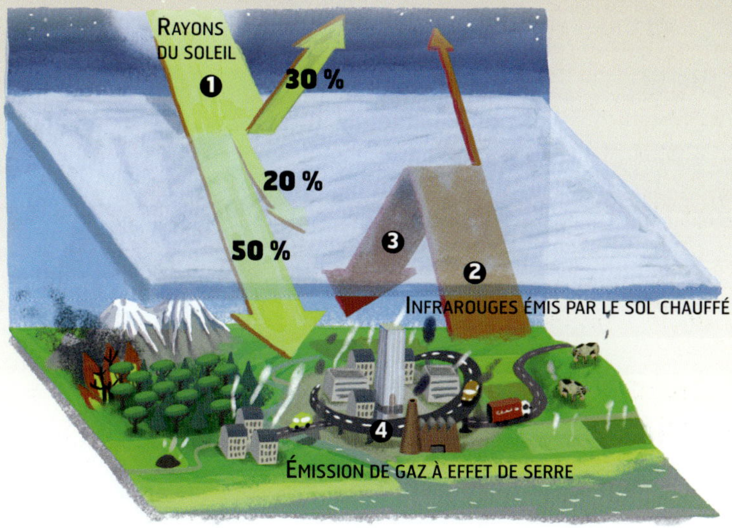

2) Comme tous les corps chauffés, le sol, les plantes et les océans émettent alors des rayons infrarouges (différents de ceux du soleil). Une grande partie de ces rayons est absorbée par les gaz à effet de serre de l'atmosphère ; le reste s'échappe vers l'espace.
3) Réchauffée par ces rayons infrarouges venant du sol, l'atmosphère émet, à son tour, des rayons infrarouges. La chaleur est ainsi maintenue à la surface de la Terre.
4) Ce cycle naturel est perturbé par les activités humaines qui émettent des gaz à effet de serre : elles augmentent la concentration de ces gaz dans l'atmosphère et participent au réchauffement du climat.

« Le protocole de Kyoto enfin ratifié par la Russie »

*Le 5 novembre 2004, le Président russe, Vladimir Poutine, a signé le texte permettant de ratifier le protocole de Kyoto.
Le 18 novembre, au Kenya, l'ambassadeur de Russie a remis les documents officiels de l'accord russe à Kofi Annan, secrétaire général de l'Organisation des Nations unies.*

Kyoto : un démarrage attendu

La ratification par la Russie du protocole de Kyoto a permis son entrée en vigueur le 16 février 2005. Pour être appliqué, cet accord devait réunir au moins 55 pays produisant 55 % des émissions de dioxyde de carbone (CO_2). Aujourd'hui, 149 pays émettant 61,6 % des gaz responsables du réchauffement du climat ont ratifié le protocole de Kyoto. Parmi eux, trente pays industrialisés s'engagent, entre 2008 et 2012, à réduire leurs émissions selon des quotas précis. Seuls quatre pays industrialisés n'ont pas ratifié le protocole : les États-Unis, l'Australie, le Liechtenstein et Monaco. À eux seuls, les États-Unis produisent un quart des émissions mondiales de gaz à effet de serre.

L'œil critique

Climat et politique

Les médias ont suivi de près les sommets internationaux sur l'environnement et le développement durable, de Rio de Janeiro en 1992 à Johannesburg en 2002. Ils ont, à chaque fois, réalisé de nombreux sujets sur le réchauffement du climat. Depuis, le traitement de ces questions suit l'actualité mouvementée de la ratification du protocole de Kyoto. Les médias se sont ainsi concentrés sur les dimensions politiques et économiques du réchauffement.

Haro sur les États-Unis

Les médias ont surtout parlé des difficultés des négociations, notamment de l'hostilité des États-Unis. Celle-ci est réelle et lourde de conséquences. Mais il est important de savoir aussi que ce pays est à l'origine du système des quotas d'émissions, fondement du protocole de Kyoto. De plus, les États-Unis ne se résument pas à leur gouvernement : écologistes, scientifiques, élus américains se mobilisent pour que leur pays s'engage sur le climat.

Un protocole complexe

Les explications sont rares dans les médias sur les mécanismes du protocole de Kyoto : limites d'émissions par pays, marché des permis de polluer, possibilité d'augmenter ses émissions de gaz polluants en finançant des projets dans les pays pauvres... À certaines périodes, les médias ont beaucoup parlé du protocole de Kyoto. Ce nom, souvent répété, est devenu familier pour le public, qui a l'impression trompeuse de bien connaître cet accord.

Le climat à l'épreuve des États

Le protocole de Kyoto oblige les pays industrialisés à réduire leurs émissions de gaz à effet de serre, en grande partie responsables du réchauffement climatique. Cet accord, entré en application en 2005, est une avancée politique majeure, malgré des faiblesses de taille.

PERMIS DE POLLUER

Le protocole de Kyoto fixe pour chaque pays des quotas d'émissions de gaz à effet de serre, exprimés en tonnes de CO_2. En 2008, un marché des droits d'émissions sera organisé. Si un pays parvient à réduire ses rejets de gaz à un niveau inférieur à son quota, il obtiendra des droits d'émissions. Ces droits, aussi exprimés en CO_2, seront équivalents à la différence nette entre la quantité de gaz à effet de serre émis par ce pays et le quota qu'il doit respecter. À l'inverse, si un pays dépasse son quota de plusieurs tonnes de CO_2, il pourra acheter des droits d'émissions aux pays qui en auront obtenu. Il évitera ainsi d'être sanctionné. Depuis mars 2005, un tel marché fonctionne déjà entre les grandes entreprises de l'Union européenne.

Une conception difficile

Le protocole de Kyoto est le résultat de difficiles négociations entamées lors du Sommet de la Terre qui a réuni 131 chefs d'État à Rio de Janeiro au Brésil, en 1992. Les États-Unis défendaient un système de quotas fixant des limites d'émissions de gaz polluants. La France, hostile à ce système, lui préférait le paiement d'une taxe liée à ces rejets. En 1997, à Kyoto, au Japon, l'Union européenne est arrivée divisée, sans propositions fortes, et la logique américaine des quotas l'a emporté. Les États-Unis ont aussi défendu un système permettant de dépasser les limites de pollution autorisées en achetant des droits d'émissions (ou « permis de polluer »). Mais, en mars 2001, le nouveau président des États-Unis, George W. Bush, a déclaré que son pays n'avait pas l'intention de respecter le protocole de Kyoto, alors que son prédécesseur, Bill Clinton, s'y était engagé.

Efforts des pays riches

Malgré le retrait des États-Unis, le plus gros pollueur de la planète, les mécanismes du protocole de Kyoto ont été fixés en juillet 2001. Cet accord impose aux pays industrialisés de réduire leurs émissions de six gaz à effet de serre. Les quotas de ces pays sont calculés en fonction de leurs émissions pour l'année 1990. Ces quotas pourront être dépassés, dans des proportions limitées, en achetant des « permis de polluer », ou en développant les forêts, en finançant des projets pour limiter la pollution ou encore en soutenant des pays en développement. Ces derniers n'ont pas de contraintes d'émissions. Ce sont en effet les pays industrialisés qui ont émis la quasi-totalité des gaz à effet de serre depuis deux siècles.

Un progrès de taille

Le protocole de Kyoto est une avancée politique majeure en matière d'environnement car les États se sont engagés à voter des lois pour réduire leur pollution. Mais cet accord présente des faiblesses. Les pays ne respectant pas leurs promesses seront sanctionnés par des quotas plus sévères à l'avenir, des interdictions d'acheter des « permis de polluer », etc. Ce système de contrôle entre les États est un pas important, mais certains estiment qu'il aurait été plus efficace si, au final, les « mauvais élèves » étaient pénalisés par une amende. De plus, le Groupe intergouvernemental d'experts sur l'évolution du climat (GIEC), mis en place par les Nations unies en 1988, estime qu'il faudrait réduire les émissions de gaz à effet de serre de 50 %, soit dix fois plus que ce qui est prévu par le protocole de Kyoto.

Un Américain émet en moyenne 20 tonnes de CO_2 par an, un Français 6,2, un Chinois 2,6 et un Africain 0,9. Dans moins de dix ans, les émissions totales de la Chine pourraient dépasser celles des États-Unis selon l'Agence internationale de l'énergie. Mais la Chine, comme les autres pays en développement, n'a pas de contrainte au sein du protocole de Kyoto.

Un « permis de polluer » est un droit à émettre **1 tonne** de gaz à effet de serrre dans l'atmosphère.

107 millions de tonnes de CO_2 ont été échangées en 2004, selon la Banque mondiale.

Après les États-Unis, le Japon et l'Allemagne, la France a ouvert une bourse du **CO_2**.

« Menaces sur l'ours polaire »

En trente ans, la banquise qui recouvre l'Arctique s'est réduite de 8 %, soit deux fois la superficie de la France. Ce phénomène dû au réchauffement du climat, qui devrait s'accentuer dans l'avenir, menace l'ours polaire. En effet, cet animal a besoin de la banquise pour chasser le phoque, ainsi que de longs hivers enneigés pour se reproduire.

S'adapter ou mourir

La hausse des températures a des répercussions sur les espèces vivantes. Les plantes et les animaux vivent dans des milieux auxquels ils sont adaptés : un ours blanc a besoin de la banquise, une fleur de montagne d'hivers rigoureux, un récif corallien d'une mer chaude, mais pas trop. Si leur habitat change, les espèces vivantes doivent s'adapter, se déplacer ou mourir. Des observations ont montré que ce processus touche déjà de nombreux animaux et végétaux. Le changement climatique est en partie en cause, même si le monde vivant souffre aussi de la déforestation, de la contrebande, de la pollution des eaux, des sols...

L'œil critique

Des paroles aux actes

La biodiversité (la variété de la vie sur Terre) est aujourd'hui régulièrement traitée par les médias, à l'occasion de conférences de plus en plus fréquentes sur cette question. En couvrant cette actualité institutionnelle sur la biodiversité, les médias ont contribué à faire passer le terme dans le langage courant et à sensibiliser le grand public à l'urgence d'agir pour le vivant. Mais cette abondance de paroles cache, pour l'instant, une grande pauvreté d'actes politiques.

L'équilibre de la nature

Les discours se sont multipliés sur la nécessité de préserver le monde vivant. Pour marquer les esprits, les médias, comme les organisations écologiques, s'appuient sur des espèces symboliques, en particulier les grands mammifères : ours blancs, baleines... Mais il n'est pas souvent rappelé qu'au-delà de la survie de ces animaux, c'est l'équilibre de la nature qui est menacé. La disparition d'une espèce en fragilise beaucoup d'autres, l'être humain y compris.

Rendez-vous annuels

De nombreux médias réalisent des sujets sur la dégradation des milieux naturels lors de la publication de la « liste rouge » de l'Union mondiale pour la nature (IUCN). Ce réseau écologique et scientifique international indique chaque année les espèces fragilisées, menacées, en cours d'extinction ou disparues à travers le monde. En 2004, l'IUCN a recensé plus de 15 600 espèces sur lesquelles l'homme fait peser de lourdes menaces.

Sombre bilan pour le vivant

Des observations montrent que les milieux naturels, la faune et la flore évoluent sous l'effet du réchauffement climatique. Cet état des lieux alarmant rend les scientifiques pessimistes pour l'avenir.

Les forêts tropicales, déjà menacées par les hommes, souffriront des changements climatiques : sécheresses pour certaines, diminution de l'ensoleillement pour d'autres. Or, ces forêts absorbent de grandes quantités de CO_2 : elles sont donc essentielles pour limiter les concentrations de ce gaz à effet de serre dans l'atmosphère.

Adaptations végétales

Plusieurs espèces végétales ont évolué pour s'adapter à la hausse des températures et à l'augmentation du gaz carbonique (CO_2) atmosphérique. Dans les zones tempérées, les bourgeons apparaissent plus tôt, les feuilles tombent plus tard, les arbres poussent plus vite et plus haut qu'autrefois. Des plantes se déplacent sous l'effet du réchauffement. En France, des espèces méditerranéennes poussent désormais sur les bords de l'Atlantique. La végétation de montagne remonte les pentes à la recherche du froid dont elle a besoin, à mesure que les hivers s'adoucissent. Ces déplacements mettent en concurrence des espèces qui ne se rencontraient pas auparavant et fragilisent les écosystèmes (les milieux naturels).

Migrations animales

Ces perturbations touchent aussi le monde animal. Des coraux disparaissent sous l'effet combiné du réchauffement et de la montée du niveau de la mer. Dans le Pacifique Nord, les saumons ont été décimés par des hausses de température de 2 à 5 °C. Dans l'Atlantique, des poissons, comme la morue, se déplacent vers les eaux plus froides des profondeurs. La migration des oiseaux et des papillons est bouleversée. Leurs dates de voyage et leurs lieux d'hivernage changent à mesure que le climat se réchauffe. Des espèces sédentaires se déplacent aussi vers le nord : de plus en plus d'insectes des pays chauds sont observés en France. Les insectes, très mobiles, s'adaptent vite aux évolutions des températures. Chez les mammifères, les influences du réchauffement sont plus difficiles à déceler car ces animaux évoluent moins vite face aux changements.

Et demain ?

Les changements observés dans les écosystèmes rendent les scientifiques pessimistes pour l'avenir. La fonte des glaces polaires, la montée et le réchauffement des océans pourraient s'aggraver, menaçant des espèces dans le monde entier : ours et phoques, poissons, coraux, faune et flore des forêts côtières… En zone boréale, la toundra arctique composée de lichens, de mousses et de petits arbustes pourrait diminuer à mesure que la taïga, vaste forêt de conifères, gagnerait vers le nord. Les sécheresses, déjà en augmentation dans les régions chaudes comme le Maghreb ou l'Asie centrale, pourraient mettre en péril la végétation des zones humides et favoriser la prolifération d'insectes ravageurs, comme les sauterelles. Au final, toutes les espèces vivantes, humains compris, devront s'adapter à des changements dont personne aujourd'hui ne peut prédire l'ampleur.

Pôle Nord en danger

L'Arctique est la région du monde qui souffre le plus du réchauffement climatique. La température s'y est élevée de 2 °C depuis cinquante ans, la banquise s'est réduite de 988 000 km² depuis trente ans et, en vingt ans, le niveau de la mer est monté de 7,6 cm. Une étude, réalisée à la demande des pays du cercle arctique et publiée en 2004, indique que la température pourrait s'élever d'ici à cent ans de 4 à 7 °C sur la Terre et de 7 à 10 °C dans l'océan, l'eau absorbant davantage de chaleur. Dans ces conditions, la banquise fondrait complètement en été, l'ours blanc disparaîtrait, les phoques, les rennes, de nombreux oiseaux seraient menacés. Le Gulf Stream, un courant qui réchauffe les côtes nord-ouest de l'Europe, pourrait être perturbé. Enfin, le niveau des mers pourrait s'élever de un mètre sur l'ensemble de la planète et engloutir de vastes zones côtières.

Dans les dix dernières années, **154 millions** d'hectares de forêts ont été détruits, principalement dans la zone tropicale.

Le Kilimandjaro a vu sa surface de glace diminuer de plus de **80 %** en un siècle.

1/4 des espèces végétales et animales risque de disparaître d'ici à 2050 sous l'effet du réchauffement climatique.

« Le Bangladesh envahi par les eaux »

En juillet 2004, une mousson d'une exceptionnelle violence a frappé l'Asie du Sud-Est. Au Bangladesh, ces pluies ont provoqué des inondations qui ont fait 900 victimes et 30 millions de sinistrés. Les autorités ont craint la répétition de la catastrophe de 1998, lorsque les crues avaient noyé les deux tiers du pays et tué 3 500 personnes.

Catastrophes annoncées

Les phénomènes climatiques extrêmes se sont multipliés ces dernières années : canicules et tempêtes en Europe, sécheresses en Afrique, pluies diluviennes en Asie du Sud-Est, tornades records aux États-Unis... Les scientifiques ne peuvent assurer aujourd'hui que ces catastrophes sont toutes causées par le réchauffement du climat. Mais le Groupe intergouvernemental d'experts sur l'évolution du climat (GIEC), mis en place en 1988 par les Nations unies, donne l'alerte : les hausses de température entraîneront des inondations et des pénuries d'eau, des baisses des rendements agricoles et de graves problèmes de santé.

L'œil critique

Signal d'alarme

Le réchauffement climatique est souvent évoqué par les médias quand se produisent des tempêtes, des inondations, des sécheresses ou des canicules exceptionnelles. Aussi, même si le lien entre ces événements et le réchauffement du climat n'est pas encore prouvé, cette idée s'installe dans l'opinion publique. Ce positionnement des médias a permis de sensibiliser les citoyens, bien avant les politiques, à l'urgence d'agir contre la pollution.

Victimes des hommes

Lier trop systématiquement les catastrophes climatiques à la pollution peut faire oublier qu'elles font aussi partie du cycle naturel des saisons. Le bilan de ces catastrophes est aussi aggravé par les activités humaines : dans la plupart des pays, les constructions envahissent les zones inondables et, dans les pays du Sud, les habitations sont fragiles. De plus, la déforestation affaiblit les sols et augmente les risques de glissements de terrain en cas de fortes pluies.

Émotion variable

Les médias traitent en priorité les événements touchant des Occidentaux. Ainsi, les inondations, qui, au Bangladesh ou au Mozambique, tuent des centaines de personnes et en jettent des millions d'autres à la rue, sont peu ou trop rapidement médiatisées. Quand elles le sont, c'est pour peu de temps. Or, ces crues qui se multiplient ont d'autres conséquences que la destruction immédiate : elles ravagent pour longtemps des zones agricoles vitales pour la population et propagent de graves épidémies.

Mortelle météo

Malgré les incertitudes sur les liens entre catastrophes et hausse des températures, des experts affirment que le réchauffement du climat aura de lourdes conséquences. Les pays pauvres seront les plus touchés.

Le paludisme, maladie transmise par un moustique, est répandu dans les zones tropicales humides, en Afrique, en Asie, en Amérique latine. Quand de fortes pluies sont associées à des hausses de température, les moustiques se reproduisent plus vite. Ils peuvent alors déclencher de vastes épidémies là où le paludisme était peu présent auparavant.

Sautes d'humeur climatiques

Le climat planétaire varie sous l'effet de deux phénomènes naturels principaux : El Niño et l'oscillation nord-atlantique (NAO). El Niño est une perturbation annuelle des vents et des courants dans l'océan Pacifique. Il entraîne, tous les deux à sept ans, des pluies torrentielles en Amérique latine et des sécheresses exceptionnelles en Indonésie et en Australie. La NAO est une variation des pressions atmosphériques et des vents de l'Atlantique Nord qui crée alternativement deux situations inverses. Soit l'hiver est froid et sec en Europe, enneigé en Amérique du Nord et doux au Groenland. Soit l'hiver est froid et sec en Amérique du Nord, humide, doux et venté en Europe du Nord. El Niño est plus intense depuis les années 1980 et la NAO pourrait, à l'avenir, engendrer une augmentation des pluies et des tempêtes en Europe et des sécheresses en Méditerranée.

Des îles englouties ?

La hausse des températures a fait fondre les glaces polaires et monter le niveau des océans, menaçant des îles et des zones côtières. Ainsi, l'archipel des Tuvalu dans le Pacifique ou celui des Maldives dans l'océan Indien risquent d'être submergés. Des plaines côtières du

Bangladesh sont sous le niveau de la mer, mais ce pays n'a pas les moyens de construire des digues. La mer, dont le niveau s'élève, peut envahir les habitations, contaminer les réserves naturelles d'eau douce, perturber la pêche, l'agriculture ou le tourisme et anéantir l'économie d'une région. Si les prévisions d'une montée des eaux de 30 à 50 cm d'ici à 2050 se réalisent, des millions de personnes devront être déplacées. Il faudra alors que les habitants des régions d'accueil et les nouveaux venus s'entendent pour partager l'espace et les ressources.

Santé en danger

Le réchauffement du climat est aussi dangereux pour la santé. Les personnes âgées ou malades sont fragilisées par les très grosses chaleurs : la canicule d'août 2003 a ainsi fait 15 000 morts en France. Dans les villes, des gaz nocifs sont retenus au niveau du sol lors des pics de température. Le réchauffement climatique augmente aussi les ultraviolets qui frappent la Terre, multipliant les risques de cancers et de maladies des yeux. Dans les pays du Sud, des crues ou des sécheresses plus fréquentes et plus intenses détruisent les cultures, affaiblissent les sols et menacent les animaux d'élevage. Les populations pauvres manquent alors de nourriture et sont plus fragiles face aux maladies. Certaines de ces infections, causées par des parasites qui aiment la chaleur humide, se répandent : elles pourraient s'étendre vers le nord si la température continuait à s'élever.

L'Afrique, première victime

Le continent africain est celui qui émet le moins de gaz à effet de serre. Pourtant, c'est celui qui souffrira le plus du réchauffement climatique. Des effets ont déjà été relevés. Les glaciers des montagnes africaines ont diminué de 75 % depuis les années 1990. Depuis vingt ans, le continent a vécu les cinq années les plus chaudes et la plus grave sécheresse de toute son histoire.
La température moyenne pourrait augmenter de 2 °C d'ici à 2050. Les conséquences de cette hausse seraient dramatiques : pénuries d'eau, disparitions de plantes utilisées en médecine traditionnelle, famines, épidémies... Les pays africains sont mal armés pour faire face à ces fléaux : beaucoup sont pauvres, avec peu d'établissements médicaux, d'autres sont déstabilisés par la guerre ou en panne de démocratie.

El Niño, l'« Enfant-Jésus » en espagnol, a été baptisé ainsi par les pêcheurs péruviens car il apparaît au moment de Noël.

« Lorsque l'est du Pacifique se réchauffe, le nombre de cas de choléra peut être multiplié par 5 dans la région ■

Chaque année, 100 à 120 millions de personnes sont atteintes du paludisme et **1,5** à **3 millions** de personnes en meurent.

Le réchauffement du climat

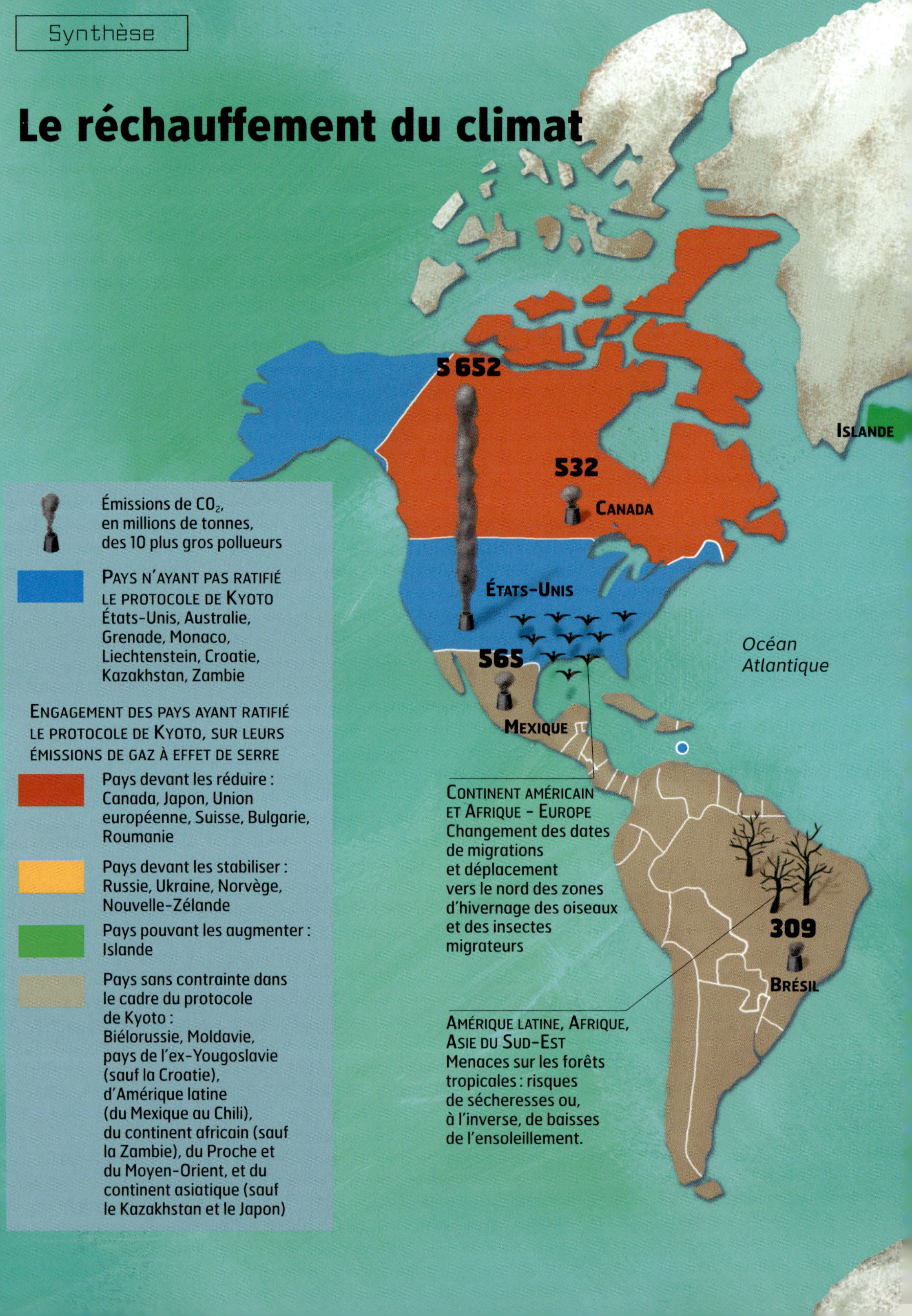

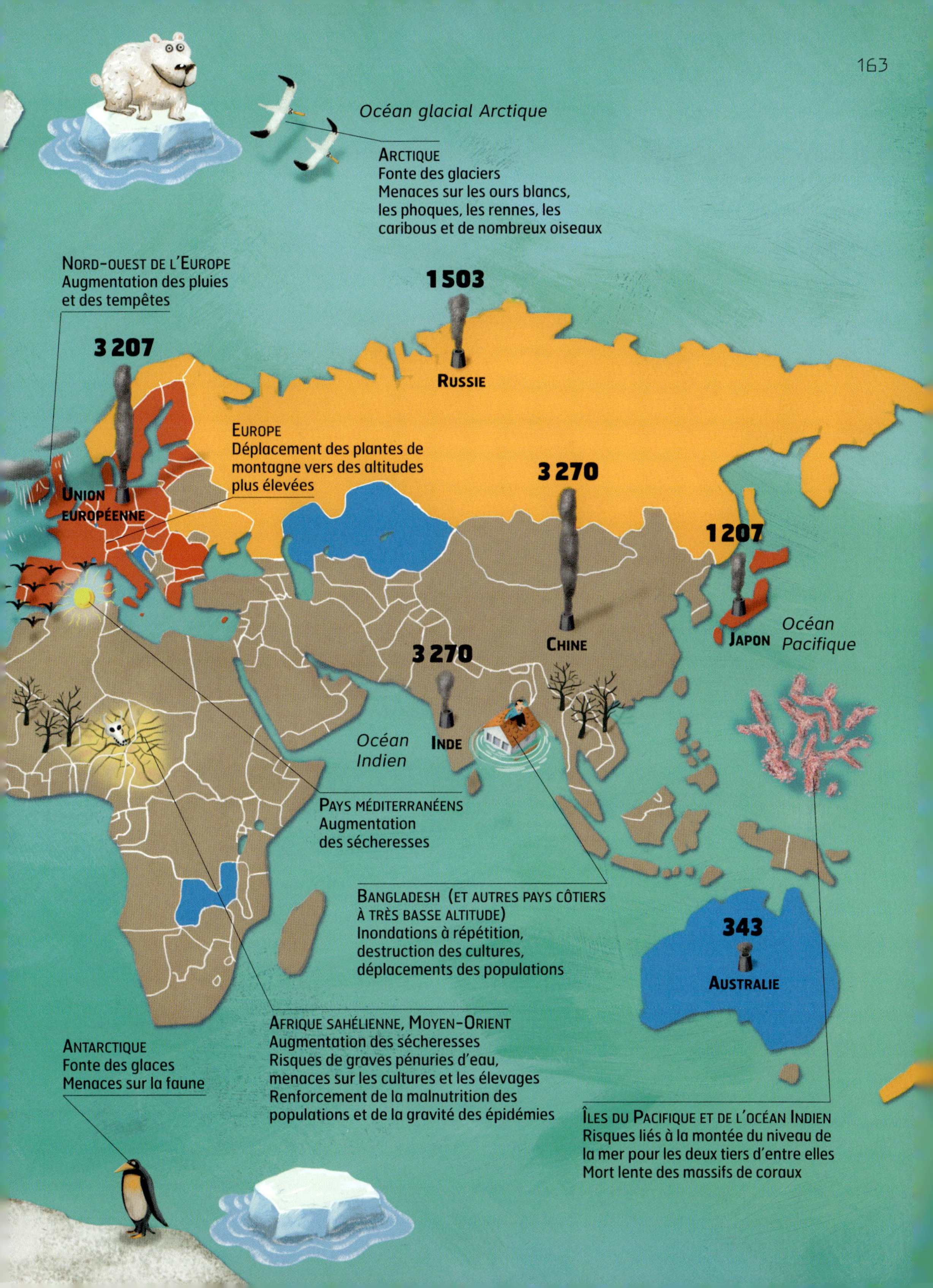
Océan glacial Arctique
ARCTIQUE
Fonte des glaciers
Menaces sur les ours blancs, les phoques, les rennes, les caribous et de nombreux oiseaux
NORD-OUEST DE L'EUROPE
Augmentation des pluies et des tempêtes
1 503
RUSSIE
3 207
UNION EUROPÉENNE
EUROPE
Déplacement des plantes de montagne vers des altitudes plus élevées
3 270
CHINE
1 207
JAPON
Océan Pacifique
3 270
INDE
Océan Indien
PAYS MÉDITERRANÉENS
Augmentation des sécheresses
BANGLADESH (ET AUTRES PAYS CÔTIERS À TRÈS BASSE ALTITUDE)
Inondations à répétition, destruction des cultures, déplacements des populations
343
AUSTRALIE
ANTARCTIQUE
Fonte des glaces
Menaces sur la faune
AFRIQUE SAHÉLIENNE, MOYEN-ORIENT
Augmentation des sécheresses
Risques de graves pénuries d'eau, menaces sur les cultures et les élevages
Renforcement de la malnutrition des populations et de la gravité des épidémies
ÎLES DU PACIFIQUE ET DE L'OCÉAN INDIEN
Risques liés à la montée du niveau de la mer pour les deux tiers d'entre elles
Mort lente des massifs de coraux

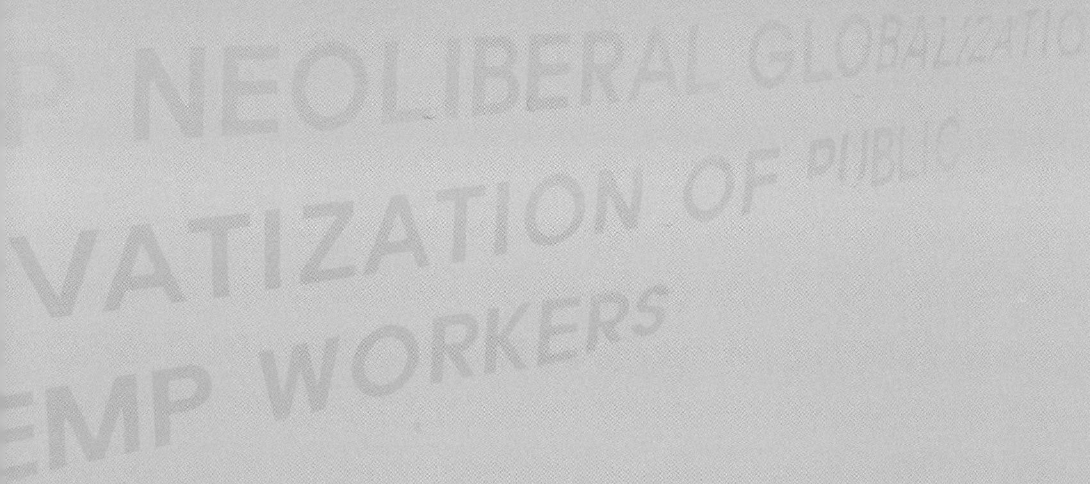

Le commerce international

Une grande part de la richesse mondiale provient du commerce : matières premières, denrées agricoles, produits industriels et services se vendent, s'achètent et circulent en flots ininterrompus sur la planète. Ce commerce international est à l'image des rapports de force habituels qui existent entre les pays du Nord et ceux du Sud. Inégalitaire, il bénéficie surtout à quelques États puissants. Ce système est renforcé par le pouvoir des grandes monnaies d'échange. Des institutions internationales travaillent à fixer des règles du jeu plus ou moins équitables. Les entreprises, quant à elles, cherchent à tirer parti d'une organisation du travail mondialisée.

« Les textiles chinois submergent le marché européen. »

Comme le prévoyait un accord international de 1995, le commerce mondial de vêtements est totalement libre depuis janvier 2005. Dès lors, les exportations chinoises vers l'Union européenne ont augmenté de 50 % en quelques mois. Cette concurrence menacerait la moitié des 2,5 millions d'emplois du secteur textile européen.

Un commerce à double tranchant

La Chine est devenue un acteur de premier plan du commerce mondial: sa main-d'œuvre nombreuse et bon marché, son immense marché d'un milliard de consommateurs attirent les pays industrialisés qui s'efforcent d'y vendre leurs produits. Ces pays riches, essentiellement les États-Unis et l'Union européenne, ont toujours encouragé la liberté du commerce parce que leurs économies en profitaient. Mais, aujourd'hui, les marchandises à bas prix des pays du Sud menacent leurs industries. Les pays du Nord voudraient maintenant se protéger des importations étrangères... tout en poursuivant leurs exportations. Les échanges commerciaux reflètent ainsi les rapports de force à la fois politiques et économiques entre les États du Nord et du Sud.

L'œil critique

● ***Made in France***
Le commerce international apparaît régulièrement dans l'actualité lorsqu'il est à l'avantage de la France. Quand les produits phares de l'industrie française (avions, TGV, centrales nucléaires...) font l'objet de contrats de vente importants, les médias expriment souvent une sorte de «patriotisme» commercial. En revanche, lorsque la France ne peut faire face à la concurrence étrangère, l'accent est plutôt mis sur les risques de hausse du chômage.

● ***Droits de l'homme***
Les médias émettent régulièrement des critiques sur les conditions du commerce avec la Chine. Lors de la signature de gros contrats, ils rappellent que le régime chinois réprime toute contestation politique et impose de dures conditions de travail aux ouvriers. Toutefois, cette exigence du respect des droits de l'homme est moins forte envers d'autres pays aux régimes autoritaires (Russie, Corée du Sud, Algérie...), dont la concurrence est moins redoutée.

● ***Inégalités***
Les médias ne se penchent sur les inégalités liées au commerce international qu'à l'occasion des grands sommets internationaux. Pourtant la majorité de la population mondiale et des pays en développement est exclue du bénéfice des échanges. De plus, les médias ne montrent jamais comment notre économie profite des inégalités que la France contribue à créer et dont elle profite.

Grand angle

Les grands acteurs du commerce mondial

Les échanges internationaux représentent plus de 5 000 milliards d'euros par an. Cette immense richesse se partage très inégalement entre les différentes régions du monde.

COMMERCE ET POLITIQUE

Le régime de la République populaire de Chine, qui se déclare socialiste, est l'un des plus sévères du monde. En 1989, il a réprimé dans le sang un mouvement de protestation d'étudiants rassemblés place Tienanmen, à Pékin, la capitale. De même, la Chine menace constamment Taïwan, un petit État créé en 1949 par des exilés chinois sur une île au large de ses côtes. Dès lors, le discours officiel des pays industrialisés était de tenir la Chine à l'écart en attendant des avancées dans le respect des droits de l'homme et du droit international. L'Union européenne, notamment, refusait de vendre des armes à la Chine. Aujourd'hui confrontés à des difficultés économiques (faible croissance, chômage...), les pays industrialisés tendent à oublier leurs exigences politiques. Ils donnent ouvertement la priorité aux relations commerciales avec la Chine et l'ont accueillie au sein de l'OMC.

Les puissants entre eux

Le commerce mondial est d'abord une affaire de pays puissants. Ainsi, trois grands ensembles commercent entre eux : l'Union européenne, l'Amérique du Nord (États-Unis, Canada, Mexique) et une partie de l'Asie (Japon, Chine et six autres pays). Les échanges à l'intérieur et entre ces trois ensembles représentent plus de 70 % du commerce mondial. Moins actifs, une douzaine de pays d'Asie et d'Amérique latine, qui appartiennent aux pays émergents, participent aux échanges avec les trois poids lourds et commercent aussi entre eux. Le reste du monde – l'Afrique, le Proche-Orient, les pays les plus pauvres de l'Asie et de l'Amérique latine –, représentent moins d'un quart du commerce mondial. Ainsi, la majorité de la population mondiale reste à l'écart des échanges internationaux et est exclue des bénéfices de l'économie mondiale.

Qui vend quoi ?

Les pays industrialisés sont à la fois concurrents et complémentaires : ils s'achètent et se vendent des produits agricoles, des services (informatique, banque, assurances, transports...), des produits de haute technologie (ordinateurs, téléphones, avions, produits chimiques...). Peu à peu, certains pays émergents ont acquis les techniques de fabrication d'équipements électriques et électroniques, et les exportent. Ces États fournissent aussi des produits qui demandent une main-d'œuvre nombreuse et peu qualifiée (vêtements, jouets, chaussures...). Enfin, les pays les plus pauvres sont spécialisés dans la

fourniture d'une matière première (fer, bois, coton, sucre, café, caoutchouc, pétrole...) qui est ensuite transformée dans les pays industrialisés.

Le poids des autres acteurs

D'autres acteurs interviennent dans le commerce international. Plusieurs institutions jouent un rôle majeur en fixant certaines règles d'échange à l'échelle mondiale : Banque mondiale, Organisation mondiale du commerce (OMC)... Les grandes entreprises, elles, s'organisent en firmes internationales et déplacent leurs usines d'un pays à l'autre pour augmenter leurs bénéfices. Enfin, quelques bourses commerciales, situées dans les pays riches, décident du prix des matières premières. Les pays du Sud ne maîtrisent donc pas le prix de vente de leurs produits (sauf pour le pétrole), et ces prix varient sans cesse.

Le commerce équitable est un système qui assure un revenu plus juste et plus stable aux producteurs des pays en voie de développement, menacés par l'organisation actuelle des échanges mondiaux. Mais il ne représente encore que 1 à 3 % des achats européens de thé, de café, de bananes.

Les multinationales contrôlent **1/3 des échanges** commerciaux entre pays développés.

Les **100** premières multinationales représentent **20 %** de la richesse mondiale.

« *Carrefour est présent dans 31 pays dont 7 pays d'Asie et 3 pays d'Amérique latine* ■

« Un Européen à la tête de l'OMC »

En 2005, le Français Pascal Lamy a pris pour cinq ans la tête de l'organisation mondiale du commerce (OMC). Cet ancien commissaire européen devra éviter les « guerres » commerciales internationales, notamment entre les États-Unis et l'Union européenne. Il a aussi la tâche d'achever le cycle des négociations ouvert à Doha en 2001.

Quelles règles du jeu ?

Les institutions et les organismes du commerce international sont le théâtre de vives polémiques. Les États-Unis et l'Union européenne ont des différends portant sur des milliards de dollars, qu'ils tentent de régler devant l'Organisation mondiale du commerce (OMC). En 2003, la conférence de l'OMC réunie à Cancun s'achève sur un échec. Depuis 1999, les altermondialistes ont bousculé des sommets du G8 et de l'OMC, dénonçant ces institutions et leurs règles qui ne profitent qu'aux pays riches. Pour les partisans du libéralisme, au contraire, ces institutions permettent d'encadrer la concurrence mondiale et de régler les conflits avant qu'ils ne s'enveniment.

L'œil critique

● ***Calendrier international***
Les grands rendez-vous des institutions internationales surviennent selon un programme fixé très longtemps à l'avance. Pour les médias, ce sont des faits d'actualité parfaitement prévisibles dont ils parlent beaucoup. Les dirigeants politiques préparent donc à cette occasion quelques petites phrases à l'intention des caméras et des micros, afin de valoriser leurs actions ou de commenter l'actualité internationale.

● ***Perturbations***
Les médias ont beaucoup parlé des réunions internationales sur le commerce lorsqu'elles donnaient lieu à des manifestations altermondialistes, parfois violemment réprimées. L'information était alors centré sur l'émotion provoquée par la répression, et non sur les enjeux de ces rencontres. Depuis que ces réunions sont organisées de façon à prévenir toute perturbation, elles ne font plus la une de l'actualité. Pourtant, les décisions qui sont prises sont toujours lourdes de conséquences pour l'économie mondiale.

● ***Franco-français***
Souvent, lorsque des décisions ou des arbitrages sont rendus par une institution internationale comme l'OMC, le sujet est abordé sous l'angle des seuls intérêts français. Sont-ils préservés ? Les agriculteurs français pourront-ils continuer à percevoir les subventions européennes ? Le traitement franco-français de l'actualité internationale ne pousse pas le public à s'intéresser au monde. Or, il serait intéressant de comprendre les conséquences de ces décisions internationales sur les pays les plus pauvres.

Des institutions entre générosité et profit

Certaines institutions et certains organismes internationaux encouragent le développement des pays pauvres par la coopération économique. D'autres, les plus puissants, visent avant tout la recherche de profits commerciaux.

Liberté à sens unique

Les pays en voie de développement et les partisans d'échanges équitables critiquent les décisions « à sens unique » de certaines institutions. Ces dernières, en effet, agissent depuis des dizaines d'années en faveur de la libre circulation des marchandises et de l'ouverture des marchés. Mais, en parallèle, les États-Unis et l'Union européenne (UE), ces deux géants de l'économie mondiale, dressent des « barrières » pour protéger leurs territoires. Ils créent aussi des systèmes d'aides à leurs producteurs qui ruinent les pays du Sud. Grâce à ces subventions, les agriculteurs du Nord vendent leurs produits (céréales, viande, coton, sucre...) à des prix très bas sur les marchés du Sud. Cette concurrence déloyale écrase les petits producteurs locaux, alimente le chômage et la pauvreté. En 2004, l'Union européenne s'est engagée devant l'Organisation mondiale du commerce (OMC) à cesser peu à peu ces pratiques.

Commercer pour se développer ?

Quelques institutions internationales sont censées aider les pays en développement à participer aux échanges. Parmi elles, seule la Conférence des Nations unies pour le commerce et le développement (CNUCED) n'a aucun objectif commercial : c'est surtout un lieu de débat entre les gouvernements et les experts. En revanche, la Banque mondiale et le Fonds monétaire international (FMI) ont un véritable pouvoir, car leur mission est de prêter de l'argent à des pays en difficulté. Mais ces organismes, dominés par les pays riches, sont accusés de soumettre leurs aides à des conditions extrêmement sévères. Les États qui reçoivent ces prêts doivent notamment ouvrir davantage leurs marchés et parfois céder leurs services publics à des entreprises multinationales. Ce système alourdit la dette déjà écrasante des pays en difficulté et diminue leur indépendance économique.

Club des riches

D'autres organisations, de taille réduite, possèdent un pouvoir énorme parce qu'elles rassemblent les poids lourds de l'économie mondiale. C'est le cas du G8, qui réunit une fois par an les chefs d'État des huit pays les plus riches. De même, le Forum de Davos accueille en Suisse des dirigeants politiques, des chefs d'entreprise, des experts. Quant à l'Organisation de coopération et de développement économique (OCDE), elle regroupe et conseille les trente pays les plus industrialisés. Les décisions qui sont prises dans ces assemblées influencent ensuite largement les autres acteurs du commerce mondial.

L'OMC et son « tribunal » international

L'Organisation mondiale du commerce (OMC) a pour mission de libéraliser au maximum les échanges mondiaux. Pour cela, elle encadre des négociations entre cent quarante-huit pays. Là sont fixées les baisses de tarifs douaniers, et définis les produits et services qui seront soumis à la concurrence internationale. L'OMC arbitre aussi les conflits commerciaux, grâce à un instrument unique dans les relations internationales qui fonctionne un peu comme un tribunal : celui-ci, l'Organe de règlement des différents (ORD), peut sanctionner les États qui ne respectent pas les règles communes. Par exemple, cinq pays du continent américain ont pu obtenir contre l'Union europénne une sanction de 147 millions d'euros d'amendes car elle freinait l'entrée de leurs bananes en Europe. Certains considèrent que l'ORD est une chance de corriger les injustices du commerce mondial. Mais souvent les pays les plus faibles n'ont pas les moyens d'y plaider leur cause et d'obtenir une sanction contre les plus riches.

Le Forum social mondial de Bombay, en Inde, en 2004. Comme chaque année depuis 2001, ces rencontres altermondialistes sont des lieux de débat et de proposition. Les mouvements opposés à la mondialisation libérale s'imposent ainsi comme de nouveaux acteurs face aux institutions internationales.

G8 Allemagne, Canada, États-Unis, France, Italie, Japon, Royaume-Uni, Russie

C'est en **1999** que l'altermondialisme naît à Seattle (États-Unis).

À l'OMC, **68 %** des plaintes viennent des pays riches.

« Des salariés s'opposent à la délocalisation de leur usine. »

En juin 2004, les salariés de STMicroelectronics, opposés à la fermeture de leur usine de Rennes, en Bretagne, ont affronté les forces de police. Pourtant en bonne santé économique, l'entreprise a été délocalisée à Singapour, en Asie. Quatre cent trente personnes ont alors perdu leur emploi.

Les délocalisations s'accélèrent

Moulinex, Bata, Daewoo... La liste des délocalisations d'entreprises ne cesse de s'allonger, des usines ferment en France, pour réouvrir dans des pays où les ouvriers sont peu payés et peu protégés. Ce phénomène a d'abord touché l'industrie traditionnelle (vêtements, jouets, automobile). Aujourd'hui le mouvement s'accélère et gagne les secteurs de la haute technologie (pharmacie, informatique, électronique) et les services (transports, télécommunications, assurances). Certaines études économiques prévoient ainsi la délocalisation de plus de 200 000 emplois de services entre 2006 et 2010.

Pertes

Les médias se sont penchés très attentivement sur les premières délocalisations. Ils en ont décrit les conséquences pour les salariés licenciés comme pour les régions qui perdaient leurs industries. Depuis que le phénomène s'amplifie, seules deviennent des sujets d'actualité les délocalisations qui provoquent de durs conflits sociaux ou qui concernent des produits particuliers, typiquement français (Moulinex, Dim...).

Vocabulaire sensible

Des journalistes expliquent parfois les délocalisations en utilisant les mêmes mots que certains employeurs : pour « rester compétitif » il serait nécessaire de s'implanter à l'étranger pour bénéficier de « charges moins lourdes » et d'une main-d'œuvre « plus flexible ». En langage clair, cela signifie : pour gagner plus d'argent, il faut faire appel à des ouvriers moins bien payés et plus faciles à licencier. Certains médias appuient l'idée que les « syndicats empêchent les évolutions », que les salariés français sont « trop payés et trop protégés ».

Responsabilités

Les médias soulignent les conséquences négatives des délocalisations sur l'emploi, mais ils attirent peu l'attention des téléspectateurs ou des auditeurs sur leurs propres responsabilités de consommateurs. Exiger des prix toujours plus faibles pour consommer toujours plus a forcément des conséquences négatives sur les producteurs. De même, les médias pointent rarement du doigt la responsabilité des actionnaires. Ceux-ci en effet poussent à délocaliser des entreprises même florissantes dans le seul but d'augmenter encore leurs profits.

Le travail mondialisé

Vendre moins cher, tout en gagnant davantage d'argent: tel est le but des industriels engagés dans une course où la recherche du moindre coût met en concurrence les ouvriers du monde entier.

Le prix du travail

La production d'un produit nécessite à chacune de ses étapes de fabrication des matières premières (plastique, métal, tissu, énergie...), des machines-outils et des ouvriers. Dans la confection de vêtements par exemple, le travail humain représente plus de la moitié du coût de fabrication. Pour faire des économies, les industriels essayent d'acheter moins cher les matières premières, d'utiliser des machines plus performantes, de faire travailler davantage les ouvriers ou de les payer moins. Or, en France, et dans de nombreux pays industrialisés, de longues luttes ont permis d'établir un droit du travail (durée maximale, salaire minimum, assurance-maladie, retraite...). Les salariés payent une part de cette protection sociale et les employeurs, une autre part. Les entreprises répercutent cette dépense sur le prix de leurs produits, qui sont donc vendus plus chers.

Environ 5 000 jeunes travaillent pour des centres d'appels de sociétés françaises délocalisés au Maroc. Ils coûtent à leur entreprise 450 euros par mois et travaillent 44 heures par semaine, contre environ 2 000 euros par mois et 35 heures par semaine pour un salarié en France.

Pays ateliers

Dans les pays d'Europe de l'Est, dont certains sont membres de l'Union européenne depuis 2004, dans des pays d'Asie, d'Amérique latine ou du Maghreb, la situation est bien différente. Là-bas, les salaires sont faibles, les lois sur la durée du travail et la protection des ouvriers sont peu respectées. Le travail y est jusqu'à dix fois moins coûteux. C'est pourquoi de nombreuses entreprises françaises opèrent des délocalisations : elles ferment leurs usines en France et en ouvrent de nouvelles ailleurs. Les objets fabriqués à l'étranger sont ensuite renvoyés vers la France et l'Europe. Ils y sont vendus moins cher et en plus grande quantité. Les entreprises augmentent ainsi largement leurs bénéfices. En s'installant dans ces pays ateliers, elles conquièrent aussi de nouveaux clients.

Délocaliser... et après ?

Dans les pays comme la France, les délocalisations permettent une baisse du prix de certains produits (vêtements, chaussures, jouets, ordinateurs...). Cela profite à l'ensemble des consommateurs. En revanche, la fermeture d'usines entraîne de nombreux licenciements. Les personnes les plus touchées sont alors les salariés les plus vulnérables : les plus âgés et les moins qualifiés. De plus, les usines fermées pour délocalisation sont souvent situées dans des régions déjà frappées par la crise économique. Les aides financières versées à ces nouveaux chômeurs pèsent ensuite sur l'ensemble des Français. Selon certains économistes, les délocalisations sont inévitables, et la solution pour les pays riches serait de devenir des « pays laboratoire » et de fonder leur activité économique sur la recherche, la découverte de nouveaux produits et de nouvelles techniques.

37 000 emplois
entre janvier 2002 et juillet 2004 ont été supprimés en Europe à la suite de délocalisations.

60 % des importations d'habillement en France proviennent des délocalisations.

En Chine, **600** entreprises françaises emploient 150 000 personnes.

Les travailleurs dans le monde

Les chiffres montrent bien les différences de conditions de travail et de salaires à travers le monde. En France, les droits des salariés sont la plupart du temps respectés, et les syndicats reconnus. Dans d'autres pays, même si des lois existent elles ne sont guère appliquées.

2005	France	Hongrie	Chine
Coût d'1 heure de travail	21,7 €	3,83 €	0,47 €
Temps de travail moyen par semaine	37h	40h	66h
Salaire par mois (chiffres officiels)	1198 €	204 €	50 €

« L'euro fort gêne l'aéronautique européenne. »

Depuis 2001, la valeur de l'euro ne cesse d'augmenter par rapport à celle du dollar. Avec un prix affiché en euros, les avions Airbus deviennent plus chers que les Boeing américains. Les industriels européens de l'aéronautique protestent contre cette situation.

Euro contre dollar

En trois ans, le dollar américain a perdu un tiers de sa valeur par rapport à l'euro. À cause de cette baisse, les produits européens ont augmenté de 30 % pour les pays et les entreprises qui paient leurs achats en dollars… c'est-à-dire le monde entier ou presque. Les constructeurs d'avions, d'automobiles, les industriels européens du luxe, etc., se plaignent de cet euro « fort » qui désavantage leurs exportations. Ainsi les monnaies sont-elles une arme de poids dans la rude concurrence commerciale que se livrent les deux superpuissances économiques : l'Union européenne et les États-Unis.

● ***Langage codé***
Les taux de change des monnaies et les cours de la bourse sont diffusés chaque jour par de nombreux médias. Dollar, euro, yen, indices boursiers… Ces informations sont énoncées dans un « langage codé » et ne sont traitées que pour les spécialistes. Beaucoup de grands sujets d'actualité sont ainsi rarement ou trop rapidement expliqués. Pourtant l'origine des mouvements financiers et leurs importantes conséquences sur l'activité économique concernent l'ensemble des citoyens.

● ***Drame et comédie***
Les journalistes spécialisés dans les informations boursières ont tendance à adopter un ton navré quand les cours des actions baissent, et un ton satisfait quand ils montent. Pourtant, il est fréquent qu'une hausse de ces cours ne soit due qu'à de la spéculation et ne reflète pas l'activité économique réelle d'un secteur. Cela a été le cas pour les actions des entreprises des nouvelles technologies : plus les cours montaient, plus les spéculateurs intervenaient en bourse dans l'espoir d'un profit rapide. Et l'effondrement des cours, en 2001, a durablement déstabilisé l'économie mondiale.

● ***Pensée unique***
Les informations données chaque jour sur la bourse se ressemblent au point de donner l'impression d'être « rabâchées ». Une seule idée émerge des informations boursières : il est indispensable que les cours grimpent. Rares sont les articles, les chroniques ou les reportages qui prennent du recul et montrent l'influence excessive de la spéculation sur les marchés des changes et des matières premières.

Le pouvoir du billet vert

Surnommé le « billet vert », le dollar est depuis longtemps un moyen d'influence économique et politique pour les États-Unis. Seule l'Union européenne est suffisamment riche pour tenter d'échapper à son pouvoir.

Chaque jour, environ 1 300 milliards de dollars de différentes monnaies sont achetés et revendus en bourse par des spéculateurs qui espèrent tirer un bénéfice de ces opérations. Alors que 13 milliards de dollars, soit cent fois moins d'argent, suffiraient à régler les achats de biens et de services effectués chaque jour au niveau international.

Pourquoi le dollar ?

La puissance du dollar est une des conséquences de la Seconde Guerre mondiale. Ce conflit ruina les pays européens et leurs monnaies. Les États-Unis, eux, sortirent de la guerre en pays dominant. C'est pourquoi un traité international fit du dollar américain la monnaie des échanges internationaux jusqu'en 1971. Aujourd'hui encore, pour la majorité des pays, il est essentiel de commercer avec les États-Unis et donc de posséder des dollars. Enfin, la valeur du dollar s'appuie sur l'énorme pouvoir économique, politique et militaire de cette superpuissance sans égale dans le monde.

Un monde dépendant

L'économie mondiale subit largement les mouvements du dollar américain. Par exemple, les réserves monétaires de nombreux pays sont constituées en dollars. La Banque du Japon en détient 840 milliards ; ainsi lorsque le dollar baisse de 10 %, le Japon perd 84 milliards de dollars ! De même, 60 % des paiements internationaux se font en dollars, notamment les achats de matières premières (pétrole, produits agricoles, minerais...). En chutant, le dollar entraîne les prix à la baisse et les revenus des pays producteurs diminuent alors automatiquement. De leur côté, les États-Unis profitent de leur statut particulier : depuis quelques années, ils vivent « au-dessus de leurs moyens ». Le gouvernement américain finance ses dépenses (baisse des impôts, guerre en Irak...) en émettant des milliards de dollars que de nombreux pays, surtout en Asie, doivent acheter sous peine de voir cette monnaie s'effondrer et de déclencher une terrible crise économique.

L'euro fort

Depuis 1972, les Européens s'organisent pour échapper à l'influence du dollar et stabiliser leurs monnaies. La dernière étape de cette démarche fut, en 2002, la mise en circulation de l'euro. Monnaie unique de l'Union européenne (UE), l'euro s'affirme aussi peu à peu comme une monnaie de référence internationale. Toutefois, la faiblesse du dollar fait aujourd'hui de l'euro une monnaie « forte », c'est-à-dire à forte valeur. Les produits européens, facturés en euros, sont donc plus chers que les produits facturés en dollars. Certaines entreprises européennes supportent mal cette concurrence, font faillite ou délocalisent. Des économistes estiment que, lorsque l'euro monte de 10 %, en quelques mois, 60 000 emplois disparaissent en France et autant en Allemagne. Toutefois, l'UE a confié à la Banque centrale européenne (BCE) la mission de surveiller très strictement la valeur de l'euro. Elle s'est privée ainsi de la possibilité de faire baisser sa monnaie pour soutenir son activité économique.

Zone euro
France, Belgique, Allemagne, Italie, Espagne, Grèce, Irlande, Luxembourg, Portugal, Finlande, Autriche, Pays-Bas

Spéculer,
c'est tirer profit de l'évolution du prix des actions sur le marché boursier.

Les réserves de change au niveau mondial sont constituées à **66 %** par le dollar.

COMBIEN, EN DOLLARS ?
La variation des monnaies influence le commerce international en changeant le prix des produits.

Imaginons, l'Europe et l'Indonésie fabriquent et exportent des vélos vendus respectivement 100 € et 100 $.

Lorsque l'euro est fort par rapport au dollar, le prix du vélo indonésien baisse en Europe et le prix du vélo européen augmente aux États-Unis .

En Europe comme aux États-Unis, le consommateur choisit le vélo indonésien.

Synthèse

Le commerce international

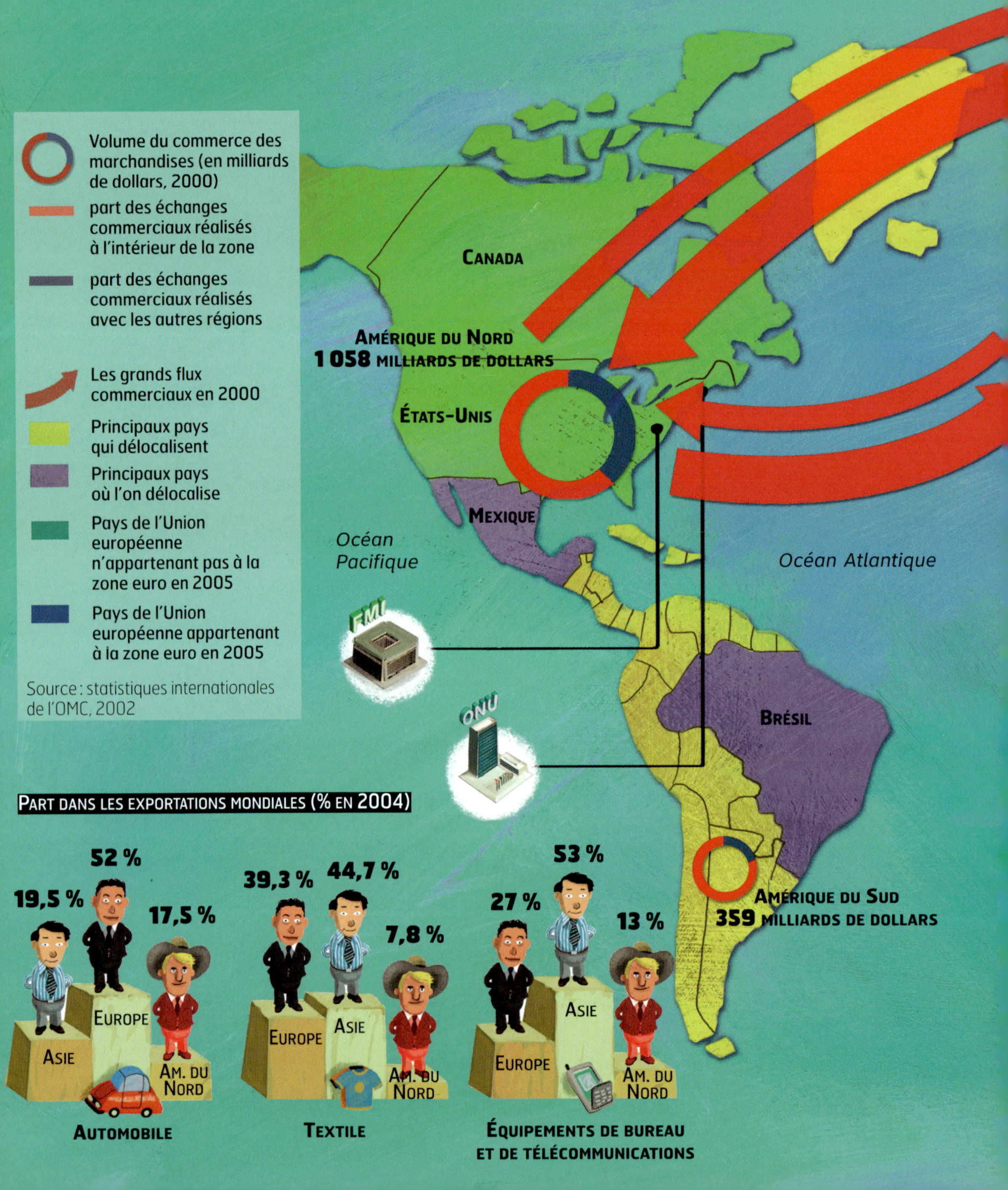

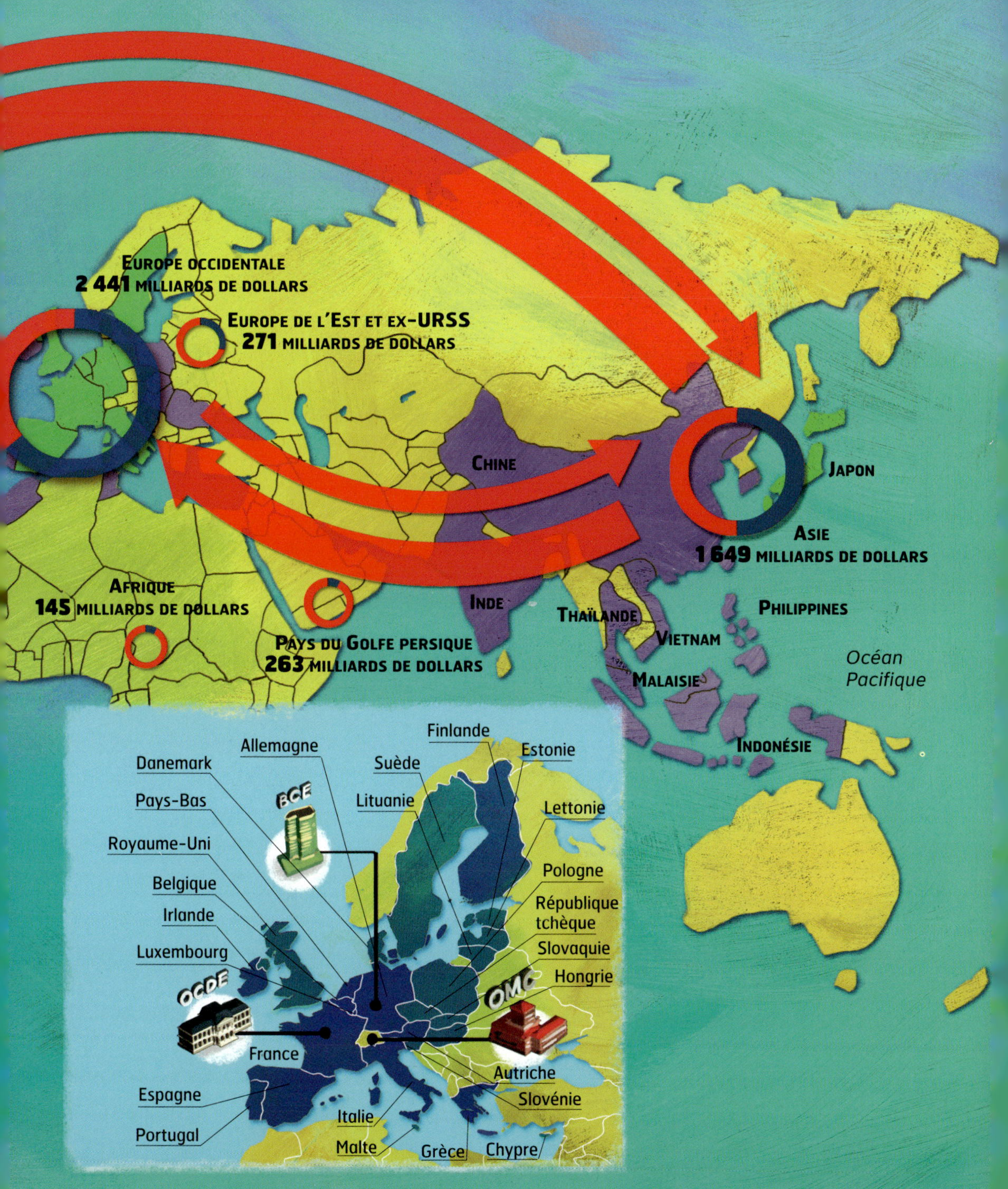
Europe occidentale
2 441 milliards de dollars
Europe de l'Est et ex-URSS
271 milliards de dollars
Chine
Japon
Asie
1 649 milliards de dollars
Afrique
145 milliards de dollars
Pays du Golfe persique
263 milliards de dollars
Inde
Thaïlande
Vietnam
Philippines
Malaisie
Océan Pacifique
Indonésie
Allemagne
Danemark
Pays-Bas
Royaume-Uni
Belgique
Irlande
Luxembourg
France
Espagne
Portugal
Italie
Malte
Grèce
Chypre
Slovénie
Autriche
Hongrie
Slovaquie
République tchèque
Pologne
Lettonie
Lituanie
Estonie
Finlande
Suède
BCE
OCDE
OMC

TAK!
JA!

L'Union européenne

L'Europe est profondément inscrite dans la vie quotidienne des Européens, au point qu'il leur paraît aujourd'hui normal de vivre en paix ou de circuler librement dans un espace commun. Dans le même temps, les institutions et les politiques européennes sont montrées du doigt et critiquées, notamment par les Français, car elles semblent trop lointaines, trop compliquées. L'Union européenne, qui ne repose que sur la volonté des États qui la composent, cherche ainsi, de crise en crise, un équilibre intérieur solide, une identité nouvelle et sa place dans un monde tourmenté.

« Les Européens entrouvrent la porte à la Turquie. »

En 2004, les chefs d'État européens ont accepté d'ouvrir les négociations avec la Turquie. Ces discussions, commencées en octobre 2005, se prolongeront au moins jusqu'en 2014. Si elles aboutissent à un traité d'adhésion, les Français devront confirmer leur accord à l'entrée de la Turquie dans l'Union européenne par référendum.

Le futur de l'Union européenne

Parce que la Turquie est un pays peu démocratique, pauvre, très peuplé et à majorité musulmane, l'Union a longtemps repoussé ses demandes d'adhésion. En 2004, elle a fini par accepter l'ouverture de négociations, en soulignant qu'un accord n'était pas certain. Car, depuis son élargissement à dix nouveaux pays en 2004, l'UE peine en effet à trouver un équilibre. Ainsi, le rejet de la Constitution européenne par deux pays en 2005 est en partie dû aux conséquences de cet élargissement et au projet d'adhésion de la Turquie. Les Européens s'interrogent sur le futur visage de l'Union, son avenir, sa dimension, sa mission. Doit-elle accueillir un maximum de pays ? Ou au contraire se concentrer autour d'un « noyau dur » ? Où seront ses futures frontières ?

L'œil critique

Regards français

Le traitement médiatique autour de l'entrée de la Turquie dans l'Union européenne (UE) illustre la tendance des médias français à faire d'un sujet international une question uniquement française. Ainsi, l'accent est mis sur l'opinion publique française, majoritairement défavorable à l'adhésion turque. Mais la position des autres peuples de l'Union européenne, qui y sont en majorité favorables, a rarement été exposée.

Confusion

Durant la campagne sur la Constitution, des hommes politiques ont volontairement entretenu la confusion entre ce référendum et celui sur l'entrée de la Turquie dans l'UE, prévu dans dix ans. Cette confusion n'a pas été dissipée par les médias qui ont consacré plus d'attention au jeu politique français autour de ces référendums qu'à leurs objectifs. Des électeurs ont donc voté non à la Constitution, avec l'illusion de bloquer l'adhésion turque.

Quels enjeux ?

Enfin, rares sont les télévisions et les journaux grand public qui tentent d'expliquer en quoi consistent les négociations et les enjeux de l'adhésion de la Turquie, ses liens particuliers avec l'Europe notamment dans les domaines de l'économie et de la défense. Beaucoup insistent essentiellement sur le fait que les Turcs sont en majorité musulmans et sur la crainte d'une forte immigration de travailleurs turcs.

Jusqu'où élargir l'Union européenne ?

Certains voient dans l'élargissement de l'Union européenne (UE) l'occasion de créer le plus vaste espace de paix, de démocratie et de prospérité possible. D'autres pensent qu'elle doit rester limitée pour garder son identité et jouer un rôle international efficace.

Élu président de l'Ukraine à la suite de la « révolution orange » qui a mis fin à un régime favorable à la Russie, en décembre 2004, Viktor Iouchtchenko est invité à Paris. Il proclame aussitôt le désir de son pays de s'ancrer dans l'Union européenne, qui représente l'espoir d'une vie meilleure, à l'abri des conflits.

Qu'est-ce qu'un Européen ?

Le Traité sur l'Union européenne de 1992 indique que « tout État européen qui respecte les principes de la liberté, de la démocratie, du respect des droits de l'homme et des libertés fondamentales (...) peut demander à devenir membre de l'Union ». Mais ce traité ne donne aucune définition d'un « État européen » : Est-ce un pays situé, entièrement ou en partie, sur le continent européen ? Est-ce une définition culturelle ? Historique ? Économique ? Pour les cinq premiers élargissements qu'a connu l'Union, la question ne s'est pas posée : au noyau central constitué en 1951 par l'Allemagne, la Belgique, la France, l'Italie, le Luxembourg et les Pays-Bas, se sont ajoutés les proches voisins : le Royaume-Uni, la Grèce, l'Espagne, la Suède... L'intérêt d'une Union plus vaste et plus puissante était alors incontesté.

Inquiétudes

En 2004, l'UE a connu le plus vaste élargissement de son histoire, avec l'entrée de dix pays. Huit d'entre eux sont en Europe de l'Est, dominée par l'Union soviétique de 1945 à 1989. La plupart de ces pays ont un niveau de vie très inférieur à celui des « anciens » membres et n'ont pas les mêmes attentes en matière de sécurité ou de développement économique. Parmi les peuples de l'UE, qui n'ont pas été consultés sur cet élargissement, des craintes sont alors apparues. Craintes sur le partage des ressources, sur la difficulté de prendre des décisions à vingt-cinq, sur la concurrence de ces nouveaux États. En France, ces inquiétudes ont en partie motivé le refus de la Constitution européenne.

Quelles frontières ?

L'UE tend maintenant à s'ouvrir vers le Sud-Est et les Balkans : l'adhésion de la Bulgarie et de la Roumanie est prévue pour 2007, la Croatie est officiellement candidate. Restent les pays très pauvres, fortement marqués par la guerre en ex-Yougoslavie : la Macédoine, l'Albanie, la Serbie... À l'Est, des pays comme l'Ukraine et la Biélorussie souhaiteraient à leur tour entrer dans l'UE, mais la Russie n'apprécie guère de les voir échapper à son influence. L'entrée de la Turquie, débattue depuis longtemps, élargirait pour la première fois l'UE au-delà du continent européen. Certains pensent que l'Union pourrait ainsi s'ouvrir un jour aux pays méditerranéens avec qui elle a des liens étroits : Maroc, Algérie, Tunisie, Israël, Liban... Le problème du partage du pouvoir se poserait alors encore plus fortement qu'aujourd'hui. De plus l'UE toucherait des régions à haut risque de conflits, comme l'Afrique, le Moyen-Orient et l'Asie centrale.

La Turquie, cas particulier

En intégrant la Turquie, l'Union européenne s'assurerait un accès au Moyen-Orient, à l'Asie centrale et à leurs larges ressources en pétrole, en gaz, en eau. Cela lui permettrait également de renforcer ses relations avec le monde musulman. Mais la Turquie moderne a vécu sous un régime militaire jusqu'en 2002 et sa démocratie est fragile. Le poids de l'armée reste immense, les libertés et les droits des minorités (notamment les Kurdes) sont encore mal respectés. Son niveau de vie est faible et les pays les plus riches de l'UE craignent une forte immigration de travailleurs turcs. De plus, par l'importance de sa population (72 millions d'habitants), la Turquie détiendrait un pouvoir important dans l'UE. L'Union a donc ouvert très prudemment les négociations d'adhésion en exigeant de la Turquie le strict respect de nombreuses conditions.

Dès 1963, un accord d'association est signé entre la Communauté économique européenne et la Turquie.

L'Union européenne, c'est aujourd'hui **456 millions** d'habitants, soit 7,2 % de la population mondiale.

Le total des dépenses d'élargissement s'élève à **40,8 milliards** d'euros sur 2004-2006.

« Nucléaire iranien : l'UE fait preuve de fermeté. »

Au nom de l'Union européenne, l'Allemagne, la France et le Royaume-Uni mènent depuis 2004 de difficiles négociations avec l'Iran pour le convaincre d'interrompre son programme nucléaire d'enrichissement d'uranium. L'UE et les États-Unis redoutent que ce programme ne serve à produire des armes nucléaires.

Deux visions du monde

Les activités nucléaires de l'Iran, officiellement menées pour chercher des ressources énergétiques, pourraient déboucher en fait sur la construction d'armes nucléaires. Les États-Unis, qui ont fait de l'Iran une cible de leur lutte contre le terrorisme international, envisagent de le sanctionner. Mais les Européens redoutent qu'une confrontation avec l'Iran ne crée de nouvelles tensions au Moyen-Orient, déjà secoué par la guerre en Irak. L'UE tente donc d'obtenir des concessions de l'Iran. C'est un exemple de la manière dont les deux grandes puissances envisagent leurs relations internationales. Les États-Unis décident seuls et donnent la priorité à l'action, parfois militaire, tandis que l'Europe cherche à éviter les conflits par la négociation et le compromis.

L'œil critique

Survol

Les relations entre les pays sont des sujets complexes, où se conjuguent la géographie, l'histoire des peuples, leur culture, des éléments d'économie, des sciences. Peu de médias grand public cherchent à démêler ces fils, à éclaircir les choix des États et leurs conséquences sur notre monde. La plupart des journaux télévisés survolent les sujets internationaux, se contentant d'exposer les faits sans les relier les uns aux autres.

Mécanique européenne

Les politiques de l'Union européenne mettent en œuvre des mécanismes compliqués, car vingt-cinq pays doivent décider et agir ensemble. C'est particulièrement vrai pour ce qui touche à la défense de l'Europe et à ses interventions sur la scène internationale. Si les procédures européennes étaient expliquées par les médias, les citoyens seraient correctement informés des choix faits en leur nom et pourraient se faire leur propre opinion.

Anti-américain ?

Les journalistes français sont parfois accusés de tenir un discours anti-américain et de regarder les États-Unis avec des yeux d'Européens. Car la politique étrangère américaine est fondée sur des valeurs héritées de l'histoire et du passé des États-Unis qu'il faut connaître pour comprendre, et faire comprendre aux Français, les agissements de la première puissance mondiale.

L'Union sur la scène internationale

Les meilleurs atouts de l'Union européenne résident dans son poids commercial et sa puissance diplomatique. Mais elle n'a pas les moyens d'imposer ses idées, ni même de se défendre seule en cas d'attaque.

Javier Solana (à gauche), le haut représentant de la politique étrangère européenne, rencontre le Premier ministre palestinien Ahmed Qoreï (à droite). Depuis des années, l'Union européenne apporte un soutien diplomatique et financier essentiel aux Territoires palestiniens, et contribue à la recherche de la paix au Moyen-Orient.

L'Europe, géant économique

L'Union européenne (UE) est la première puissance commerciale du monde. La Commission européenne représente, seule, l'UE lors des négociations commerciales internationales, et c'est le seul domaine où les Européens parlent d'une voix unie et forte. Grâce à cette puissance, l'UE est parvenue à bloquer certaines mesures ultralibérales exigées par les États-Unis au sein de l'Organisation mondiale du commerce (OMC). L'Europe dispose aussi d'une influence considérable à travers la multitude d'accords de coopération signés avec les pays en développement. L'UE leur accorde des avantages commerciaux en échange de la lutte contre la corruption et le terrorisme, du respect des droits de l'homme, du contrôle de l'émigration... Ce qui n'empêche pas l'UE de défendre âprement ses intérêts, par exemple en subventionnant ses produits agricoles, ce qui contribue à ruiner les pays du Sud.

Acteur pour la paix

Pendant des siècles, l'Europe a été ravagée par la guerre. Aujourd'hui, les membres de l'UE règlent pacifiquement leurs conflits et unissent leurs forces pour créer un espace où règnent le droit, la stabilité, la paix, la démocratie. L'UE essaye de diffuser ces valeurs dans le reste du monde, en encourageant les négociations internationales et le travail des Nations unies (ONU). Mais les obstacles sont multiples. De nombreux pays n'acceptent pas les règles démocratiques, et notamment des grandes puissances comme la Chine ou la Russie. De leur côté, les États-Unis ne jouent pas le jeu de la coopération entre les États, mais décident seuls, en fonction de leurs intérêts. Enfin, l'UE elle-même manque de volonté politique face à de grands défis mondiaux, comme la lutte contre les mafias internationales ou la préservation de l'environnement.

Une sécurité sous dépendance

Seules la France et la Grande-Bretagne disposent d'armes nucléaires au sein de l'UE. La sécurité de l'ensemble de l'Europe est donc assurée en grande partie par les États-Unis à travers l'Organisation du traité de l'Atlantique Nord (OTAN). L'OTAN place les pays européens sous la protection des armes nucléaires et de l'armée américaines, mais les rend aussi totalement dépendants. Depuis 1992, l'UE tente péniblement de mettre sur pied une politique étrangère et de défense commune. Mais elle a été incapable d'empêcher les crimes de guerre en ex-Yougoslavie et s'est déchirée sur la guerre en Irak. Affaiblie par ses divisions, l'UE ne dispose pas du pouvoir politique international que sa taille et sa richesse devraient pourtant lui donner.

Vers une défense européenne

L'Union européenne n'a pas d'armée propre, mais elle a créé un système pour mettre en commun les ressources de ses membres (troupes, aviation, etc.). Cette force armée effectue des missions de « gestion de crises » civiles ou militaires. Il s'agit de missions humanitaires, de secours et de maintien de la paix.

1999 Création de la Force européenne de réaction rapide : si nécessaire, les États de l'UE s'engagent à déployer 60 000 soldats en soixante jours et les soutenir pour une durée d'au moins un an.
2000 Création d'institutions militaires communes et permanentes pour coordonner les forces des États membres.

Premières interventions :
— remplacement des forces de l'OTAN en Macédoine (2003)
— envoi de troupes en République démocratique du Congo (2003)
— remplacement des forces de l'OTAN en Bosnie (2004)

Avec **1/5** du commerce mondial, l'UE a acquis le rang de première puissance commerciale mondiale.

« *L'Europe, quel numéro de téléphone ?* ■
Henry Kissinger, conseiller du président américain Nixon, 1970

« *L'Europe a vocation à s'exprimer d'une façon forte et autonome sur les grandes orientations du monde* ■
Valéry Giscard d'Estaing, 2002

« Qualité des eaux : la France loin de l'objectif 2015 »

Une directive européenne de 2000 exige des États de l'UE que leurs eaux soient en « bon état écologique » en 2015. La France, dont les trois quarts des eaux sont polluées par des pesticides, a donc préparé en 2005 un projet de loi pour atteindre cet objectif. Mais ce texte, en débat, ne prévoit pas de nouvelle taxe sur les agriculteurs utilisateurs de pesticides.

La France, impliquée et rebelle

La France est un des principaux acteurs de la construction européenne. Il y a 50 ans, l'Europe est née de la volonté française d'en finir avec les guerres en Europe. La situation de la France, au cœur de l'Europe, son rang de grande puissance économique, le poids de sa population et sa stature de pays fondateur lui donnent une responsabilité centrale dans l'Union. Mais la France sait aussi se montrer « rebelle », s'estimant parfois au-dessus des lois communes, profitant de son pouvoir pour imposer des exigences égoïstes et donnant aux autres Européens des leçons qu'elle ne respecte pas elle-même.

L'œil critique

La France d'abord

En France, les médias tendent à regarder l'actualité européenne du seul point de vue français. Les informations mettent souvent l'accent sur les aspects français des politiques européennes. Il est rare que de grands médias aillent observer ailleurs dans l'UE les conséquences des décisions européennes, interviewent d'autres Européens, prennent du recul et mesurent les politiques communes à l'échelle de l'Union.

La faute de Bruxelles

Par un raccourci facile, la Commission européenne est souvent surnommée « Bruxelles », du nom de la ville où elle siège. Cette institution est souvent désignée comme la responsable de décisions « tombées d'en haut », prises par des administrateurs européens soupçonnés de ne pas connaître les réalités françaises. C'est oublier que les dirigeants français sont partie prenante de la majorité des décisions européennes et qu'ils en portent donc également la responsabilité.

Engagements

Peu de médias remettent en question les positions françaises au sein des instances européennes, ou pointent du doigt les insuffisances et les manquements français. Dès lors, les citoyens français ne réalisent pas toujours qu'à travers leurs eurodéputés, leur chef d'État et les ministres qui les représentent au Conseil de l'UE, des engagements européens sont pris en leur nom et que ceux-ci doivent être respectés.

La France et l'Union européenne

Depuis 50 ans, la France est un des principaux bâtisseurs de l'Europe, dont elle a reçu d'immenses bénéfices. Pourtant beaucoup de Français jugent l'Union européenne lointaine et peu compréhensible.

Les pays qui ont adopté l'euro se sont engagés, en signant le pacte de stabilité et de croissance, à respecter des critères économiques précis. La France qui, comme l'Allemagne, ne tenait plus ses engagements depuis plusieurs années, a obtenu un assouplissement de ce pacte.

L'Europe au quotidien

Les Français mesurent mal l'ampleur des interventions de l'Union européenne (UE) dans leur vie quotidienne. Ils vivent pourtant sous l'influence des grandes orientations politiques et économiques européennes (élargissement à de nouveaux pays, contrôle des frontières, préservation de la paix, gestion de l'euro, relations commerciales intérieures et internationales, etc.). L'UE intervient également dans différents domaines : la Politique agricole commune (PAC) et la gestion des ressources de la mer, le développement des régions les moins avancées, les droits des citoyens, la scolarité des étudiants et la recherche scientifique ou encore la protection de l'environnement.

L'UE est-elle si loin ?

Les Français reprochent souvent à l'Europe de décider pour eux, sans les consulter. Mais l'UE décide seule uniquement dans les domaines pour lesquels la France lui a volontairement cédé son pouvoir. De plus les dirigeants français, comme ceux des autres pays, sont étroitement associés aux choix européens. Ainsi les grandes politiques communes sont fixées en Conseil européen, auquel participe le président de la République française. Puis, elles sont négociées au Conseil de l'UE où siègent les ministres français et mises en œuvre par la Commission qui comprend un commissaire français. Au Parlement européen, 78 députés sont élus par les Français, pour participer à ces décisions et contrôler la Commission. Enfin, 24 membres français siègent au Comité des régions et donnent leur avis sur des sujets transfrontaliers, comme le transport ou la santé publique.

Choix européens, choix français

Côté français, le Parlement doit être informé des textes communautaires. Le gouvernement est obligé de consulter les députés et les sénateurs sur certaines décisions européennes (les directives, les décisions-cadre...), qui doivent devenir des lois françaises avant d'être appliquées. Dans l'ensemble, la France est donc bien représentée dans l'UE. Ses dirigeants et ses élus sont tenus au courant des projets et des politiques européennes. En revanche, ils peuvent parfois, par leur attitude, alimenter la méfiance des Français à l'égard de l'UE. Ainsi, certains s'engagent au nom du peuple français sans le prévenir des conséquences. D'autres rejettent sur l'UE la responsabilité des mesures impopulaires ou, à l'inverse, s'attribuent le mérite des réussites européennes. Enfin, d'une manière générale, les hommes et les femmes politiques ne font guère d'efforts pour expliquer le fonctionnement de l'Europe à leurs concitoyens.

La France et la PAC

La Politique agricole commune (PAC) a été créée en 1962 pour permettre à l'Europe de se nourrir elle-même. Elle consiste à aider financièrement les agriculteurs, directement ou en achetant leurs surplus de produits. Grand pays agricole, la France a largement bénéficié de ce système, notamment ses producteurs industriels aux méthodes peu respectueuses de la santé et de l'environnement. Depuis 40 ans, la PAC absorbe l'essentiel du budget européen au détriment d'autres politiques communes mais, plusieurs fois, la France a freiné ses réformes. Car si les agriculteurs ne représentent que 2,74 % de la population française, ils constituent une part importante des électeurs des partis de droite, qui ne veulent pas les mécontenter. En 2003, la France a ainsi exigé le maintien de ses aides agricoles jusqu'en 2013, ce qui représentera 45 milliards d'euros.

20 000 étudiants français sont partis étudier en Europe grâce à Erasmus en 2002-2003.

En 2004, **331** textes européens ont été transmis au Sénat pour information.

En 1972, la politique agricole commune représentait **75 %** des dépenses du budget européen.

« Non à la Constitution »

En mai et juin 2005, la majorité des électeurs de France et des Pays-Bas, consultés par référendum, ont refusé de ratifier le traité établissant une Constitution pour l'Europe. Les raisons de ce non sont multiples, mais elles tiennent en partie à la complexité des institutions européennes et à celle du texte proposé.

Crises ouvertes

La campagne du référendum sur la Constitution européenne a mobilisé les électeurs français et ravivé les débats politiques autour de la construction européenne. Le rejet du texte par la France et les Pays-Bas a exposé au grand jour toutes les crises qui couvaient au sein de l'Union : crise d'identité après l'élargissement à plusieurs pays de l'Est, crise financière autour du partage des ressources, crise des relations entre les citoyens et leurs représentants européens, crise des institutions avec le problème essentiel du partage du pouvoir entre les États. La Constitution ne sera sans doute pas appliquée, et les pays membres devront trouver de nouvelles solutions non seulement pour diriger l'Europe, mais aussi pour redonner un sens à cette Union.

L'œil critique

Inéquitable

Pendant la campagne du référendum, les grands médias, et notamment les chaînes de télévision, ont été accusés d'être favorables au oui à la Constitution. Le Conseil supérieur de l'audiovisuel (CSA) a en effet mesuré un déséquilibre dans la répartition du temps de parole pendant la campagne. Il a alors adressé aux chaînes une mise en garde qu'elles n'ont pas respectée. Le temps d'antenne consacré au oui a finalement représenté en moyenne 55 % et celui pour le non 45 % seulement.

Et l'Europe ?

Ni les partisans du non, ni ceux du oui n'ont beaucoup parlé d'Europe. De même, alors que des choix importants étaient en jeu, la plupart des médias ont manqué une belle occasion de se pencher sur l'Union européenne, sur ses institutions et sur ses mécanismes. C'est souvent à la demande du public, réclamant de comprendre le projet de traité, que les journalistes ont entamé une explication en profondeur du texte européen.

Sondages oui-non

Les sondages ont été omniprésents pendant cette campagne.
Les premiers, ils ont signalé le retournement de la majorité de l'opinion en faveur du non.
La plupart des médias, qui tenaient le oui pour acquis, se sont trouvés un moment dépassés par cette expression populaire et n'en ont pris que tardivement la mesure.

Qui décide dans l'UE ?

Pour diriger l'Union européenne à 25, un nouveau système avait été établi par le traité de Nice, en attendant que s'applique la Constitution. Mais celle-ci a été rejetée par la France et les Pays-Bas et les problèmes institutionnels de l'Europe restent entiers.

50 ans de chantier

1951 Création de la Communauté européenne du charbon et de l'acier (CECA) entre la France, l'Allemagne et quatre autres pays
1957 L'Europe à 6. Communauté économique européenne (CEE)
1973 L'Europe à 9
1981 L'Europe à 10
1985 Accords de Schengen (liberté de circulation) entrés en vigueur dix ans plus tard
1986 L'Europe à 12
1992 Création de « l'Union européenne » par le traité de Maastricht
1995 L'Europe à 15
1997 Traité d'Amsterdam
2001 Traité de Nice sur les institutions européennes
2002 L'euro, monnaie unique de 12 États
2002 et **2003** Travaux sur le projet de Constitution pour l'Europe
Mai 2004 L'Europe à 25 Adoption du projet de Constitution européenne
2005 La France et les Pays-Bas rejettent la Constitution. Échec du sommet de Bruxelles sur le budget de l'UE

Organisation compliquée

L'UE est une association unique au monde d'États qui confient certains de leurs pouvoirs à des institutions communes. Pour cela, et depuis 1951, ces États ont signé différents traités, regroupés dans trois « piliers ». Le pilier 1 comprend la plupart des politiques communes (euro, politique agricole, environnement...). Le pilier 2 est constitué de la politique étrangère et de sécurité commune. Le pilier 3 est la coopération des pays membres en matière de police et de justice. Ces traités se superposent aujourd'hui en une architecture compliquée, qui a besoin d'être harmonisée et simplifiée.

Manque de démocratie

Quatre institutions principales interviennent dans la prise des décisions. D'abord, le Conseil européen, composé des chefs d'État ou de gouvernement, définit les grands objectifs de l'UE. Chaque pays préside ce conseil pendant six mois, ce qui permet un partage du pouvoir, mais prive l'Europe d'une voix stable et reconnue. Puis, la Commission européenne, qui joue le rôle de gouvernement de l'UE, propose des mesures pour atteindre les objectifs définis. L'adoption de ces mesures revient en grande partie au Conseil des ministres. Ce conseil décide seul pour les mesures concernant le deuxième pilier (défense) et le troisième pilier (justice/police), et ne partage les décisions avec le Parlement que pour le premier pilier. Le Parlement, seule institution élue par les peuples d'Europe, reste donc la moins puissante. Le choix des gouvernants européens souffre d'un réel manque de démocratie.

La Constitution prévoyait de nommer un président de l'Union européenne pour deux ans et demi. Ce texte risquant d'être abandonné, le système de la présidence tournante de 6 mois reste appliqué. Le 1er juillet 2005, le Premier ministre britannique, Tony Blair, a pris la tête de l'Europe en affirmant vouloir la « moderniser ».

Le pouvoir éparpillé

Le Conseil des ministres s'efforce de prendre des décisions qui respectent les intérêts des 25 États. Si c'est impossible, les ministres votent. Dans de nombreux domaines, comme la politique étrangère ou les impôts, un vote à l'unanimité est exigé. Chaque pays peut alors bloquer toute décision. Dans d'autres domaines moins « sensibles », les décisions se prennent à la majorité des voix. Cette majorité est dite « qualifiée », car elle représente la majorité des Européens. Lors du traité de Nice, les « petits » pays ont obtenu un nombre de voix disproportionné par rapport à leur population. Ils peuvent donc, là aussi, bloquer d'importantes mesures. Les voix se répartissent de la manière suivante :

- Allemagne, Royaume-Uni, France, Italie : 29
- Espagne, Pologne : 27
- Pays-Bas : 13
- Grèce, République tchèque, Belgique, Hongrie, Portugal : 12
- Suède, Autriche : 10
- Slovaquie, Danemark, Finlande, Irlande, Lituanie : 7
- Lettonie, Slovénie, Estonie, Chypre, Luxembourg : 4
- Malte : 3

Les députés européens sont élus au suffrage universel direct depuis **1979**.

Depuis 2004, la majorité qualifiée est fixée à **232 voix** sur 321 (soit 73 % des voix).

« *L'unification de l'Europe est imminente. (...) Cette véritable mutation demande une autre approche que celle qui a été suivie il y a 50 ans* ■

Déclaration de Laeken, 2001

Synthèse

L'Union européenne

Les dépenses de l'UE en 2005

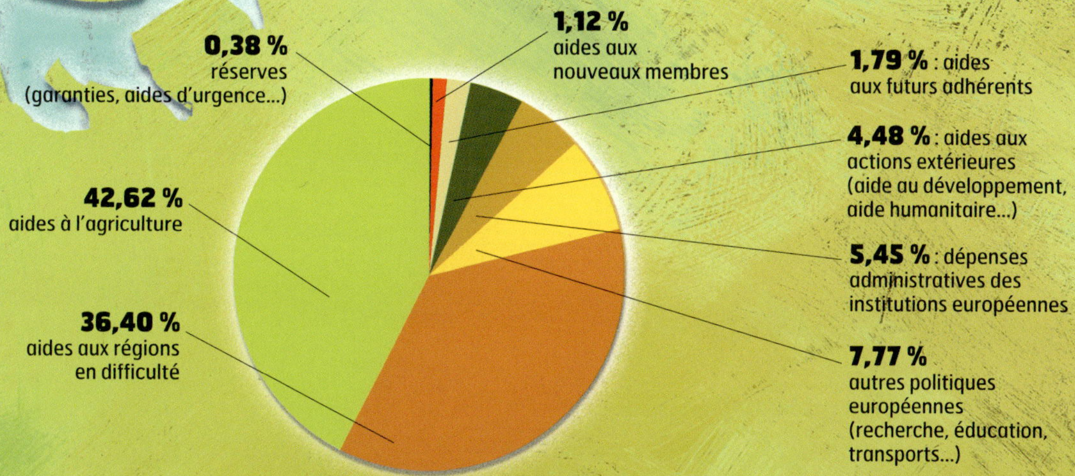

Les ressources de l'UE en 2005

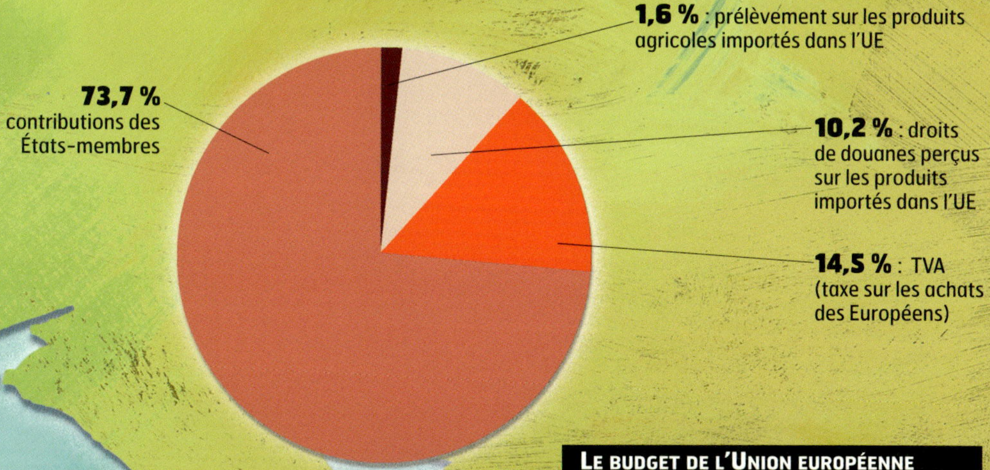

Le budget de l'Union européenne

En 2005, le budget de l'UE était de 116 milliards d'euros. Il représente 1% de la richesse annuelle produite en Europe.

FO
la Force
en liberté

La démocratie en France

Les élections et les campagnes électorales, les décisions du gouvernement, les débats au Parlement et le vote des lois correspondent aux rendez-vous institutionnels de la démocratie française. Mais la vie politique ne se limite pas à ces grands moments. Très présente dans l'actualité, elle est aussi ponctuée par les prises de position des hommes et des femmes politiques, l'activité des partis, les réactions des différents groupes qui composent la société française, les désirs et les inquiétudes de l'opinion publique.

« L'extrême droite au second tour de la présidentielle »

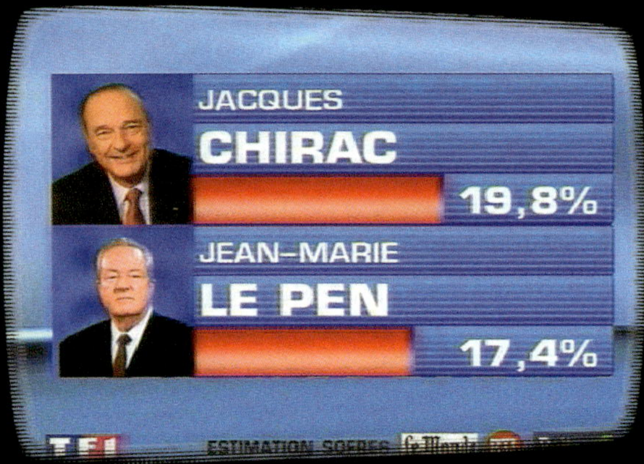

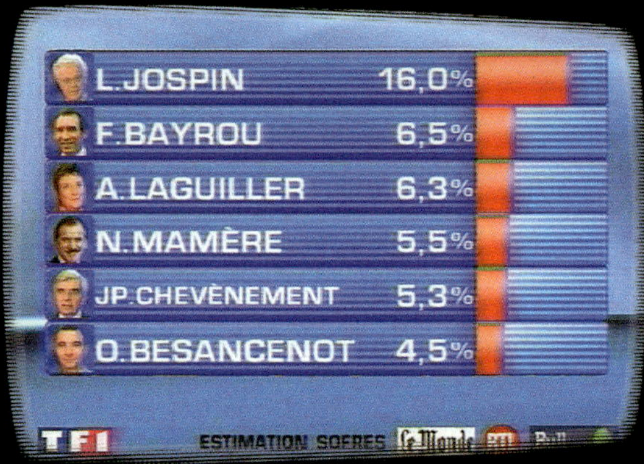

Le 21 avril 2002, pour la première fois en France, l'extrême droite accède au second tour d'une élection présidentielle avec 16,86 % des voix. L'émotion est grande car son candidat, Jean-Marie Le Pen, diffuse des idées qui le feront condamner pour « incitation à la haine raciale ». Il devance le socialiste Lionel Jospin, dont le faible score est, en partie, dû à une abstention record : près d'un électeur sur trois n'a pas voté.

La démocratie en panne ?

La présence de l'extrême droite au second tour de l'élection présidentielle de 2002 a permis à de nombreux Français de prendre conscience de l'importance de leur vote et a provoqué une forte mobilisation. Toutefois, ce sursaut civique ne peut masquer l'augmentation de l'abstention depuis plusieurs années. Pour certains abstentionnistes, voter est inutile car le pouvoir est détenu par des dirigeants qui ne s'intéressent pas à leurs problèmes ou sont impuissants à les résoudre. D'autres méconnaissent les mécanismes du pouvoir en démocratie ou comprennent mal les solutions proposées par les partis. Les médias, enfin, portent leur part de responsabilité dans l'abstention, en particulier lors de l'élection présidentielle de 2002.

L'œil critique

● *Sondages et abstention*
Lors des campagnes électorales, de nombreux journaux télévisés et articles de presse analysent les sondages sur la popularité des candidats. La plus petite variation est largement commentée. En 2002, des sondages, et surtout des commentaires de journalistes, donnaient pour certain un duel final entre Lionel Jospin et Jacques Chirac. De nombreux électeurs ont alors jugé qu'il n'était pas indispensable d'aller voter au premier tour.

● *Quel débat ?*
Lors de l'élection présidentielle de 2002, de nombreux médias ont préféré donner des informations sur la vie et la personnalité des candidats plutôt que sur leur programme. La plupart des thèmes sur lesquels il était important de débattre ont été négligés : les 35 heures, la réforme de la Sécurité sociale et du système de retraites. Ces sujets n'ont fait la une des médias... qu'après l'élection.

● *L'insécurité martelée*
L'insécurité a été un thème très présent durant la campagne de cette élection présidentielle, et les informations sur la délinquance ont tenu une place centrale dans les journaux télévisés. Certains faits divers, et notamment l'agression d'un retraité, ont été martelés et amplifiés à outrance, créant ou renforçant un sentiment d'insécurité qui a bénéficié à la droite et à l'extrême droite.

Grand angle

Les élections, base de la démocratie

Toute personne de nationalité française et ayant au moins 18 ans est appelée à voter à toutes les élections. Ce droit, chèrement acquis, permet aux Français de choisir leurs dirigeants.

Par 54,87 % des voix, les électeurs français ont rejeté la Constitution européenne lors du référendum de mai 2005. Ce « non » exprimait aussi une forte opposition à la politique menée en France depuis 2002, qui n'avait pas, jusqu'alors, été entendue par le gouvernement.

Le choix du peuple

La France est une démocratie, c'est-à-dire que le peuple choisit les personnes qui le représentent et le gouvernent. La Constitution, qui en définit les principes et le fonctionnement, proclame que « la souveraineté nationale appartient au peuple qui l'exerce par ses représentants et par la voie du référendum ». Les élections sont donc le moyen pour les citoyens de désigner celles et ceux qui vont les représenter : les maires et les conseillers municipaux en charge des communes ; les députés qui siègent à l'Assemblée nationale et votent les lois ; les eurodéputés qui représentent les Français au Parlement européen ; le président de la République qui dirige le pays et choisit le Premier ministre, etc. Ainsi, la démocratie française est un système représentatif : les électeurs ne confient pas aux élus une liste d'actions précises à mener mais le pouvoir de décider pour eux, avec pour objectif de rechercher le bien de tous et de représenter l'ensemble du peuple.

Contents ? Pas contents ?

Les élections sont aussi l'occasion pour les Français d'exprimer un jugement sur l'action des dirigeants. Lors des élections législatives, en élisant leurs députés, les citoyens déterminent une majorité de gauche ou de droite à l'Assemblée nationale. Le président de la République désigne un Premier ministre appartenant à cette majorité. Ainsi, la politique appliquée et les lois votées sont la conséquence du vote des citoyens. Aux élections suivantes, le gouvernement défend son action, ses adversaires la critiquent et les Français tranchent. Cette organisation permet de régler sans heurts des désaccords politiques entre le peuple et ses dirigeants. Elle exige, pour fonctionner correctement, que les électeurs participent aux élections... et que le gouvernement tienne compte des opinions exprimées par leurs votes.

Le pouvoir de décider

Le référendum est un moyen exceptionnel de démocratie « directe ». Les électeurs sont consultés sur une question précise à laquelle ils doivent répondre par « oui » ou « non ». Ce vote permet ainsi au peuple d'intervenir directement dans la conduite de la politique. Certains proposent d'y recourir plus souvent afin d'interroger les Français sur des questions importantes. C'est pourquoi depuis 2003, les collectivités territoriales (régions, départements, communes...) peuvent organiser des référendums locaux. Mais que la consultation soit locale ou nationale, il est toujours nécessaire que les électeurs jouent leur rôle : c'est ce qu'ils ont fait en participant à près de 70 % au référendum sur la Constitution européenne en mai 2005.

Toutes les voix comptent

Pour l'élection présidentielle de 2002, 41 millions d'électeurs étaient inscrits sur les listes électorales. À peine 29,5 millions ont voté au premier tour, soit deux électeurs sur trois. Et parmi ces votants, près de un million de personnes ont déposé dans l'urne un bulletin blanc ou nul (annoté ou déchiré). Leur vote n'a pas été pris en compte. Les suffrages exprimés atteignaient donc à peine 28,5 millions. Jacques Chirac en a remporté 5,6 millions, Jean-Marie Le Pen 4,8 millions et Lionel Jospin 4,6 millions. L'élimination du candidat socialiste par celui de l'extrême droite s'est donc jouée à moins de 200 000 voix, soit une très mince fraction de l'électorat.

41 millions d'inscrits

28,5 millions
de votes exprimés

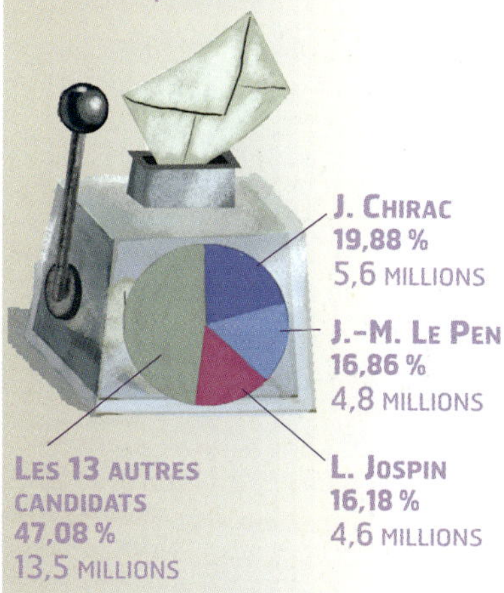

1848, la France adopte le suffrage universel pour les hommes de plus de 21 ans.

Les femmes sont électrices et éligibles dans les mêmes conditions que les hommes, depuis **1944**.

« Des lois à marche forcée »

En juillet 2005, le Premier ministre, Dominique de Villepin, a convaincu la majorité de l'Assemblée nationale de l'autoriser à prendre des mesures par ordonnances, c'est-à-dire sans débat. L'opposition a protesté et appelé les députés à sanctionner le gouvernement par une motion de censure.

La démocratie par le débat

La préparation et le vote des lois donnent lieu à des débats plus ou moins animés au sein du gouvernement, du Parlement et de la société. Si certaines lois sont l'occasion de grands combats politiques, la majorité d'entre elles sont adoptées sans difficulté. En effet, le système politique français implique que le gouvernement ait le soutien du groupe majoritaire à l'Assemblée nationale. Le rapport de force est donc en sa faveur, quelles que soient les procédures mises en œuvre par l'opposition pour exprimer ses désaccords. Les débats autour des lois, qui semblent parfois inutiles ou inspirés par des manœuvres politiciennes, sont toutefois une forme concrète de la vie démocratique.

L'œil critique

Débat en surface

Certains projets de loi sont très médiatisés. Souvent, il s'agit de ceux qui présentent un risque de mécontentement social (réformes de la « Sécu », du droit du travail, de l'enseignement...). D'autres sont mis en avant parce qu'ils révèlent un rapport de force politique (discorde dans la majorité, ministre affaibli...). Les médias se concentrent alors sur les « petites phrases » qu'échangent les dirigeants politiques et les résultats des sondages d'opinion sur le sujet.

Vote inaperçu

La procédure même de discussion et de vote des lois est parfois négligée par les médias. C'est pourtant le moment où les représentants des Français, élus à l'Assemblée nationale et au Sénat, échangent des arguments sur le fond des problèmes. Par exemple, la navette d'un texte entre les deux assemblées pour arriver à un accord est souvent ignorée des médias. Il s'agit pourtant d'une étape importante au cours de laquelle les projets de lois peuvent subir de réelles transformations.

Et après ?

Une fois les lois votées, les médias se penchent rarement sur la manière dont elles sont appliquées et les conséquences qu'elles entraînent. C'est pourtant une des façons de mesurer l'efficacité d'un gouvernement, au-delà des discours et des promesses électorales, et donc de faire vivre la démocratie et l'information politique.

La loi et le pouvoir

Pour les gouvernants, la loi est un puissant levier d'action politique. Mais bien des obstacles se dressent entre la volonté des politiques et l'application des lois dans la vie quotidienne.

La loi s'applique à tous et « nul n'est censé l'ignorer ». Pour la connaître, chaque citoyen peut consulter les 8 000 lois et 110 000 décrets publiés par le *Journal officiel* ou *JO*. Depuis 2004, l'édition papier est complétée par une édition électronique sur Internet.

La loi, outil politique

Le rôle de la loi est d'ordonner, d'autoriser ou d'interdire. Elle permet aux ministres d'appliquer leurs idées. La loi est un instrument puissant pour le gouvernement car il détient un rôle central dans sa création. Ainsi, bien que le Parlement détienne lui aussi ce pouvoir, c'est le gouvernement qui propose la grande majorité des nouvelles lois. Il présente ses projets en Conseil des ministres, puis les soumet aux discussions et au vote des députés et des sénateurs. C'est encore le gouvernement qui décide en grande partie du rythme de travail des assemblées. Il peut forcer les parlementaires à adopter un texte tout entier en un seul vote, et non article par article comme c'est la règle habituelle. Il peut même faire adopter des mesures sans débat parlementaire, par la procédure dite « d'ordonnances » ou celle de l'article 49.3. Les parlementaires et les citoyens n'apprécient guère ces « passages en force », qui empiètent sur le pouvoir des élus.

Un cadre limité

La Constitution française, loi suprême de la République, délimite précisément les domaines où les lois fixent les règles. Il s'agit des droits et des libertés, de la nationalité, des crimes et des délits, de l'enseignement, du droit du travail, du financement du budget de l'État et de celui de la Sécurité sociale... Par ailleurs, certaines lois ne définissent que des principes d'action. Les détails concrets sont fixés par de nouveaux textes, les décrets d'application, rédigés par les administrations sans consulter le Parlement. Parfois, le gouvernement recule l'application d'une loi en attendant longtemps avant de faire rédiger ses décrets d'application. De plus, dans tous les domaines où la loi ne peut intervenir, ce sont des règlements édictés par le gouvernement, le président de la République ou certaines autorités administratives qui s'appliquent. Enfin, en droit, la loi française est moins puissante que les décisions de l'Union européenne ou les traités internationaux signés par la France.

Des obstacles imprévus

L'élaboration et l'application d'une loi peuvent rencontrer divers obstacles imprévus. Ainsi, un changement politique – comme un nouveau ministre ou un nouveau rapport de force à l'Assemblée nationale – peut faire tomber un projet aux « oubliettes ». Des progrès scientifiques (génétique, informatique...) rendent certaines mesures prévues inefficaces. Le climat économique peut paralyser certaines décisions car il n'y a plus d'argent pour les financer. Le gouvernement subit parfois de très fortes pressions de la part des médias, de l'opinion publique, des syndicats ou de lobbies et une loi reste lettre morte...

La loi Fillon chahutée

12 janvier 2005 François Fillon, ministre de l'Éducation, propose une réforme.
20 janvier Grève à l'Éducation nationale et manifestations de lycéens
10 février 100 000 lycéens dans la rue
13 février Début du débat à l'Assemblée nationale
16 février Le gouvernement impose un vote en urgence.
2 mars Adoption par l'Assemblée nationale
19 mars Adoption par le Sénat
24 mars Début des occupations de lycées
Du 2 au 20 avril Manifestations et interventions de la police
22 avril Le Conseil constitutionnel rejette deux articles de la loi.
23 avril La loi modifiée est promulguée par le Président.
6 juin 2005 Gilles de Robien, nouveau ministre de l'Éducation, reporte les décrets d'application de la loi.
27 juin Le Premier ministre déclare que la loi sera finalement appliquée.

L'article 49.3 a été utilisé **86** fois depuis 1958 pour accélérer le vote d'un texte.

Il a fallu **27 ans** pour aboutir au quinquennat. La réforme, envisagée en 1973, a été adoptée par référendum en 2000.

« *Depuis 1958, une seule motion de censure a été adoptée, obligeant le gouvernement de Georges Pompidou à démissionner le 5 octobre 1962* ■

« Jacques Chirac face aux jeunes »

En avril 2005, pendant la campagne du référendum sur la Constitution européenne, Jacques Chirac a choisi la télévision privée TF1 pour débattre avec des jeunes. Ce débat était mené par trois animateurs vedettes qui ne sont pas des spécialistes de l'actualité politique. Des associations de journalistes ont dénoncé cette « information spectacle ».

L'image, instrument de politique

La mise en scène des apparitions publiques des dirigeants politiques, comme beaucoup de leurs « petites phrases », provoquent souvent plus de commentaires et de réactions que leurs idées et leurs projets. Des spécialistes peaufinent donc la communication des candidats et des gouvernants, travaillent leur image, rédigent discours et réactions. La bataille politique prend ainsi parfois la forme d'échanges artificiels entre les concurrents des différents camps ou à l'intérieur d'un même parti. Au risque de perdre de vue que le rôle des hommes et des femmes politiques est de recevoir et d'assumer d'importantes responsabilités.

L'œil critique

Image fabriquée

Les télévisions et les radios amplifient de manière parfois démesurée les phrases bien tournées de certains dirigeants politiques. Pourtant, ces déclarations ne sont souvent que des événements « fabriqués » par des services de communication. Tout comme la mise en scène des vacances ou des interventions des politiques sur le lieu d'un drame est destinée à donner une image de personnes proches de leurs électeurs et sensibles à la détresse des autres...

Boule de neige

Plus un dirigeant politique occupe de hautes fonctions, plus il est connu et plus ses discours ou ses apparitions publiques sont reprises par les médias. Par un effet « boule de neige », plus une personne apparaît dans les médias, plus elle paraît importante, et plus il paraît normal qu'elle intervienne dans le débat. Ce système favorise quelques personnalités omniprésentes à la radio, à la télévision ou dans la presse écrite, mais laisse peu de place à d'autres visages, d'autres voix et d'autres idées.

Esprit critique

Par leur métier, mais aussi par une tradition très française, les journalistes qui traitent de l'actualité politique et économique sont proches des dirigeants : ils font souvent les mêmes études et se côtoient ensuite fréquemment. Cette proximité peut nuire au recul et à l'indépendance d'esprit nécessaires aux journalistes pour critiquer le personnel politique. Ceci est encore plus marqué dans la presse régionale où la proximité est plus grande et les journalistes contestataires peuvent être rapidement écartés.

La bataille politique

L'organisation de la République française donne un rôle essentiel aux partis politiques dans la conquête du pouvoir. La bataille, à droite comme à gauche, se joue à l'intérieur et entre les partis.

(En partant du haut à gauche) Dominique Strauss-Kahn, François Hollande, Laurent Fabius et Jack Lang sont en concurrence pour devenir le candidat du parti socialiste (PS) à l'élection présidentielle de 2007. Leur affrontement va obliger le PS à redéfinir ses objectifs politiques.

Où est le pouvoir ?

En France, le pouvoir réside dans les institutions. Deux d'entre elles sont particulièrement convoitées. La fonction suprême est celle de président de la République. Élu au suffrage universel, il dispose d'un immense pouvoir. C'est lui qui désigne le Premier ministre, dirige les armées, engage la France sur la scène internationale. Le deuxième instrument majeur du pouvoir est l'Assemblée nationale. Le parti qui détient la majorité de députés impose ses choix lors des votes et le Premier ministre sera choisi dans ses rangs, afin de conduire la politique nationale. Tous les cinq ans, l'élection présidentielle et les élections législatives sont donc les deux moments forts de la conquête du pouvoir.

Luttes fratricides

Dans chaque parti, les candidats à la « candidature » (sous-entendu à l'élection présidentielle) entrent en compétition plusieurs années avant l'élection. Ils doivent démontrer qu'ils sont capables d'assumer le pouvoir, qu'ils sont les mieux placés pour remporter l'élection, sans toutefois se déchirer. L'un d'entre eux sera désigné comme candidat officiel par les militants. Les dirigeants des partis étant naturellement considérés comme « présidentiables », la conquête d'un parti devient alors un pas déterminant vers les plus hautes fonctions. À l'intérieur de chaque camp (droite et gauche), le même affrontement se déroule pour choisir un candidat commun et rassembler derrière lui les forces de plusieurs partis. Cette stratégie est efficace et un camp uni gagne souvent l'élection. Ainsi, lors de l'élection présidentielle de 2002, une grande partie de la droite était rassemblée derrière Jacques Chirac, tandis que la gauche était divisée. Mais les projets des candidats et leurs ambitions personnelles restent parfois inconciliables.

« Machines » à convaincre

Entre les élections, la bataille politique consiste en général en « accrochages », au gré des événements : l'opposition conteste l'action du gouvernement, la majorité la défend. Chaque camp teste ses forces, prépare son programme, sa stratégie, sa communication. Une fois les campagnes électorales lancées, souvent bien avant la date officielle, les partis deviennent de véritables « machines » à convaincre les électeurs et à engranger des votes. Les militants collent des affiches, distribuent des tracts, animent des réunions, etc. Mais ils ne représentent que 500 000 personnes environ pour l'ensemble des partis. Parmi les plus de 18 ans, c'est donc à peine une personne sur cent qui s'engage de manière militante dans la bataille politique française.

« Pour se présenter à la présidentielle, il faut être français(e), avoir plus de 23 ans, et le soutien d'au moins 500 élus ■

« *Le Président (...) est l'homme de la nation, mis en place par elle-même* ■
Général de Gaulle, 31 janvier 1964

« *Deux candidats pour un seul parti ? Il s'agit de Jacques Chirac et Édouard Balladur en 1995* ■

L'éventail politique français

EXTRÊME GAUCHE	GAUCHE	DROITE	EXTRÊME DROITE
Lutte ouvrière (LO) Porte-parole : Arlette Laguiller **Ligue communiste révolutionnaire** (LCR) Porte-parole : Olivier Besancenot	**Parti communiste français** (PCF) Secrétaire nationale : Marie-George Buffet **Les Verts** Secrétaire national : Yann Wehrling **Parti socialiste** (PS) Premier secrétaire : François Hollande	**Union pour la démocratie française** (UDF) Président : François Bayrou **Union pour un mouvement populaire** (UMP) Président : Nicolas Sarkozy **Mouvement pour la France** (MPF) Président : Philippe de Villiers	**Front national** (FN) Président : Jean-Marie Le Pen

« Les salariés se mobilisent pour défendre leurs droits. »

En mars 2005, des manifestations pour la défense du pouvoir d'achat et des 35 heures ont rassemblé, 1,4 million de personnes d'après les syndicats. Des grèves ont touché les transports, l'enseignement, la poste. Selon un sondage CSA pour le journal L'Humanité, 69 % des Français soutenaient ces mouvements.

L'expression des Français

En France, la liberté d'expression, propre à la vie en démocratie, est garantie par la Constitution. Les citoyens interpellent les pouvoirs publics, demandent ou contestent des réformes, défendent leurs droits. En dehors des votes, ils font entendre leurs voix à travers des rencontres avec les élus, des pétitions, des manifestations, des grèves... Mais, depuis quelques années, ces moyens d'expression traditionnels tendent à diminuer. Dans le même temps, les sondages se multiplient et sont présentés comme l'avis des Français sur toutes sortes de sujets. Bien que ces enquêtes soient des reflets imparfaits de l'opinion publique, elles influencent fortement l'action politique.

L'œil critique

● ***Fonctionnaires contre usagers***
Lors des grèves, notamment celles des fonctionnaires (cheminots, postiers, enseignants...), certains médias montrent systématiquement les réactions d'usagers « victimes » de l'interruption des services, avant même la présentation des raisons du mouvement social. Beaucoup tendent ainsi à présenter les grévistes comme des privilégiés qui abusent de leur pouvoir.

● ***Les Français veulent...***
Les médias commandent des sondages, mais n'en diffusent qu'une partie. Ainsi, les quotidiens citent rarement plus de cinq questions et les radios, seulement quelques chiffres, ce qui donne une vision peu nuancée de réalités complexes. En outre, dans leurs commentaires, les médias passent facilement d'une information précise « 62 % des personnes interrogées ont répondu... » à une formule générale « 62 % des Français pensent que » ou même « Les Français veulent que... ».

● ***Favoris des sondages***
Les médias ont tendance à multiplier les reportages, interviews et commentaires sur les candidats en tête des sondages. Presque automatiquement, ces candidats-là deviennent les plus connus, les plus populaires... et les mieux placés dans les sondages. Les autres candidats ont beaucoup de mal à se faire entendre. Ils disparaissent du débat politique et leurs idées avec eux.

Quelle opinion publique ?

L'opinion publique est la voix des citoyens et, en cela, elle est nécessaire à la vie démocratique. Les sondages prétendent la refléter, mais elle est difficile à cerner et risque d'être manipulée.

L'opinion publique française, de moins en moins reflétée par les partis politiques, s'exprime davantage à travers des mouvements internationaux, comme ATTAC ou Amnesty International, de très nombreuses associations de consommateurs, de protection de l'environnement ou de secours aux démunis, comme les Restos du cœur.

La voix de la rue

La manifestation et la grève sont des moyens d'expression reconnus et réglementés par la loi. « Descendre dans la rue » est un moyen traditionnel d'interpeller le gouvernement sur des problèmes qui n'ont pas été résolus lors de négociations ou par des élections. Certaines manifestations portent sur des revendications professionnelles (travailleurs des entreprises privées, fonctionnaires, agriculteurs...), d'autres sur la défense de droits (chômeurs, mal logés, sans-papiers...). Enfin, des manifestations rassemblent des citoyens de toutes tendances, comme celles de 2004 contre les réformes de la Sécurité sociale et des retraites, ou celles de mai 2002 appelant à faire barrage à l'extrême droite lors du deuxième tour de la présidentielle. Par leur ampleur, ces cortèges de plusieurs millions de personnes sont, l'espace d'une manifestation, l'expression de l'opinion publique.

Photo ou prévision ?

Les sondages sont devenus un instrument majeur de mesure de l'opinion publique, car les acteurs politiques cherchent à connaître leur cote de popularité et l'avis des Français sur leur politique. Ces enquêtes sont comme des « photographies » de l'opinion publique à un instant précis. Mais les dirigeants et les médias réduisent souvent les résultats obtenus à quelques chiffres, dont ils tirent des prévisions risquées. Or, en période d'élections, les sondages et leurs commentaires peuvent mobiliser les électeurs ou les détourner du vote, et donc modifier les résultats. La loi tente de réduire cette influence en interdisant de publier ou de commenter un sondage la veille et le jour du vote, mais elle est contournée par la presse étrangère et Internet.

Questions de méthode

Certaines méthodes de réalisation des sondages sont fortement discutées. Ainsi parce qu'une question posée à 1 000 Français revient environ à 1 000 euros, les journaux ou les partis politiques qui les commandent ne posent qu'un nombre limité de questions et courent le risque d'obtenir des réponses sans nuances. Par ailleurs, la forme des questions influence les réponses. Il est très différent de répondre « oui » ou « non » à « Approuvez-vous l'action du Premier ministre ? » ou de répondre à « Que pensez-vous de l'action du Premier ministre ? ». Enfin, ces questionnaires ne reflètent pas forcément les sujets sur lesquels les citoyens aimeraient, eux, s'exprimer. Les sondages donnent ainsi l'impression que l'opinion publique a les mêmes préoccupations que les dirigeants, ce qui est loin d'être toujours vrai.

La France en modèle réduit ?

La « méthode des quotas » est une des plus utilisées par les instituts de sondage. Il s'agit d'interroger par téléphone un groupe, appelé échantillon représentatif, qui ressemble à la population française et comporte les mêmes proportions (ou quotas) d'hommes et de femmes, de différents âges et professions, habitant dans des villes de différentes tailles, etc. Mais un tel « modèle réduit » de la société française est difficile à constituer. Certaines personnes sont difficiles à joindre, celles qui ne votent pas refusent souvent de donner leur avis, les diplômés sont mieux représentés que les ouvriers parce qu'ils répondent plus volontiers. De plus, pour un sondage mené auprès de 1 000 personnes, une variation des résultats de plus ou moins 3 % n'est pas significative. Ce chiffre représente en effet la marge d'erreur moyenne de cette méthode.

« *La rue doit s'exprimer mais ce n'est pas la rue qui gouverne* ■

J.-P. Raffarin, ancien Premier ministre, 7 mai 2003.

Plus de **2** sondages **par jour** sont en moyenne publiés en France par l'ensemble des médias.

« *La libre communication des pensées et des opinions est un des droits les plus précieux de l'homme* ■

Art. 11. Déclaration des droits de l'homme et du citoyen, 26 août 1789

Synthèse

La démocratie en France

La Constitution du 4 octobre 1958
Loi suprême dont les articles précisent les grands principes de la République et notamment la séparation des pouvoirs.

Pouvoir exécutif

**L'exécutif est à l'origine de la volonté et de l'action politiques.
Il contrôle les forces armées.**

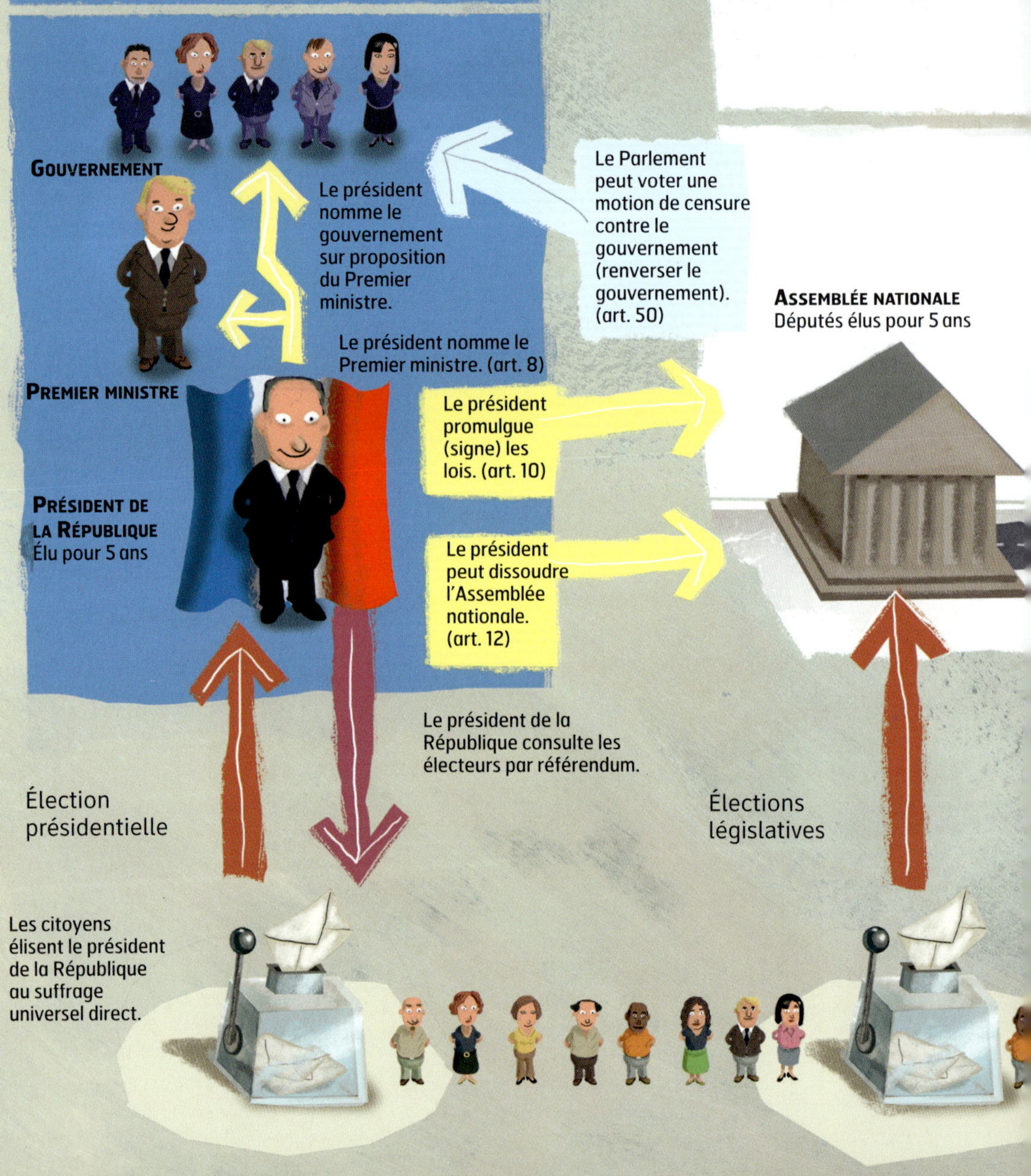

Conseil constitutionnel
Il vérifie que les lois et les élections respectent les principes fixés par la Constitution. Il comprend 9 membres nommés pour 9 ans.

Pouvoir législatif

Le Parlement discute les lois, les vote et contrôle l'action du gouvernement.

Parlement
Le Parlement comprend l'Assemblée nationale et le Sénat.

Sénat
Renouvelable par tiers
Sénateurs élus pour 9 ans

Les sénateurs sont élus au suffrage universel indirect.

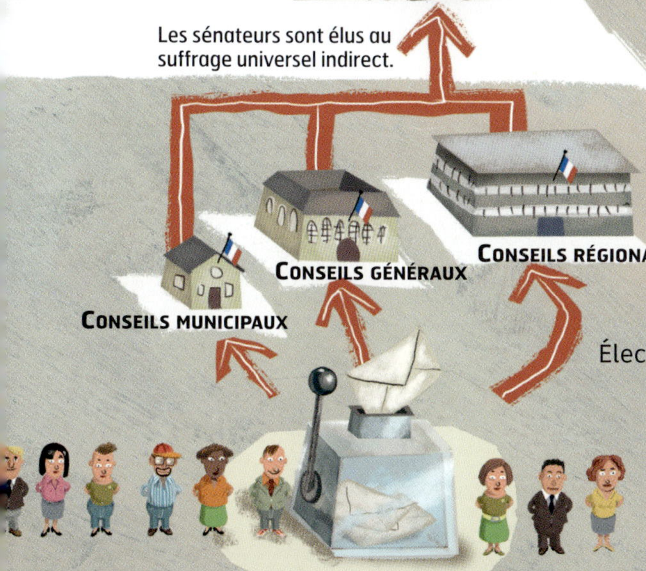

Conseils régionaux

Conseils généraux

Conseils municipaux

Élections locales

Électeurs

Pouvoir judiciaire

Les juges et les autres magistrats assurent le respect des lois et des droits des citoyens.

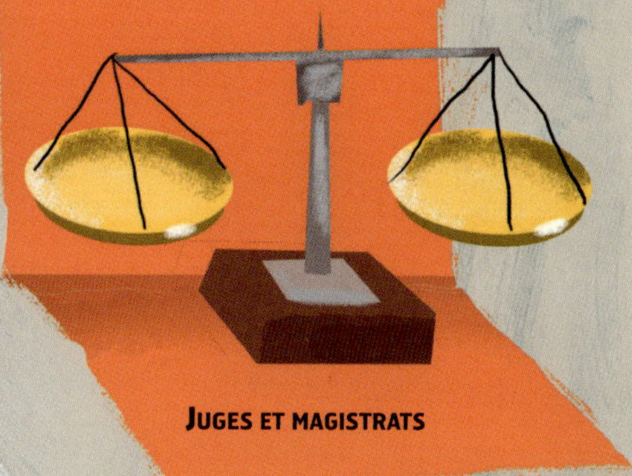

Juges et magistrats

La justice en France

En France, la justice est fondée sur l'indépendance des juges et le respect des droits des accusés. Mais ces principes sont fragiles dans une société qui donne aujourd'hui la priorité à la répression. Ainsi, le pouvoir des juges d'instruction, garants de l'indépendance des enquêtes judiciaires, a diminué. Le droit à un procès équitable peut être bafoué par des emballements médiatiques incontrôlables. Les prisons françaises, surpeuplées, connaissent des situations explosives. Enfin, les relations entre la justice et le monde politique sont étroites, et parfois troubles.

« Dominique Baudis se défend au journal de 20 heures. »

Le 18 mai 2003, Dominique Baudis, ancien maire de Toulouse, a déclaré au journal de 20 heures de TF1 être accusé d'actes très graves le rendant complice d'un criminel condamné un an plus tôt, Patrice Alègre. En révélant lui-même ces accusations au public, il a pu donner sa version des faits et clamer son innocence avant d'être attaqué publiquement.

L'affaire dans l'affaire

Début 2002, le tueur en série Patrice Alègre a été condamné à la prison à vie pour le viol et le meurtre de plusieurs femmes. Au printemps 2003, l'affaire a rebondi. Deux témoins ont accusé des notables toulousains, dont Dominique Baudis, d'avoir participé à des soirées au cours desquelles des viols et des tortures se seraient produits. Peu après, Alègre a prétendu avoir commis deux meurtres sur ordre de l'ancien maire de Toulouse, d'un juge, d'un policier et d'un proxénète. Dominique Baudis a alors demandé à être mis en examen pour avoir accès à son dossier et se défendre. Le scandale a enflé, puis s'est essoufflé. Fin 2004, les personnes mises en cause ont été innocentées.

L'œil critique

Chasse au scoop

En mai 2003, les médias ne parlaient plus de « l'affaire Alègre ». L'intervention de Dominique Baudis sur TF1 l'a de nouveau mise à la une : les sujets se sont très vite multipliés sur ce qui est devenu « l'affaire Baudis ». Les médias ont rivalisé pour trouver des informations inédites, des « scoops ». Certains ont diffusé des témoignages qui se sont révélés faux. Les « témoins » avaient parfois le visage dissimulé derrière des foulards, ce qui ajoutait du mystère à leurs déclarations, comme dans un film à suspens.

Désignés coupables

Dans certaines affaires judiciaires, des personnes sont mises en examen, c'est-à-dire que le juge chargé de l'enquête précédant le procès décide de concentrer ses recherches sur elles. Cela ne signifie pas qu'elles sont coupables. Mais les mises en examen très médiatisées de personnes célèbres les font apparaître comme coupables avant même d'être jugées. Si elles sont ensuite innocentées, l'information passe souvent inaperçue et le soupçon demeure.

Secret bafoué

L'enquête judiciaire qui précède un procès est couverte par le secret de l'instruction : les magistrats n'ont pas le droit de diffuser d'informations. Mais certaines affaires sont tellement médiatisées que ce secret est bafoué. Des magistrats donnent parfois des informations aux médias. Certains journalistes mènent leur enquête en marge de la justice, interviewent des témoins, tirent leurs propres conclusions et les diffusent.

Le temps de l'instruction

L'instruction est un moment clé durant lequel un juge enquête afin d'établir la vérité et de préparer un procès qui respecte les droits des victimes comme ceux des accusés. Depuis 2000, les pouvoirs des juges ont diminué.

Éva Joly a été juge d'instruction sur des affaires très médiatisées impliquant des personnalités du monde politique et économique, dans les années 1990. Elle a déclaré avoir subi des pressions qui l'ont conduite à cesser son activité.

Un juge indépendant

Quand un crime est commis ou si un délit est complexe (une affaire financière par exemple), un juge d'instruction est saisi par le procureur de la République. Ce dernier est un magistrat du parquet, placé sous l'autorité du ministre de la Justice. Le juge d'instruction, lui, est un magistrat du siège, indépendant du pouvoir politique. Une fois saisi, le juge d'instruction ouvre une information judiciaire, on dit qu'il instruit le dossier. Il prend le relais de la police judiciaire qui, en général, a mené une première enquête. Le juge d'instruction vérifie la réalité des faits, interroge les suspects, rassemble des indices et des témoignages pour préparer un éventuel procès. Celui-ci n'a lieu que si les preuves rassemblées sont suffisantes. Sinon, le juge d'instruction prononce un non-lieu qui met fin aux poursuites : les personnes soupçonnées sont innocentées.

Témoins, policiers et experts

Le juge d'instruction peut concentrer son enquête sur une personne. Si de forts indices en font un suspect, le juge peut la mettre en examen. Lorsque les indices ne sont pas assez convaincants, il peut l'entendre comme « témoin assisté », en présence de son avocat. Le juge d'instruction interroge aussi de simples témoins : ils ne sont pas soupçonnés, mais ils apportent des éclaircissements sur l'affaire. Sur demande du juge d'instruction, la police judiciaire peut mener des perquisitions (des fouilles) dans certains lieux ou placer en garde à vue de nouveaux suspects, qui sont conduits au poste de police pour des interrogatoires. Enfin, des experts indépendants (psychologues, psychiatres…) sont parfois nommés pour réaliser des analyses scientifiques, donner un avis médical, recueillir des témoignages d'enfants…

En prison avant d'être jugé

Lorsqu'une personne est mise en examen, le juge d'instruction peut la placer sous contrôle judiciaire. Elle reste libre, mais doit respecter certaines règles : se signaler régulièrement au commissariat, éviter certains lieux et certaines personnes. Le juge peut aussi demander une détention provisoire. Cette mesure d'emprisonnement est utilisée quand les preuves contre un suspect sont suffisantes et qu'il risque d'être dangereux, de fuir ou d'influencer des témoins. En 2000, une loi a créé le juge des libertés et de la détention : c'est lui désormais qui ordonne la détention provisoire, sur proposition du juge d'instruction. Depuis 2002, ce magistrat peut faire emprisonner un suspect sur ordre du parquet (soumis à l'autorité du ministre de la Justice) contre l'avis du juge d'instruction.

Présomption d'innocence

Selon la loi française, toute personne est présumée innocente tant que sa culpabilité n'est pas établie par un tribunal. Mais ce principe est parfois bafoué : quand des suspects sont poussés à faire des aveux lors de gardes à vue « musclées », quand des personnes sont mises en détention provisoire de façon abusive et que l'instruction s'éternise… En 2000, la loi dite « loi Guigou » a renforcé les droits des personnes mises en garde à vue et des suspects, ainsi que les droits des victimes. Mais en 2002, les lois dites « Perben 1 » ont remis en cause ces orientations en donnant la priorité à la répression. Destinées à lutter contre la criminalité, elles ont renforcé les pouvoirs de la police et des parquets, aux dépens des pouvoirs des magistrats du siège et des droits des citoyens.

En 2003, la durée moyenne d'une instruction était de **18,2** mois.

19 088 personnes étaient en détention provisoire en 2003.

299 personnes ont été détenues abusivement en 2003 dans le cadre d'une instruction.

« Coup de théâtre au procès d'Outreau »

Au printemps 2004, dix-sept personnes ont été jugées pour viols sur mineurs par la cour d'assises de Saint-Omer (Pas-de-Calais). Lors du procès, très médiatisé, deux des principales accusées ont soudain innocenté treize prévenus qu'elles désignaient comme coupables depuis de longs mois. Ces déclarations ont marqué un tournant décisif dans le cours du procès.

La justice en spectacle

Emprisonnements injustifiés, erreurs judiciaires, coups de théâtre, manque de neutralité des juges et des experts, non-respect de l'anonymat des victimes, voyeurisme des médias : le procès d'Outreau fait figure de désastre judiciaire et médiatique. Dix-sept personnes habitant le même quartier de la ville d'Outreau étaient accusées de viols, de tortures et d'actes de barbarie sur des mineurs, parfois leurs propres enfants. À l'issue de ce procès qui a envahi les médias au quotidien, dix personnes ont été déclarées coupables et sept ont été innocentées. Certaines étaient en prison depuis 2001 et l'une d'elles s'est suicidée dans sa cellule avant le procès.

L'œil critique

Tous coupables

Les accusés d'Outreau ont d'abord été présentés comme des monstres. Puis, à la suite du revirement de deux prévenues, les journalistes ont dénoncé l'erreur judiciaire. Les juges, les experts, les enfants, ont été alors pointés du doigt par les médias, mais aussi par les politiques et la société civile : le juge d'instruction était trop jeune, les experts n'étaient pas neutres, les enfants avaient menti. L'ampleur du désastre devenant évidente, tous semblent avoir voulu trouver des coupables, quels qu'ils soient.

Doublement victimes

Durant le procès d'Outreau, la dignité et l'anonymat des enfants n'ont pas été préservés. Plusieurs médias ont décrit les viols à grand renfort de détails inutiles, faisant une publicité malsaine à ces scènes dont ils dénonçaient dans le même temps la barbarie. Des journalistes prétendaient protéger les enfants en modifiant leurs prénoms, mais le nom, l'âge, la profession et l'image de leurs parents faisaient, chaque jour, la une de tous les médias.

Feuilleton à la une

Comme d'autres auparavant, le procès d'Outreau s'est transformé en feuilleton. Riche en rebondissements, il répondait bien à cette tendance des médias à mettre en scène l'actualité, à la raconter comme une fiction. Ainsi, il y avait une intrigue forte, des actes scandaleux, des personnages bien trempés, du suspens, des coups de théâtre. Tout était réuni pour tenir les spectateurs en haleine, au mépris du respect des victimes et des accusés.

Du crime à la sentence

En France, les auteurs d'actes illégaux ont droit à un procès public où les juges sont neutres et où les débats permettent une juste confrontation entre la défense et l'accusation.

Au nom du peuple

Les infractions pénales (actes illégaux sanctionnés par une peine) se classent en trois catégories, chacune liée à un tribunal particulier. Le tribunal de police juge les infractions les moins graves qui donnent lieu à des peines légères : les contraventions. Le tribunal correctionnel juge les infractions qui entraînent des peines de prison ou de lourdes amendes : les délits. La cour d'assises juge les infractions les plus graves : les crimes (meurtres, viols, torture...). Les procès ont lieu en public car, en démocratie, la justice est rendue « au nom du peuple ». Mais il est interdit de filmer, d'enregistrer ou de prendre des photos lors des débats. Certains procès ont lieu à huis clos, sans public. C'est le cas si un secret d'État risque d'être révélé, si la victime d'un viol le demande et, parfois, dans des affaires de mœurs, lorsque la victime est un enfant.

Les assises

Le procès d'un criminel se déroule devant une cour d'assises, composée de trois juges professionnels et d'un jury populaire de neuf ou douze citoyens tirés au sort (les jurés). La cour est assistée d'un greffier et d'un huissier. À sa droite, se trouve l'avocat général. Ce magistrat fait partie de l'accusation, il représente les intérêts de la société et soutient la partie civile, c'est-à-dire la victime (ou sa famille) et son avocat. À la gauche de la cour, l'accusé et l'avocat de la défense font face à l'accusation. Durant le procès, des témoins et des experts indépendants sont appe-

En 2003, **6%** des condamnés avaient moins de 18 ans.

« *Aucune justice ne peut être infaillible* ■
Robert Badinter, garde des Sceaux, 1981.

La justice pénale a traité près de **11 millions** d'affaires en 2003.

lés à la barre, devant la cour, pour répondre aux questions des avocats et des juges. Enfin, une place est réservée aux médias, près de la partie civile. Les débats se déroulent en deux temps : l'examen des faits et l'analyse de la personnalité de l'accusé. Ils peuvent durer plusieurs semaines.

En 2000, la Cour de cassation a ordonné la révision du procès de Patrick Dils, condamné en 1986 pour l'assassinat de deux enfants. Cette décision, très rare, lui a permis de bénéficier d'un 3e procès en 2002. Acquitté, il a été remis en liberté.

Le verdict et la peine

À la fin des débats, l'avocat de la victime prend la parole : il présente à la cour les charges retenues contre l'accusé. Puis l'avocat général réclame une peine, on dit qu'il fait son réquisitoire. L'avocat de la défense prend la parole en dernier : il plaide en faveur de l'accusé. Celui-ci peut également intervenir s'il le souhaite. La cour se retire ensuite pour délibérer. À son retour, le président annonce le verdict des juges et des jurés : l'accusé est acquitté ou il est déclaré coupable et une peine est prononcée contre lui. Cette peine peut être ferme, et s'appliquer immédiatement, ou avec sursis. Elle est alors inscrite sur le casier judiciaire de l'accusé mais non appliquée. En cas de prison ferme, lorsque l'accusé est en détention provisoire, on réduit sa peine du temps déjà passé en prison avant le procès.

La cour d'assises

Composée de 3 juges et de 9 jurés, elle siège au chef-lieu du département. Lors du verdict, l'accusé peut :
– accepter le verdict.
– faire appel : il demande à être jugé une seconde fois.

La cour d'appel

Elle est composée de 3 juges et de 12 jurés.
Le verdict rendu, plusieurs possibilités s'offrent à l'accusé :
– l'accusé est acquitté : il est libre.
– la peine est équivalente, inférieure ou supérieure au premier jugement. L'accusé peut refuser ce verdict. Il demande que la Cour de cassation examine son jugement. C'est le pourvoi en cassation.

La Cour de cassation

Composée uniquement de magistrats, elle siège à Paris. Elle ne rejuge pas l'affaire, mais contrôle que le jugement rendu est conforme au droit.
Plusieurs résultats sont possibles :
– Le pourvoi est rejeté : l'accusé doit se plier au verdict rendu en appel.
– Le pourvoi est accepté : un 3e jugement va être rendu. Quel que soit le verdict, l'accusé devra s'y plier.

«Sorti de prison, Patrick Henry est arrêté pour trafic de drogue.»

En octobre 2002, Patrick Henry est arrêté en Espagne avec dix kilos de haschisch. Il est extradé vers la France, puis renvoyé en prison. Cet homme, condamné en 1977 à la prison à vie pour l'enlèvement et le meurtre d'un petit garçon, avait été libéré en avril 2001 pour bonne conduite, après vingt-quatre ans de prison.

La rechute d'un prisonnier trop célèbre

La récidive, en 2002, de l'ancien prisonnier Patrick Henry a pris une haute dimension symbolique. Le procès de cet homme, en 1977, avait marqué les esprits car son avocat, Robert Badinter, en avait fait une tribune contre la peine de mort, alors en vigueur en France. Patrick Henry avait ainsi échappé à la guillotine. En avril 2001, ce prisonnier célèbre a bénéficié d'une libération conditionnelle pour bonne conduite. Mais, une fois sorti de prison, il devait se plier à des mesures de suivi auxquelles il s'est dérobé pour se livrer à des actes punis par la loi.

L'œil critique

Une libération très surveillée

La récidive de Patrick Henry est un événement qui présentait tous les éléments pour être très médiatisé. Ce prisonnier et son avocat de 1977 étaient célèbres. Sa libération conditionnelle avait été rendue possible par la loi de 2000 dite «loi Guigou» du nom du ministre de la Justice alors en fonction. Les actes de Patrick Henry étaient donc observés par tous. Ses faux pas, propulsés à la une des médias, ont relancé le débat sur les risques liés à la libération de certains prisonniers.

Gros plan sur les récidives

Les médias donnent souvent la priorité aux faits les plus dramatiques. Lorsqu'un détenu libéré avant la fin de sa peine commet un nouveau délit, il fait la une des médias. Ceux qui, au contraire, se réintègrent bien dans la société restent dans l'ombre. La libération conditionnelle apparaît toujours, dans les médias, comme une mauvaise mesure, alors que les statistiques montrent qu'elle diminue les récidives.

Le côté sombre de la prison

De même, les auteurs des crimes les plus horribles sont les plus médiatisés. Aussi, le public qui ne connaît pas le milieu carcéral est peu encouragé à s'intéresser au sort des prisonniers, gagné par l'idée «qu'ils l'ont bien cherché». Dans les prisons, aux côtés de détenus dangereux, vivent pourtant de nombreuses personnes emprisonnées pour de petites infractions. De plus, au-delà de la peine, le rôle de la prison est aussi d'aider les détenus à préparer leur retour à une vie normale.

Des prisons prêtes à craquer

Surpeuplées, les prisons françaises garantissent mal les droits des détenus. Des lois tentent de remédier à cette situation, alors que dans le même temps depuis 2002 la politique sécuritaire des gouvernements entraîne une multiplication des peines de prison.

Parmi les prisons françaises, les maisons d'arrêt présentent les conditions de vie les plus indignes, avec des taux de surpopulation records. Elles accueillent les personnes en détention provisoire et les condamnés à de courtes peines ou en fin de peine.

Des conditions indignes

En 2000, après la parution d'un livre choc du médecin-chef de la prison de la Santé à Paris, un rapport du Sénat a dressé un constat alarmant sur les conditions de détention en France. La majeure partie des prisons est surpeuplée et, contrairement à ce que prévoit la loi, les détenus s'entassent souvent à plusieurs par cellule. Un détenu sur trois est un prévenu, en attente de procès. Les malades mentaux, les toxicomanes, les personnes atteintes de handicaps ou de maladies graves y sont de plus en plus nombreux et ne reçoivent pas les soins dont ils ont besoin. La loi du plus fort et de l'argent règne : les trafics, le racket, les agressions, les viols sont fréquents. Le nombre de suicides se multiplie. Les prisons sont peu contrôlées et les atteintes aux droits et à la dignité des prisonniers, commises par des gardiens débordés ou trop zélés, sont peu dénoncées.

Les lois depuis 2000

Deux opinions s'opposent sur la prison : certains pensent qu'elle doit surtout punir et protéger la société des personnes dangereuses, d'autres estiment qu'elle doit, en premier lieu, aider les détenus à préparer leur sortie et à se réinsérer dans la société. Des années 1970 à 1990, les lois ont beaucoup oscillé entre adoucissement et durcissement des conditions de détention. Puis, en 2000, la « loi Guigou » a facilité les libérations conditionnelles et renforcé les droits des détenus. En 2004, les « lois Perben 2 » ont affirmé la

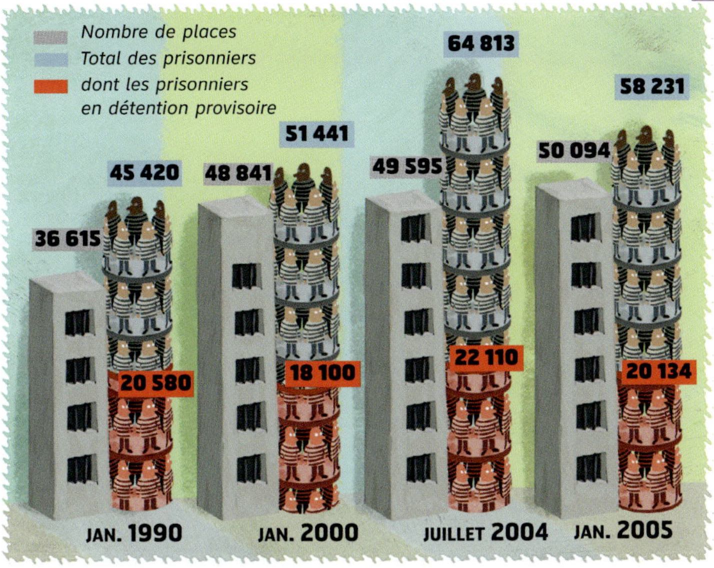

priorité des mesures permettant d'éviter la prison ou de réduire le temps d'incarcération. Cependant, l'application de ces lois a été rendue difficile par le ministère de l'Intérieur qui a mis l'accent sur la sécurité et la répression, provoquant une multiplication des condamnations.

Pour éviter la prison

Les détenus condamnés peuvent être placés en semi-liberté : ils ont le droit de sortir le jour, et restent ainsi en contact avec leur famille et leur travail, mais doivent en général dormir en prison. La loi permet de suspendre une peine de prison pour raisons médicales, de faire travailler des prisonniers à l'extérieur ou de les laisser sortir sous le contrôle d'un bracelet électronique. Enfin, la libération conditionnelle permet à des détenus de quitter la prison avant la fin de leur peine : les récidives sont alors deux fois moins nombreuses par rapport aux libérations en fin de peine. Ces mesures facilitent le retour à une vie normale, mais nécessitent un bon suivi pour éviter les dérapages. Elles sont en recul aujourd'hui, malgré les lois qui les encouragent.

Des prisons surpeuplées

Le nombre de prisonniers n'a cessé d'augmenter depuis les années 1950, passant de 19 000 en 1956 à plus de 64 000 en 2004.

En juillet 2004 :
– les peines de moins de trois ans concernaient 56,1 % des prisonniers condamnés, les peines à perpétuité 1,2 % d'entre eux ;

– au sein de la population carcérale, on comptait 751 mineurs (soit 1,2 % de l'ensemble) et 2 509 femmes (soit 3 %) ;

– 78,7 % des prisonniers étaient français et 21,3 % étrangers.

Les peines de moins de trois ans concernent **56,1 %** des prisonniers condamnés en 2004.

« *Ah ! Que la prison est quelque chose d'infâme ! Il y a un venin qui y salit tout* ■
Victor Hugo (1802-1885)

Le nombre des suicides en prison a augmenté de **200 %** au cours des vingt dernières années.

« La cour d'appel de Versailles allège la peine d'Alain Juppé. »

Début 2004, le tribunal de Nanterre a condamné Alain Juppé à dix-huit mois de prison avec sursis et dix ans d'inéligibilité (interdiction d'être élu). Il a été reconnu coupable d'avoir autorisé la mairie de Paris à salarier des personnes travaillant en fait pour le RPR (Rassemblement pour la République). Fin 2004, la cour d'appel de Versailles a ramené le sursis à quatorze mois et la peine d'inéligibilité à un an.

Affrontement politico-judiciaire

En 2004, Alain Juppé a été jugé avec vingt-six autres personnes pour des faits remontant aux années 1990 et portant sur les emplois fictifs du RPR. Au moment des faits, il était secrétaire général de ce parti et adjoint aux finances de la Ville de Paris, dont Jacques Chirac était le maire. Les deux procès, en première instance et en appel, ont donné lieu à une polémique politico-judiciaire. Les juges chargés du premier procès ont déclaré avoir subi des pressions politiques. Le président Chirac a alors nommé une commission spéciale pour enquêter. Agissant ainsi, il n'a pas fait appel au Conseil supérieur de la magistrature, comme le prévoit la loi en pareil cas, et a provoqué la colère des magistrats.

L'œil critique

Un accusé pas comme les autres

Le procès des emplois fictifs du RPR comptait vingt-sept accusés, mais il a toujours été présenté comme le «procès Juppé». Du fait de cette personnalisation, fréquente dans les médias à propos de la justice, Alain Juppé est apparu comme le principal responsable des infractions commises. Pourtant, celles-ci n'ont été possibles que parce que beaucoup fermaient les yeux sur des pratiques illégales alors largement utilisées pour financer les partis politiques.

Prolongements politiques

Le président Jacques Chirac était visé dans cette affaire d'emplois fictifs comme maire de Paris et chef du RPR au moment des faits. Aussi, le procès, médiatisé et houleux, a-t-il été l'occasion de relancer le débat sur le fait que le chef de l'État ne peut être entendu par la justice durant son mandat. Ce débat était justifié, mais en donnant la priorité aux aspects politiques du procès, les médias n'ont pas facilité la compréhension des faits reprochés aux accusés.

Indépendance de la justice

Ce procès a alimenté une polémique entre le gouvernement et le monde judiciaire qui s'est nourrie, des semaines durant, de nombreux sujets: le soutien du gouvernement à Alain Juppé, les pressions présumées contre les juges, les verdicts différents des tribunaux de Nanterre et Versailles… Un débat salutaire sur l'indépendance des juges a ainsi fait la une des médias. Mais il est resté peu accessible au grand public par manque d'explications.

Grand angle

Justice et pouvoir politique : une relation particulière

Les juges ont un statut particulier qui les met en principe à l'abri des pressions. Le président de la République, les ministres et les parlementaires sont, à des degrés différents, protégés des poursuites. Cependant, le monde de la justice et celui de la politique sont étroitement liés.

Charles Pasqua est mis en cause dans plusieurs affaires de corruption. Mais, élu sénateur en 1977, puis réélu en 1988, 1995 et 2004, il bénéficie de l'immunité parlementaire. Comme tous les députés et sénateurs, il ne peut être poursuivi pour des actes commis dans le cadre de ses fonctions parlementaires.

Des principes démocratiques

La Ve République fonctionne sur le principe de la séparation des pouvoirs. Le pouvoir législatif (le Parlement) vote les lois. Le pouvoir exécutif (le président de la République et le gouvernement) les fait appliquer. Le pouvoir judiciaire (les tribunaux) veille au respect de la loi et des droits des citoyens. L'indépendance de la justice est garantie par différentes règles et institutions. Les juges, ou magistrats, sont nommés par le ministre de la Justice, ou par le président de la République pour les fonctions les plus importantes. Cependant, une fois en poste, certains d'entre eux, les magistrats du siège, ne peuvent être déplacés contre leur gré. Ce statut protecteur les aide à rester neutres et à rendre la justice sans contraintes.

Magistrats assis ou debout

Il existe deux types de juges en France : les magistrats du siège et ceux du parquet. Le rôle des magistrats du siège est de dire le droit et d'appliquer la loi. On les appelle ainsi car ils exercent assis (sur leur siège). Ce sont les juges d'instruction, les juges des enfants, les juges de l'application des peines, les juges d'instance, etc. Ils sont indépendants du pouvoir politique. Le rôle des magistrats du parquet est de demander l'application de la loi au nom de la société. On les appelle ainsi car ils exercent debout (sur le parquet). Ce sont les procureurs et les avocats généraux. Ils interviennent dans les procès aux assises, du côté de l'accusation, ainsi que dans les cours d'appel et à la Cour de cassation. Ils constituent le ministère public et sont placés sous l'autorité du ministre de la Justice.

Pour une justice indépendante

L'indépendance de la justice est garantie par deux institutions. Le Conseil supérieur de la magistrature (CSM) émet des avis sur la nomination, la carrière, le comportement des juges et veille à leur indépendance. Présidé par le président de la République, garant de l'indépendance de la justice selon la Constitution, le CSM est composé de magistrats élus et de personnes extérieures au monde judiciaire. Le Conseil constitutionnel, quant à lui, vérifie que les lois votées respectent les principes démocratiques inscrits dans la Constitution. À plusieurs reprises, ce Conseil a renforcé la séparation des pouvoirs. En 1980 par exemple, il a affirmé que ni le gouvernement ni le pouvoir législatif n'ont le droit de s'élever contre les décisions des tribunaux. Le Conseil constitutionnel compte neuf membres choisis, pour un tiers chacun, par le président de la République, le président du Sénat et le président de l'Assemblée nationale.

Tribunaux réservés

Durant son mandat, le président de la République ne peut être entendu ni poursuivi par la justice, sauf pour des actes de haute trahison, contraires au bien de la nation. Dans ce cas, le Président peut être jugé devant la Haute Cour de justice, si la majorité des députés et sénateurs ont voté sa mise en accusation. Les ministres sont aussi protégés : s'ils commettent une faute liée à leur travail de ministre, ils sont jugés par la Cour de justice de la République. Cela a été le cas lors de l'affaire du sang contaminé dans les années 1990. Par contre, s'ils sont impliqués dans des affaires qui ne sont pas liées à leurs fonctions ministérielles, les ministres sont jugés, malgré leur statut, comme tous les autres citoyens. Cependant, la distinction entre ces deux types de fautes n'est pas toujours facile à établir.

En 2002-2003, le Conseil supérieur de la magistrature a été saisi **9 fois** en matière disciplinaire.

Il y avait en 2004, **7 276** magistrats en juridiction, dont 75,6 % magistrats au siège et 24,4 % au parquet.

« *Un État est une nation lorsque celle-ci est capable de vérité et de justice* »
Émile Zola (1840-1902)

Synthèse

La justice en France

Imaginons...
Un délit (vol, agression, corruption...) ou un crime (meurtre, viol...) a été commis.

Une plainte est déposée au poste de police, à la gendarmerie ou auprès du procureur de la République.

1 L'enquête policière

Un officier de police judiciaire (gendarme ou policier) ouvre l'enquête.

Des témoins sont recherchés et interrogés. Des perquisitions (fouilles) sont effectuées pour trouver des indices.

Des personnes suspectées sont arrêtées et placées en garde à vue au commissariat ou à la gendarmerie pour être interrogées.

2 La procédure judiciaire

L'auteur du délit est identifié. Le procureur de la République déclenche l'action en justice. Si l'auteur du délit a été pris en flagrant délit (en train de commettre le vol ou l'agression), il peut faire l'objet d'une mesure de comparution immédiate : son procès a lieu très vite.

Le procureur de la République peut proposer une médiation c'est-à-dire des mesures pour éviter le procès (arrangement avec les victimes, amende, orientation vers un hôpital...). Il classe l'affaire.

Si le délit est complexe ou lorsqu'il s'agit d'un crime, le procureur demande une enquête complémentaire. Il ordonne l'ouverture d'une instruction.

Après quelques années, le détenu peut bénéficier d'une libération conditionnelle : il sort de prison avant la fin de sa peine.

L'accusé est acquitté.

L'accusé est condamné à une peine de prison ferme. Après avoir épuisé tous les recours possibles (appel et cassation), il doit se plier au jugement rendu.

L'accusé est condamné à une autre peine que la prison ferme (amendes, travaux d'intérêt général).

4 Le procès
Le procès a lieu devant le tribunal correctionnel pour les délits ou devant une cour d'assises pour les crimes.

3 L'instruction
Le juge d'instruction reprend et complète la première enquête avec l'aide de la police judiciaire. Il cherche à déterminer la vérité. Il peut mettre un suspect en examen pour orienter son enquête sur lui. S'il souhaite le placer en détention provisoire, il doit faire appel au juge des libertés et de la détention qui peut ordonner ou refuser l'emprisonnement du suspect.

Si le juge d'instruction rend une ordonnance de mise en accusation contre le suspect, celui-ci devient un accusé, il a droit à un procès.

Si le juge d'instruction rend une ordonnance de non-lieu, le suspect est innocenté : il est libre.

L'enquête est terminée. Le juge d'instruction rend une ordonnance.

Textes et documents

Extraits de lois, de discours, d'études..., ces documents de référence, rassemblés par la Documentation française, émanent des principaux acteurs de la société et du monde : organismes internationaux, Union européenne, gouvernements, partis politiques, associations, dirigeants politiques, syndicalistes ou même terroristes. Ces documents apportent un éclairage complémentaire aux thèmes d'actualité abordés au cours de cet ouvrage et permettent d'aller plus loin dans la compréhension de l'actualité et du monde.

Le terrorisme ▸▸ p. 104

L'ONU et le 11 septembre 2001

Résolution 1368 adoptée par le Conseil de sécurité de l'ONU, le 12 septembre 2001.

« Le Conseil de sécurité,

Réaffirmant les buts et principes de la Charte des Nations unies,

Résolu à combattre par tous les moyens les menaces à la paix et à la sécurité internationales causées par les actes terroristes,

Reconnaissant le droit inhérent à la légitime défense [...] conformément à la Charte,

1. *Condamne catégoriquement* dans les termes les plus forts les épouvantables attaques terroristes qui ont eu lieu le 11 septembre 2001 à New York, Washington (DC) et en Pennsylvanie et *considère* de tels actes, comme tout acte de terrorisme international, comme une menace à la paix et à la sécurité internationales ;

2. *Exprime* ses plus profondes sympathies et condoléances aux victimes et à leur famille ainsi qu'au peuple et au gouvernement des États-Unis d'Amérique ;

3. *Appelle* tous les États à travailler [...] pour traduire en justice les auteurs, organisateurs et commanditaires de ces attaques terroristes et *souligne* que ceux qui portent la responsabilité d'aider, soutenir et héberger les auteurs, organisateurs et commanditaires de ces actes devront rendre des comptes ;

4. *Appelle également* la communauté internationale à redoubler d'efforts pour prévenir et éliminer les actes terroristes, y compris par une coopération accrue et une pleine application des conventions antiterroristes internationales et des résolutions du Conseil de sécurité [...].

5. *Se déclare* prêt à prendre toutes les mesures nécessaires pour répondre aux attaques terroristes du 11 septembre 2001 et pour combattre le terrorisme sous toutes ses formes, conformément à ses responsabilités en vertu de la Charte des Nations unies. »

www.un.org

Le point de vue de Oussama Ben Laden

Déclaration du chef d'Al-qaida, responsable des attentats du 11 septembre 2001, diffusée le 29 octobre 2004 par Al-Jazira, la chaîne de télévision du Qatar.

« Les événements qui m'ont profondément affecté remontent à 1982, lorsque les États-Unis ont autorisé Israël à envahir le Liban [...]. Les bombardements commencèrent [...]. Je revois encore ces scènes effroyables : partout du sang, des lambeaux de chair, des cadavres de femmes et d'enfants. [...] Les roquettes pleuvaient sans merci sur nos demeures. C'était comme si un crocodile engloutissait un enfant sans défense à qui il ne reste plus qu'à hurler sa douleur. [...] Des émotions difficiles à décrire m'agitèrent. Et firent naître en moi un rejet irrépressible de la tyrannie et la ferme résolution de punir l'oppresseur. En regardant les tours détruites au Liban, il me vint l'idée de réserver le même sort au tyran afin qu'il goûte une partie de ce que nous avions enduré [...]. Ce jour-là, je compris clairement que l'injustice et l'assassinat de femmes et d'enfants innocents sont une politique américaine délibérée. Que le terrorisme, c'est la "démocratie", tandis que la résistance passe pour du terrorisme et de l'intolérance. »

George W. Bush et l'intervention américaine en Irak

Discours de George W. Bush à la nation américaine, Washington, 17 mars 2003.

« Les renseignements que notre gouvernement et d'autres ont recueilli ne laissent aucun doute sur le fait que le régime irakien continue de posséder et de dissimuler certaines des armes les plus mortelles qui aient jamais été mises au point. Ce régime a déjà utilisé des armes de destruction massive contre les voisins de l'Irak et contre le peuple d'Irak. [...] Il nourrit une profonde haine pour l'Amérique et ses amis. Il a aussi aidé, formé et abrité des terroristes, y compris des agents d'Al-Qaida.

Le danger est évident : en utilisant des armes chimiques, biologiques ou, un jour, des armes nucléaires obtenues grâce à l'Irak, les terroristes pourraient réaliser leurs ambitions déclarées et tuer des centaines de milliers de gens innocents dans notre pays, ou dans n'importe quel autre. Les États-Unis et les autres nations n'ont rien fait pour mériter ou provoquer cette menace. Mais nous ferons tout pour la vaincre. Au lieu de dériver lentement vers la tragédie, nous fixerons un cap conduisant à la sécurité. »

***Documents d'actualité internationale*, n° 9, 1er mai 2003.**

Note

- *Les experts n'ont pu prouver que l'Irak fabriquait des armes de destruction massive à la veille de l'intervention américaine.*

Les prisonniers de Guantanamo

Communiqué de l'ONG américaine *Human Rights Watch*, New York, 27 avril 2005.

« Il est de plus en plus évident que les détenus [...] ont été soumis à des tortures et autres traitements inhumains ou dégradants. Des récits d'agents du FBI [...] se sont fait jour récemment, s'ajoutant aux déclarations d'ex-prisonniers décrivant le recours à des positions pénibles, à des chiens militaires pour menacer les détenus, à des menaces de torture et de mort [...]. Des ex-détenus ont dit avoir été placés en isolement cellulaire pendant des semaines, voire des mois [...]. Dans leurs cellules, il régnait parfois une chaleur suffocante ou un froid glacial provoqué par l'air conditionné. Des vidéos de brigades anti-émeute filmées en train de maîtriser des suspects auraient montré les gardiens donnant des coups de poing à certains détenus, en attachant un à une civière pour l'interroger et forçant une dizaine d'autres à se déshabiller de la taille jusqu'aux pieds. »

www.hrw.org

Note

- *À la suite de l'intervention américaine en Afghanistan (2001), des Talibans et combattants islamistes ont été emprisonnés dans la base américaine de Guantanamo Bay (Cuba).*

Le pétrole »p. 124

La consommation de pétrole en France

« Le pétrole représente 33,8 % de l'***énergie primaire*** consommée en France. Le secteur des transports recouvre à lui seul plus de la moitié de la demande de pétrole. Si l'on ajoute la consommation de pétrole comme matière première, les usages « captifs » du pétrole pour ces deux secteurs atteignent plus de 72 % de la consommation totale de pétrole. La quasi-totalité (90,4 %) du ***pétrole brut*** consommé en France est importée de mer du Nord (30,6 %), du Moyen-Orient (24,2 %) et d'Afrique (21,7 %). La production nationale (1,4 millions de tonnes) est concentrée dans les bassins parisien (54 %) et aquitain (45 %). Il existe treize ***raffineries*** en métropole dont la production a permis de couvrir 91 % des besoins en produits pétroliers en 2003. »

Ministère de l'Économie, des Finances et de l'Industrie, *Bilan énergétique de la France*, 2004.

Notes

- *Une **source d'énergie primaire** est une forme d'énergie disponible dans la nature avant toute transformation. Elle n'est pas toujours utilisable directement et doit, le plus souvent, être transformée en une source d'énergie secondaire pour être stockée, transportée et utilisée.*
- *Le **pétrole brut** est le pétrole non raffiné.*
- *Une **raffinerie** est une usine où s'effectuent les différentes opérations de transformation du pétrole brut en produits commerciaux (essences, gazole, lubrifiants, plastiques...).*

L'OPEP dans la compétition internationale

« La compétition internationale est aujourd'hui rude entre les pays producteurs et l'OPEP semble de plus en plus réticente à assumer seule une régulation de l'offre qui se ferait au détriment de ses parts de marché. La part de l'OPEP dans la production mondiale, qui était de plus de 50 % en 1973, est tombée à moins de 30 % en 1985 avant de remonter aujourd'hui à environ 40 %.

Cette réticence se comprend d'autant mieux que les États de l'OPEP ne sont jamais parvenus à développer des économies diversifiées et se trouvent dans une situation de grande dépendance envers les revenus pétroliers. En Arabie saoudite, au Koweït, en Iran, en Irak, au Qatar, en Libye, au Nigeria, au Venezuela, dans les Émirats arabes unis ou en Algérie, le pétrole et le gaz contribuent pour plus de la moitié du produit intérieur brut. [...] Significativement, les accords de réduction de la production sont dorénavant régulièrement élargis au-delà de l'OPEP pour inclure les grands producteurs non membres [de l'OPEP] comme la Russie, le Mexique, le Kazakhstan, l'Angola, Oman, la Norvège, etc. Sans la coopération de ces pays, l'OPEP n'a probablement plus un contrôle suffisant sur l'offre pour convaincre les marchés financiers de sa crédibilité. »

Ph. Copinschi, « Que reste-t-il du pouvoir de l'OPEP aujourd'hui ? », *Questions internationales*, n° 2, juillet-août 2003, La Documentation française.

Une ressource essentielle pour l'Occident

Discours de Tony Blair à la *George Bush Senior Presidential Library*, 7 avril 2002.

« Le carburant est vital à notre économie. Le prix du pétrole peut faire la différence entre récession et reprise. Le monde occidental est dépendant des importations. Notre politique est fondée sur la diversité des approvisionnements. Vous, aux États-Unis, vous importez de cinquante pays différents, dont aucun ne fournit plus de 15 % du total des importations. L'Union européenne mène à peu de choses près la même politique.

Donc, savoir qui développe sa production de pétrole et de gaz, quelles sont les nouvelles sources d'approvisionnement potentielles sont des questions stratégiques fondamentales.

Nous avons les meilleures compagnies d'énergie au monde. Cependant, je crois qu'il nous manque une stratégie collective propre à garantir la collaboration du monde politique et du monde de l'entreprise à notre politique énergétique ou à garantir que la diversité des approvisionnements se poursuive.
C'est vers le Moyen-Orient, naturellement, que nous portons notre attention. »

La hausse du prix du pétrole incontrôlable ?

L'OCDE (Organisation de coopération et de développement économique) est une organisation internationale de pays développés qui ont en commun un système de gouvernement démocratique et une économie de marché. Elle compte actuellement trente pays membres. Son siège est à Paris.

« Trois facteurs sont avancés pour expliquer la flambée des cours observée notamment depuis 2004.
1. D'abord, une forte demande mondiale émanant notamment de la Chine, désormais second importateur mondial derrière les États-Unis.
2. Ensuite, les tensions géopolitiques (Venezuela, Nigeria, situation au Moyen-Orient, faiblesse des stocks pétroliers et insuffisance d'investissements dans les capacités de raffinage aux États-Unis).
3. Enfin, une vague de froid en Europe et aux États-Unis, début 2005, qui aurait poussé à des achats massifs de nature spéculative.
La spirale de la hausse se poursuit en dépit du maintien de l'offre globale de pétrole brut qui sert à couvrir les besoins de consommation. Ainsi, selon l'Agence internationale de l'énergie (AIE), les stocks de brut dans la zone OCDE ont continué à progresser et représentent, en 2005, près de 80 jours de couverture des besoins. »

www.vie-publique.fr

Les pollueurs de plus en plus sanctionnés

« Sur ces cinq dernières années, le nombre de déversements ***illicites*** constatés [...] est passé de 282 en 2000 à 396 en 2004, dont la plupart sont identifiés comme étant des ***hydrocarbures***.
L'identification du pollueur potentiel s'améliore même si les cas restent encore peu nombreux (15 % en 2004 contre 7 % en 2003) et aboutit à un procès verbal dans environ 11 % des cas où les hydrocarbures ont été identifiés.
Lorsque les procès verbaux sont transmis, le taux de condamnation évolue dans le temps pour se situer au-delà de 50 %, deux ans après les faits. On comptait neuf condamnations totalisant 457 000 euros sur la période 1996-2001. Les dix-sept condamnations sur la période 2002 à 2003 totalisaient 1 283 000 euros d'amendes. Enfin, en 2005, les quatorze condamnations sur 2004 ont abouti à un montant de 3 000 500 euros d'amendes, alors que dix-huit affaires restent en instance de jugements ou en délibéré. »

Centre de documentation, de recherche et d'expérimentations sur les pollutions accidentelles des eaux, 6 avril 2005.
www.le-cedre.fr

Notes
- *Ce qui est* ***illicite*** *est interdit par la loi.*
- *Les* ***hydrocarbures*** *sont des corps composés exclusivement de carbone et d'hydrogène. Le pétrole et le gaz naturel en font partie.*

Le réchauffement du climat ▸▸ p. 144

La France s'engage après le protocole de Kyoto

Rapport de la Mission interministérielle de l'effet de serre en 2005.

Cette mission a été créée en 1992. Aujourd'hui, elle dépend du ministère de l'Écologie et du Développement durable. Ses analyses et rapports définissent, entre autres, la position de la France sur la scène internationale et les mesures permettant d'atteindre les objectifs de Kyoto.

« Afin d'honorer les objectifs du Protocole de Kyoto, les Parties de l'annexe 1 [*c'est-à-dire les signataires du protocole*] sont priées de mettre en œuvre des politiques et mesures nationales qui ont un effet d'atténuation du changement climatique. Le Protocole ne spécifie pas quelles formes elles doivent prendre, mais laisse aux gouvernements le choix de ces politiques. Les mesures qui peuvent atteindre les effets espérés incluent :

- la performance de l'efficacité énergétique ;
- la promotion des énergies renouvelables ;
- l'encouragement de l'agriculture durable ;
- la récupération des émissions de méthane par une gestion des déchets appropriée ;
- l'encouragement des réformes dans les secteurs pertinents afin de réduire les émissions ;
- la suppression des subventions contraires à l'objectif de la Convention et autres imperfections de marché ;
- la protection et l'intensification des puits ;
- la réduction des émissions du secteur des transports.

Le Protocole ouvre la voix à une coopération intergouvernementale afin d'améliorer l'efficacité des politiques climatiques. »

www.effet-de-serre.gouv.fr/

La France se réchauffe

« Si les premiers relevés météorologiques au monde ont été effectués en Chine en 1300 av. J.-C., les premières mesures météorologiques ne remontent guère avant le Siècle des Lumières. Ainsi, les précipitations mensuelles à Paris-Montsouris sont relevées depuis 1688. Toutefois, il faut attendre le milieu du XIXe siècle pour que la France se dote d'un véritable réseau de mesures [...]. Les données sont alors centralisées depuis la création du Bureau central météorologique en 1878.

Pour déceler une évolution climatique, une série de données suffisamment longue est nécessaire : en général, de plus de 50 ans, le siècle étant une période de référence. En ce début de XXIe siècle, on dispose à présent de suffisamment de données pour établir une tendance climatique du XXe siècle. [...]

La tendance des températures moyennes annuelles globales est établie à 0,6 ± 0,2 °C/siècle [...]. Si on examine le réchauffement sur la France, des particularités régionales apparaissent : un réchauffement plus marqué des minimales sur l'ouest du territoire ; un réchauffement plus marqué des maximales au sud qu'au nord. [...] C'est sur le sud-ouest du territoire que le réchauffement est plus marqué. Enfin, si on examine l'amplitude diurne (la différence entre les maximales et les minimales), on constate que le contraste thermique est devenu moins marqué. [...]

On estime généralement à 10 % la part du réchauffement urbain dans le réchauffement global. »

www.meteofrance.com

L'Arctique continue à fondre

Le *WWF*, une organisation mondiale de protection de la nature, a mis en garde les pays de l'Arctique face à l'importance de leurs émissions de dioxyde de carbone.

« Les ***huit pays riverains de l'Arctique*** émettent à eux seuls plus de 30 % des émissions globales de dioxyde de carbone.

Les principales conclusions du rapport sont :

• Les changements du climat de l'Arctique résultant des activités humaines comptent parmi les plus importants au niveau mondial [...].
• L'ours polaire pourrait disparaître d'ici la fin de ce siècle [...].
• Certaines pêcheries arctiques sont condamnées à disparaître.
Au fur et à mesure que le climat se réchauffera, de nouvelles pathologies affecteront probablement les animaux, mais aussi les hommes, vivant dans l'Arctique.
• Les glaciers, la banquise et la toundra se mettront à fondre, contribuant ainsi à l'élévation globale du niveau des océans. Le niveau des océans pourrait s'élever de près d'un mètre d'ici la fin du siècle : l'élévation du climat de l'Arctique pourrait y contribuer jusqu'à 15 %. À l'heure actuelle, 17 millions de personnes vivent à moins d'un mètre au-dessus du niveau de la mer au Bangladesh ; des régions comme la Floride et la Louisiane aux États-Unis, de même que des villes comme Bangkok, Calcutta, Dhaka et Manille seraient mises en danger suite à l'élévation du niveau des océans. »
www.wwf.be

Notes
*• **WWF** signifie World Wild Fund for Nature, c'est-à-dire Fonds mondial pour la nature.*
*• Les **huit pays riverains de l'Arctique** sont : l'Islande, la Norvège, le Danemark (Groenland), la Russie, la Suède, la Finlande, le Canada, les États-Unis (Alaska).*

Inondations, typhons et ouragans de plus en plus violents

Établie à Genève, l'Organisation météorologique mondiale dépend des Nations unies. Elle coordonne les actions mondiales en matière de prévision du temps, de recherche sur la pollution de l'air, d'études sur les changements climatiques ou sur la prévision des tempêtes.
« En 2001, quinze ouragans et tempêtes tropicales, soit cinq de plus que la moyenne, se sont déchaînés dans le bassin de l'Atlantique Nord. Neuf tempêtes ont atteint la force d'un ouragan dont quatre d'une grande violence [...]. La recrudescence de l'activité cyclonique qui s'est amorcée en 1995 s'est donc poursuivie en 2001. En juin, la tempête tropicale Allison a déversé plus de 750 mm de pluie en plusieurs endroits du sud-est du Texas. Comme elle s'est déplacée lentement et qu'elle a traversé l'est et le sud des États-Unis d'Amérique, elle a provoqué les plus vastes inondations qui aient jamais été associées à une tempête tropicale. Quant à l'ouragan Michelle [...], il a engendré de fortes pluies qui ont provoqué des inondations et entraîné la mort de dix personnes au Nicaragua et au Honduras. Puisant sa force dans les Caraïbes, Michelle a mis à mal la récolte de café de la Jamaïque avant de s'abattre sur Cuba au début du mois de novembre. C'est l'ouragan le plus violent qui ait atteint Cuba depuis 1952. [...] Au début de 2001, de fortes pluies se sont abattues sur le Mozambique et la Zambie, détruisant les cultures et faisant 200 victimes et des centaines de sans-abri. Au début du mois de février, à Java, dans l'ouest de l'Indonésie, des pluies torrentielles ont provoqué des inondations et des glissements de terrain qui [...] auraient détruit plus de 20 000 foyers et des milliers d'hectares de rizières. [...] En Sibérie, après un hiver rigoureux, la pluie et la rapide fonte des neiges ont entraîné au printemps de vastes inondations s'étendant de la chaîne de l'Oural à l'Extrême-Orient russe. En mai, des températures supérieures de 2 à 5 °C à la normale ont accéléré la fonte des neiges et de nombreux cours d'eau encore pris par les glaces sont sortis de leur lit, faisant plus de 300 000 sinistrés et sans-abri [...]. »
Rapport de l'OMM sur l'état du climat, 2001.
www.wmo.ch

Le commerce international

p. 164

La Chine, la France et l'Union européenne

Déclaration de J.-P. Raffarin, alors Premier ministre, sur le développement des échanges commerciaux entre la France et la Chine, et entre l'Union européenne et la Chine, Shanghai, 23 avril 2005.

« L'intérêt du développement de la Chine est évident pour l'ensemble du monde, et notamment pour l'Union européenne.

L'Union européenne et la Chine constituent en effet deux pôles majeurs de l'économie mondiale et elles ont, toutes les deux, intérêt à des échanges loyaux et équilibrés.

La Chine est appelée à jouer un rôle croissant dans le monde. Elle participera de plus en plus au dialogue international. J'ai pu noter le sens des responsabilités des responsables chinois, mesurant les conséquences de la croissance chinoise sur l'ensemble du monde. J'ai pu noter combien ils étaient attentifs à l'impact de ce développement, sur leurs clients comme sur leurs fournisseurs [...].

L'émergence de la Chine suscite des inquiétudes de la part des opinions publiques et de quelques milieux économiques. Je crois qu'il faut parler de ces sujets avec sérénité. Naturellement, nous entendons que l'Union européenne défende avec fermeté les intérêts européens sur ces questions, mais nous entendons aussi que soient respectés, du côté européen comme du côté des autres partenaires, les règlements de l'OMC et que tout se fasse dans le respect des règles mais aussi qu'on puisse tenir compte de l'ouverture du marché chinois, ouverture particulièrement significative pour un grand nombre de productions. »

L'OMC définit ses objectifs à Doha

La conférence ministérielle de l'OMC (Organisation mondiale du commerce) qui s'est tenue à Doha (capitale du Qatar) en novembre 2001 a ouvert un nouveau cycle de négociations, qui devraient se poursuivre jusqu'en 2006. L'objectif est d'organiser la libéralisation des échanges tout en favorisant le développement des pays les plus pauvres.

« **1.** Le système commercial multilatéral qu'incarne l'Organisation mondiale du commerce a largement contribué à la croissance économique, au développement et à l'emploi tout au long des cinquante dernières années. Nous sommes résolus, compte tenu du ralentissement économique mondial, à poursuivre le processus de réforme et de libéralisation des politiques commerciales, faisant ainsi en sorte que le système joue pleinement son rôle pour ce qui est de favoriser la reprise, la croissance et le développement [...].

2. Le commerce international peut jouer un rôle majeur dans la promotion du développement économique et la réduction de la pauvreté. Nous reconnaissons la nécessité pour toutes nos populations de tirer parti des possibilités accrues et des gains de bien-être que le système commercial multilatéral génère. La majorité des Membres de l'OMC sont des pays en développement. Nous visons à mettre leurs besoins et leurs intérêts au centre du Programme de travail adopté dans la présente déclaration.

3. Nous reconnaissons la vulnérabilité des pays les moins avancés et les difficultés structurelles spéciales qu'ils rencontrent dans l'économie mondiale. Nous sommes déterminés à remédier à la marginalisation des pays les moins avancés dans le commerce international et à améliorer leur participation effective au système commercial multilatéral. »

Déclaration finale de la conférence ministérielle de l'OMC adoptée à Doha le 14 novembre 2001.
www.wto.org

Le mouvement ATTAC dénonce la mondialisation libérale

ATTAC a été fondée en 1998. Le mouvement dénonce la libéralisation des échanges et réclame une taxation des transactions financières mondiales pour financer le développement et l'aide aux pays les plus pauvres.

« La liberté totale de circulation des capitaux, les paradis fiscaux et l'explosion du volume des transactions spéculatives [poussent] les États à une course éperdue en faveur des gros investisseurs. Plus de 100 milliards de dollars vont et viennent chaque jour sur les marchés des changes à la recherche d'un profit spontané, sans rapport avec l'état de la production et du commerce des biens et des services. Une telle évolution a pour conséquence l'accroissement permanent des revenus du capital au détriment de ceux du travail, la généralisation de la précarité et l'extension de la pauvreté. Les conséquences sociales de ces évolutions sont encore plus grandes dans les pays dépendants, touchés de plein fouet par la crise financière et soumis aux plans d'ajustement du FMI. Le paiement des dettes publiques oblige les gouvernements à abaisser les budgets des services sociaux et condamne les sociétés au sous-développement. [...] La plupart des engrenages de cette marche inégalitaire, entre le Nord et le Sud comme au cœur des pays développés eux-mêmes, peuvent être enrayés. [...] Les institutions financières internationales et les grands médias [...] ont fait silence sur la proposition de l'économiste américain James Tobin, prix Nobel d'économie, de taxer les transactions spéculatives sur les marchés des devises [...]. Collectée pour l'essentiel dans les pays industrialisés, cette somme pourrait être utilisée pour des actions contre les inégalités, pour la promotion de l'éducation et de la santé publique dans les pays pauvres, pour la sécurité alimentaire et le développement durable. »

Plate-forme du mouvement ATTAC adoptée par la réunion internationale des 11 et 12 décembre 1998.
www.attac.org

Les conséquences des délocalisations

Lors du Forum social européen de Londres en octobre 2004, des syndicalistes ont dénoncé les effets des délocalisations des centres d'appels téléphoniques vers les pays du Sud. Les Forums sociaux sont devenus les plates-formes européennes ou mondiales des altermondialistes qui dénoncent la libéralisation des échanges et militent pour une mondialisation plus juste et plus équitable.

« Les conséquences [des délocalisations dans les pays industrialisés] sont majoritairement négatives : suppression d'emplois, chantage accru sur les salaires, les conditions de travail. Cela accentue les restructurations des entreprises et les suppressions d'emplois.

Le seul point positif des délocalisations pour les salariés du Nord est la possibilité de supprimer les horaires de nuit en utilisant les décalages horaires.

Les conséquences [des délocalisations dans les pays dominés] : dans les centres d'appels, les délocalisations peuvent être considérées comme une aubaine pour les salariés du Sud, car souvent les salaires sont plus élevés que le salaire moyen et fait appel à une main-d'œuvre qualifiée sous ou peu employée. Une vraie ***schizophrénie*** culturelle est néanmoins à l'œuvre : les salariés doivent changer de prénom (il n'est pas de bon goût de s'appeler Hakim ou Djamila), avoir un vrai accent français. Les conditions de travail sont aussi mauvaises qu'en France : stress, flexibilité... mais sans les droits sociaux. Les délocalisations accroissent également la dépendance des pays d'accueil envers le pays vers lequel sont réexportés les services et les produits. »

Intervention de S. Demarcq, fédération syndicale des PTT-Sud, Forum social européen, Londres, octobre 2004.

Note

- *La **schizophrénie** est une maladie mentale qui provoque une perte de contact avec la réalité.*

L'Union européenne ▸▸ p. 184

Aux origines de la construction européenne

Le discours que Robert Schuman, ministre des Affaires étrangères français, prononce le 9 mai 1950, donne le coup d'envoi à la construction européenne.

« La paix mondiale ne saurait être sauvegardée sans des efforts créateurs à la mesure des dangers qui la menacent. La contribution qu'une Europe organisée et vivante peut apporter à la civilisation est indispensable au maintien des relations pacifiques. [...] L'Europe n'a pas été faite, nous avons eu la guerre.

L'Europe ne se fera pas d'un coup, ni dans une construction d'ensemble : elle se fera par des réalisations concrètes créant d'abord une solidarité de fait. Le rassemblement des nations européennes exige que l'opposition séculaire de la France et de l'Allemagne soit éliminée.

[...] Dans ce but, le gouvernement français propose immédiatement l'action sur un point limité mais décisif. Le gouvernement français propose de placer l'ensemble de la production franco-allemande de charbon et d'acier sous une Haute Autorité commune, dans une organisation ouverte à la participation des autres pays d'Europe.

La mise en commun des productions de charbon et d'acier assurera immédiatement l'établissement de bases communes de développement économique, première étape de la Fédération européenne, et changera le destin de ces régions longtemps vouées à la fabrication des armes de guerre dont elles ont été les plus constantes victimes.

La solidarité de production qui sera ainsi nouée manifestera que toute guerre entre la France et l'Allemagne devient non seulement impensable, mais matériellement impossible. »

www.europa.eu.int/index-fr.htm

L'Union européenne : des valeurs partagées

Le Traité établissant une Constitution pour l'Europe réaffirmait dans sa première partie les principes fondamentaux dans lesquels se reconnaissent les États membres.

« **Article I-2** Les valeurs de l'Union

L'Union est fondée sur les valeurs de respect de la dignité humaine, de liberté, de démocratie, d'égalité, de l'État de droit, ainsi que de respect des droits de l'homme, y compris des droits des personnes appartenant à des minorités. Ces valeurs sont communes aux États membres dans une société caractérisée par le pluralisme, la non-discrimination, la tolérance, la justice, la solidarité et l'égalité entre les femmes et les hommes.

Article I-3 Les objectifs de l'Union

3. L'Union œuvre pour le développement durable de l'Europe fondé sur une croissance économique équilibrée et sur la stabilité des prix, une économie sociale de marché hautement compétitive, qui tend au plein emploi et au progrès social, et un niveau élevé de protection et d'amélioration de la qualité de l'environnement. Elle promeut le progrès scientifique et technique. [...]

Article I-4 Libertés fondamentales et non-discrimination

1. La libre circulation des personnes, des services, des marchandises et des capitaux, ainsi que la liberté d'établissement, sont garanties par l'Union et à l'intérieur de celle-ci, conformément à la Constitution. [...] »

www.constitution-europeenne.fr

L'Union européenne lutte contre la pollution des eaux

Directive 2000/60/CE du Parlement européen et du Conseil européen du 23 octobre 2000, établissant un cadre pour une politique communautaire dans le domaine de l'eau.

« Article premier (extrait)

La présente directive a pour objet d'établir un

cadre pour la protection des eaux intérieures de surface, des eaux de transition, des eaux côtières et des eaux souterraines, qui :

a) prévienne toute dégradation supplémentaire, préserve et améliore l'état des écosystèmes aquatiques ainsi que, en ce qui concerne leurs besoins en eau, des écosystèmes terrestres et des zones humides qui en dépendent directement ;

b) promeuve une utilisation durable de l'eau, fondée sur la protection à long terme des ressources en eau disponibles ;

c) vise à renforcer la protection de l'environnement aquatique ainsi qu'à l'améliorer, notamment par des mesures spécifiques conçues pour réduire progressivement les rejets, émissions et pertes de substances prioritaires, et l'arrêt ou la suppression progressive des rejets, émissions et pertes de substances dangereuses prioritaires ;

d) assure la réduction progressive de la pollution des eaux souterraines et prévienne l'aggravation de leur pollution ;

e) contribue à atténuer les effets des inondations et des sécheresses [...]. »

www.europa.eu.int/index-fr.htm

Plus de pouvoir pour l'Europe

Le député européen Alain Lipietz appartient au parti écologiste des Verts. Il s'est prononcé en faveur du oui lors du référendum sur la Constitution européenne.

« [...] Aujourd'hui, face à la globalisation des marchés, la politique nationale est impuissante. Il nous faut un espace politique à la dimension même de l'espace économique, un espace politique démocratique pour contrer le pouvoir du marché et des multinationales.

Aujourd'hui, cet espace a la dimension des continents, d'où le succès de ces vastes espaces politiques intégrés que sont les États-Unis, la Chine et l'Inde.

[...] La transition vers cet espace politique implique deux étapes, la seconde étant plus difficile que la première. Jusqu'ici, nous avons accepté de construire une Europe [...] où chaque nation se réservait de pouvoir faire jouer des clauses de sauvegarde à son profit. Le traité de Nice est venu couronner cette Europe politique frileuse : l'Europe des nations. [...] Pour aller plus loin, il faut franchir une nouvelle étape, celle où la représentation directe des citoyens (le Parlement européen) acquiert le pouvoir d'imposer sur l'ensemble du continent l'égalité fiscale, la protection des travailleurs, des consommateurs et de l'environnement.

Le traité établissant une Constitution européenne (TCE) représente un pas limité mais décisif dans la transition de l'Europe des nations à la véritable Union européenne, fondée sur une communauté de citoyens [...]. »

Alain Lipietz, *Libération*, 18 avril 2005.

Non à une Europe libérale

Marie-George Buffet est secrétaire générale du Parti communiste français (PCF). Lors de la campagne du référendum sur la Constitution européenne, le PCF a appelé à voter non. Il dénonce les orientations d'une Europe jugée trop libérale.

« Il faut travailler, au plan européen et au plan mondial, à une coopération permettant un co-développement de la planète, permettant qu'il n'y ait pas d'un côté des pays plus pauvres et de l'autre coté des pays riches, d'un côté des pays où l'on exploite de plus en plus les salariés et de l'autre côté des licenciements parce que l'on délocalise [...].

Il est triste de constater que l'Europe, au lieu de se donner justement pour but ce co-développement, se donne pour but d'imposer partout la loi du marché et la libre concurrence. Or, on veut maintenant passer une nouvelle étape, puisque l'on veut nous faire adopter une Constitution qui va inscrire dans le marbre l'idée que c'est la libre concurrence qui domine la construction européenne. »

Marie-George Buffet, *France Inter*, 7 septembre 2004.

La démocratie en France ▸▸ p. 204

Les premières élections au suffrage universel masculin vues par Lamartine

Suite à la révolution de février 1848, le suffrage universel masculin est proclamé en France, ardemment soutenu par le poète, écrivain et homme politique Lamartine. Pour la première fois, tous les hommes de plus de 21 ans ont pu voter sans distinction de richesse. Toutefois, les femmes restent exclues du suffrage.

« Au lever du soleil, les populations recueillies et émues de patriotisme se formèrent en colonnes à la sortie des temples, sous la conduite des maires, des curés, des instituteurs, des juges de paix, des citoyens influents, s'acheminèrent par villages et hameaux aux chefs-lieux d'arrondissement, et déposèrent dans les urnes sans autre impulsion que celle de leur conscience, sans violences… les noms des hommes dont la probité, les lumières, la vertu, le talent et surtout la modération leur inspiraient le plus de confiance pour le salut commun et pour l'avenir de la République. Il en fut de même dans les villes. »

Alphonse de Lamartine, *Histoire de la Révolution de 1848* (1849)

La démocratie pacifie la vie politique

« Toute vie collective engendre des conflits. Les individus et les groupes n'ont ni les mêmes intérêts ni les mêmes objectifs quant au devenir de leur société. Comment canaliser l'expression des conflits et éviter qu'ils ne dégénèrent en lutte armée, tel est le problème fondamental que toutes les sociétés doivent affronter. La caractéristique principale des sociétés occidentales réside justement dans une progressive pacification. Les démocraties ont tenté de répartir le pouvoir et de faire admettre par tous le recours à des mécanismes électoraux pour décider des orientations politiques et pour choisir les hommes capables de les mettre en œuvre. Le langage des urnes a donc remplacé progressivement le langage des armes. Les batailles électorales ont pris le pas sur les révolutions violentes. Et les partis politiques sont nés dans ce contexte de réduction des conflits. »

Pierre Bréchon, *La France aux urnes*, la Documentation française, 2005.

Les principes de la République française

Discours de Jacques Chirac, président de la République, à l'occasion de l'installation de la Haute Autorité de lutte contre les discriminations et pour l'égalité, 23 juin 2005.

« […] De l'abolition des privilèges le 4 août 1789 à celle de l'esclavage le 27 avril 1848, la République est née dans le combat pour l'égalité. Elle s'est construite sur de grandes conquêtes : l'éducation gratuite et obligatoire, la laïcité, le droit syndical et le droit de grève, la Sécurité sociale. Sa force, c'est d'avoir su faire vivre l'égalité des chances par la reconnaissance du mérite et en rendant possible l'accès aux plus hautes responsabilités de femmes et d'hommes issus de tous les milieux, y compris les milieux les plus modestes. Sa force, c'est d'avoir su s'enrichir de la diversité de toutes ces femmes et de tous ces hommes qui, au fil des générations, sont venus la rejoindre parce que la France symbolisait à leurs yeux, comme aux yeux du monde, un idéal de justice et de progrès.

Ces valeurs fondent la singularité de notre Nation, elles portent haut notre voix, bien au-delà de nos frontières. Ce sont ces valeurs qui, en réalité, font la France. La France est une terre ouverte, accueillante et généreuse. Nous sommes riches de notre diversité. Une diversité assumée, qui est au cœur de notre identité. Une diversité fondée sur l'affirmation de notre désir de vivre ensemble et sur un principe : celui de l'égalité des chances.

Plus que jamais, le combat pour l'égalité des chances est la clé de notre unité et de notre avenir. Car, pour que la France reste elle-même, nous devons désamorcer les tensions qui traversent aujourd'hui notre société, et qui risque de déchirer notre pacte républicain. [...] »

L'élection présidentielle en France

« Voulue par le général de Gaulle, l'élection du président de la République au suffrage universel direct est approuvée par les Français par référendum le 28 octobre 1962. La première élection organisée de cette manière a lieu en décembre 1965 ; le mandat présidentiel était alors de sept ans, renouvelable. Ainsi, François Mitterrand élu en mai 1981 et réélu en mai 1988 a présidé le pays pendant quatorze ans ; beaucoup de rois de France n'avaient pas eu de règne aussi long ! Depuis 2000, le mandat du Président a été ramené à cinq ans... mais il peut se représenter autant de fois qu'il veut. »

Patrice Liquière, La Documentation française, 2005.

Les pouvoirs du président de la République

« **Titre II :** Le président de la République

Article 5. Le président de la République veille au respect de la Constitution. Il assure, par son arbitrage, le fonctionnement régulier des pouvoirs publics ainsi que la continuité de l'État.

Il est le garant de l'indépendance nationale, de l'intégrité du territoire et du respect des traités.

Article 6. Le président de la République est élu pour cinq ans au suffrage universel direct. [...]

Article 8. Le président de la République nomme le Premier ministre. Il met fin à ses fonctions sur la présentation par celui-ci de la démission du gouvernement.

Sur la proposition du Premier ministre, il nomme les autres membres du gouvernement et met fin à leurs fonctions.

Article 9. Le président de la République préside le Conseil des ministres.

Article 10. Le président de la République promulgue les lois dans les quinze jours qui suivent la transmission au gouvernement de la loi définitivement adoptée. [...]

Article 11. Le président de la République [...] peut soumettre au référendum tout projet de loi portant sur l'organisation des pouvoirs publics, sur des réformes relatives à la politique économique ou sociale de la Nation [...] ou tendant à autoriser la ratification d'un traité qui, sans être contraire à la Constitution, aurait des incidences sur le fonctionnement des institutions. [...]

Article 12. Le président de la République peut, après consultation du Premier ministre et des présidents des assemblées, prononcer la dissolution de l'Assemblée nationale. [...]

Article 13. Le président de la République signe les ordonnances et les décrets délibérés en Conseil des ministres. Il nomme aux emplois civils et militaires de l'État. [...]

Article 14. Le président de la République accrédite les ambassadeurs et les envoyés extraordinaires auprès des puissances étrangères ; les ambassadeurs et les envoyés extraordinaires étrangers sont accrédités auprès de lui.

Article 15. Le président de la République est le chef des armées. Il préside les conseils et comités supérieurs de la Défense nationale.

Article 16. Lorsque les institutions de la République, l'indépendance de la nation, l'intégrité de son territoire ou l'exécution de ses engagements internationaux sont menacés d'une manière grave et immédiate et que le fonctionnement régulier des pouvoirs publics constitutionnels est interrompu, le président de la République prend les mesures exigées par ces circonstances, après consultation officielle du Premier ministre, des présidents des assemblées ainsi que du Conseil constitutionnel. [...]

Article 17. Le président de la République a le droit de faire grâce. [...] »

Extraits de la Constitution du 4 octobre 1958. www.legifrance.gouv.fr

La justice en France » p. 224

Une justice pour les mineurs

« Depuis 1945, une justice propre s'applique aux enfants et aux adolescents de moins de 18 ans. Elle comprend des magistrats, des juridictions spécialisées (le juge des enfants et le tribunal pour enfants) et des services éducatifs. Elle fonctionne selon des règles de droit et de procédures différentes de celles des adultes, adaptées aux mineurs et à leur tranche d'âge. Elle intervient pour protéger les mineurs en danger (maltraitance, inceste, prostitution...). Elle sanctionne les actes de délinquance commis par un mineur (vol, racket, vandalisme...) : elle cherche d'abord à rappeler au jeune ses devoirs vis-à-vis de la société et à lui faire prendre conscience de ses actes pour éviter la récidive, sans exclure toutefois une sanction pénale (liberté surveillée, mise à l'épreuve, voire emprisonnement), si la gravité des faits et sa personnalité le justifient. Enfin, elle intervient pour aider les jeunes à surmonter leurs difficultés (conflit familial, fugue, délaissement par les parents) par un suivi éducatif. »

www.justice.gouv.fr

La délinquance des mineurs

La loi du 9 septembre 2002 énonce le principe suivant : « Les mineurs capables de *discernement* sont pénalement responsables de leurs actes. » Il s'en suit diverses questions.

1. Un mineur peut-il être interpellé ou arrêté ?

Un mineur peut être interpellé sur la voie publique et conduit dans un local de police ou de gendarmerie, en cas de flagrant délit ou pour vérification d'identité. Dans les autres cas, un mineur ne peut être arrêté par la police ou la gendarmerie que sur ordre d'un juge d'instruction.

2. Que risque le mineur ?

Les mineurs bénéficient du principe de diminution de peine : ils ne peuvent être condamnés à plus de la moitié de la peine encourue par un majeur. Toutefois, la diminution de peine peut être refusée au mineur de plus de 16 ans par décision spéciale et motivée.

Si le jeune est reconnu coupable et condamné à une peine, d'autres peines que la prison peuvent être prononcées contre lui. Il peut s'agir d'une amende ou d'un travail d'intérêt général. Le jeune peut être condamné à effectuer un travail non rémunéré au profit d'une collectivité publique ou d'une association (travaux de jardinage...). Cette mesure peut être prononcée seulement si le mineur est reconnu coupable d'un délit ou d'un crime, s'il a plus de 16 ans et s'il donne son accord.

La loi du 9 septembre 2002 a créé, entre les « mesures éducatives » applicables à tous les mineurs capables de discernement et les « peines », applicables aux seuls mineurs de plus de 13 ans, une nouvelle catégorie de réponse pénale : « les sanctions éducatives », applicables aux mineurs âgés d'au moins 10 ans. Parmi ces sanctions éducatives, on peut noter : la confiscation d'un objet détenu ou ayant appartenu au mineur et qui aurait servi à commettre l'infraction, ou qui en serait le produit ; l'interdiction de paraître pour une durée maximum de un an dans les lieux où l'infraction a été commise ; l'interdiction pour une durée maximum de un an de rencontrer ou recevoir la victime de l'infraction ; l'obligation de suivre un stage de formation civique ayant pour objet de rappeler au mineur les obligations résultant de la loi... »

www.ado.justice.gouv.fr

Note

• *Le **discernement**, c'est la capacité que possède une personne d'apprécier avec justesse et réflexion des situations et des choses.*

Les droits de l'accusé

Article 6-2 de la Convention européenne de sauvegarde des droits de l'homme et des libertés fondamentales.

« Tout accusé a droit notamment à :

a) être informé, dans le plus court délai, dans une langue qu'il comprend et d'une manière

détaillée, de la nature et de la cause de l'accusation portée contre lui;
b) de disposer du temps et des facilités nécessaires à la préparation de sa défense;
c) se défendre lui-même ou avoir l'assistance d'un défenseur de son choix et, s'il n'a pas les moyens de rémunérer un défenseur, pouvoir être assisté gratuitement par un avocat d'office, lorsque les intérêts de la justice l'exigent;
d) interroger ou faire interroger les témoins à charge et obtenir la convocation et l'interrogation des témoins à décharge dans les mêmes conditions que les témoins à charge;
e) se faire assister gratuitement d'un interprète, s'il ne comprend pas ou ne parle pas la langue employée à l'audience.
www.coe.int/DelfaultFR.asp

Le parquet, une institution française

Le parquet est une institution tout à fait caractéristique d'un pays à tradition aussi centralisatrice que la France. Dès le XIIIe siècle, Philippe le Bel eut l'idée que l'application des textes royaux en matière pénale fût confiée à un corps de juristes relevant de son autorité et placé aux côtés des juridictions. Les « gens du roi » exerçaient une influence déterminante dans la procédure pénale de l'Ancien Régime, jusqu'à la Révolution. L'organisateur du parquet moderne fut Napoléon [...]. Auprès de chaque juridiction, il plaça des magistrats chargés de diriger l'action publique, d'assurer le contrôle des professions judiciaires et de protéger les personnes en situation d'infériorité. C'est le parquet, tel que nous le connaissons encore deux siècles plus tard.
J.-F. Burgelin, *Regards sur l'actualité*, n° 300, avril 2004, La Documentation française.

Le serment des jurés

Le président de la cour adresse aux jurés, debout et découverts, le discours suivant:
«Vous jurez et promettez d'examiner avec l'attention la plus scrupuleuse les charges qui seront portées contre l'accusé, de ne trahir ni les intérêts de l'accusé, ni ceux de la société qui l'accuse, ni ceux de la victime; de ne communiquer avec personne jusqu'après votre déclaration; de n'écouter ni la haine ou la méchanceté, ni la crainte ou l'affection; de vous rappeler que l'accusé est présumé innocent et que le doute doit lui profiter; de vous décider d'après les charges et les moyens de défense, suivant votre conscience et votre intime conviction, avec l'impartialité et la fermeté qui conviennent à un homme probe et libre, et de conserver le secret des délibérations, même après la cessation de vos fonctions.»
Chacun des jurés, appelé individuellement par le président, répond en levant la main droite: «Je le jure».
Article 304 du code de procédure pénale.

Les conditions de vie en prison

Rapport de l'Observatoire international des prisons, 2003.
«Aujourd'hui, la priorité à laquelle la majorité des détenus se trouve soumise n'est pas d'exercer des droits mais d'assurer leur survie. Frappant désormais tous les types d'établissements pénitentiaires, la surpopulation, touchant trois détenus sur quatre, rend dérisoire l'ensemble des projets et des actions qui n'ont pas d'effet immédiat sur la vie quotidienne. [...]
Pour ces personnes, chaque nouveau jour annonce une lutte vouée à l'échec contre le bruit, la saleté, les mauvaises odeurs, l'étouffement et, par voie de conséquence, la haine des autres et de soi. Chaque année, une centaine de détenus se tuent en prison. [...] Dans un pareil contexte, n'importe quelle politique de protection des droits et de retour à la vie normale ne pourrait qu'échouer. Les règles édictées par la loi dans ces deux domaines ont donc été contournées, délaissées et, dans certains cas, purement et simplement supprimées.»
www.oip.org

Bibliographie et sites Internet

Bibliographie

Les médias en France, Jean-Marie Charon, Éditions La Découverte, 2003.

Les journalistes, Élisabeth Martichoux, Éditions Le Cavalier bleu, 2003.

Sociologie du journalisme, Érik Neveu, Éditions La Découverte, 2004.

Les journalistes français à l'aube de l'an 2000. Profils et parcours, L'Institut français de presse, 2001.

Devenir journaliste, sociologie de l'entrée sur le marché du travail, Dominique Marchetti et Denis Ruellan, CRAP/DDM, 2001.

Les petits soldats du journalisme, François Ruffin, Les Arènes, 2003.

La fabrication de l'information, Florence Aubenas, Miguel Benasayag, Éditions La Découverte, 1999.

Mauvaise presse, une sociologie compréhensive du travail journalistique et de ses critiques, Cyril Lemieux, Éditions Métailié, 2000.

Sur la télévision, Pierre Bourdieu, Liber-Raisons d'agir, 1996.

La tyrannie de la communication, Ignacio Ramonet, Gallimard, 2001.

Les nouveaux chiens de garde, Serge Halimi, Liber-Raisons d'agir, 1998.

Sites Internet

Les médias
(voir également pp. 92-93)

France 5
www.france5.fr/education/actu/
Site pour apprendre à décrypter les médias et l'actualité.

Reporters sans frontières
www.rsf.org
Défense de la liberté de la presse.

CNN et LCI
www.cnn.com, www.lci.fr
Les sites des chaînes de télévision d'information en continu américaine et française.

France Info
www.radiofrance.fr/chaines/info2000/accueil/
Site d'informations en continu.

Courrier international
www.courrierint.com/
L'actualité mondiale à travers la presse internationale.

Tous les quotidiens disposent d'un site Internet. L'accès aux archives est souvent payant.

Le Monde
www.lemonde.fr

Le Figaro
www.lefigaro.fr

Libération
www.liberation.fr

Le Parisien
www.leparisien.fr/home/

Sud-Ouest
www.sudouest.com/

Le terrorisme

L'ONU
www.un.org/french/terrorism/
Déclarations, résolutions de l'ONU, présentation du Comité contre le terrorisme.

Le Monde diplomatique
www.monde-diplomatique.fr/index/sujet/terrorisme
Différents articles sur le terrorisme parus dans *Le Monde diplomatique*.

Le pétrole

La Cité des Sciences
www.cite-sciences.fr/francais/ala_cite/expo/tempo/planete/petrole/index_petrole.php
Exposition en ligne sur le pétrole réalisée par la Cité des Sciences et de l'Industrie.

www.ping.be/~ping6998/petroleflash.htm
Ce site dédié au pétrole propose de petites animations sur la sédimentation, la transformation et la migration de cet « or noir ».
Les explications et animations sont courtes et précises.

Le réchauffement du climat

Le portail de l'Internet scientifique
www.science.gouv.fr/index.php?action=recherche
Propose une sélection de sites sur des thèmes scientifiques et en particulier sur le climat.

Le CNRS
www.cnrs.fr/cw/dossiers/dosclim/
Le site du CNRS répond à de nombreuses questions sur

le changement climatique : Quelle est la température moyenne à la surface de la terre ? Qu'est-ce que l'effet de serre ? Quelles sont les conséquences de l'effet de serre et de l'industrialisation ?

La Cité des Sciences
www.cite-sciences.fr/francais/ala_cite/expo/tempo/planete/climax/index_climax.php
Exposition de la Cité des Sciences sur le climat. Films, jeux et dossiers apprennent à mieux comprendre le réchauffement climatique et à imaginer comment vivre avec.

Le commerce international

Site officiel de l'OMC
www.wto.org/french/info_f/site2_f.htm
Qu'est-ce que l'OMC ? Statistiques, textes juridiques...

Site officiel du FMI
http://www.imf.org/external/fra/index.asp
Pour en savoir plus sur le FMI, son fonctionnement, ses décisions.

Le site des marchés extérieurs
www.missioneco.org/index.asp

Le site du Forum social mondial
www.forumsocialmundial.org.br

L'Union européenne

www.info-europe.fr/
Des fiches sur l'Europe, des jeux et une rubrique rédigée pour les jeunes Européens, par catégories d'âge.

europa.eu.int/index_fr.htm
Communiqués de presse, lois, fiches d'information diffusés par les institutions de l'UE.

Le ministère des Affaires étrangères
www.diplomatie.gouv.fr/fr/
Des fiches d'information sur les pays candidats à l'Union européenne rédigées par le service diplomatique français.

La démocratie en France

Le Président de la République
www.elysee.fr
S'informer sur les institutions et les symboles de la République, visiter le palais de l'Élysée, savoir comment se déroulent les journées du président et même lui écrire.

Le Premier ministre
www.premier-ministre.gouv.fr
Des informations sur les institutions et sur la France dans le monde. Visite de Matignon. Des archives audio et vidéo des événements de l'histoire contemporaine.

L'Assemblée nationale
www.assemblee-nat.fr
Séance publique et débats en direct. Trombinoscope des députés. Visite du Palais Bourbon.

Le Sénat
www.junior.senat.fr/index.html
Portraits de sénateurs. Réponses simples aux questions. Un lexique de mots difficiles.

Vie publique
www.vie-publique.fr
Le portail des citoyens français. Pour en savoir plus sur les institutions et l'organisation de la vie publique en France.

La justice en France

Le ministère de la Justice
www.justice.gouv.fr/
Tout sur le fonctionnement de la justice française : tribunaux, magistrats, code de procédure pénale, réformes récentes.

La justice en Europe
europa.eu.int/comm/justice_home/ejn/index_fr.htm
Présentation de l'organisation de la justice dans les différents pays de l'Union européenne.

Informations générales

La Documentation française
www.ladocumentationfrancaise.fr
Dossiers d'actualité complets.

Agence France Presse
www.afp.com/francais
L'actualité en temps réel.

Actualités sur Google
news.google.fr/
Pour rechercher dans tous les organes de presse francophones.

Le dessous des cartes
www.arte-tv.com/fr/histoire-societe/le-dessous-des-cartes/392.html
Pour comprendre le monde : textes courts et cartes claires.

Institut national de la statistique et des études économiques
www.insee.fr
Une mine de chiffres sur la population française et des fiches thématiques sur les immigrés, le travail des femmes, le logement...

Index

D

G

H

I

J

K

L

M

N

O

P

Q

R

S

T

Table des illustrations et crédits

194 Rivière couverte d'algues vertes, Perthuis, France, 7 juillet 1995. © Hervé Vincent/AVECC-Réa.
196 Siège de la Banque centrale européenne, Francfort, Allemagne, 8 janvier 2004. © Jan Van De Vel/Reporters-Réa.
198 Les partisans du non célèbrent leur victoire après le vote du référendum sur la Constitution européenne, Paris, France, 29 mai 2005. © AFP/Medhi Fedouach.
201 Le Premier ministre anglais, Tony Blair, lors d'une conférence de presse au Sommet européen de Bruxelles, Belgique, 18 juin 2005. © AFP/Benoît Doppagne.
204 Manifestation lors de la journée d'action nationale pour la défense de l'emploi, du pouvoir d'achat et des 35 heures, Lyon 10 mars 2005. © AFP/Fred Dufour; Élection à Godewaersvelde lors du référendum sur la Constitution européenne, France, 29 mai 2005. © AFP/Philippe Hugen ; Affiches lors de la campagne du référendum sur la Constitution européenne, Paris, 10 mai 2005. © Fanny Tondre/Réa.
206 Résultats au premier tour des élections présidentielles au journal télévisé de 20 h sur TF1, France, 21 avril 2002. © Sipa.
208 Affiches lors de la campagne du référendum sur la Constitution européenne, Paris, 10 mai 2005. © Fanny Tondre/Réa.
210 Dominique de Villepin, Premier ministre, à l'Assemblée nationale, 5 juillet 2005. © Remy de la Mauvinière/AP/Sipa.
212 Version papier et CD Rom du Journal officiel, 2 février 2002. © Jean-Claude Thuillier/Réa.
214 Jacques Chirac répond aux questions des jeunes sur TF1 lors de la campagne du référendum sur la Constitution européenne, 14 avril 2005. © AFP/Pool/Patrick Kovarik.
216 Montage de portraits: Dominique Strauss Kahn, François Hollande, Laurent Fabius, 11 avril 2002. © AFP. Jack Lang, 27 août 2004. © AFP/Jean-Pierre Muller.
218 Manifestation lors de la Journée nationale pour la défense de l'emploi, du pouvoir d'achat et des 35 heures, Lyon, France, 10 mars 2005. © AFP/Jean-Philippe Ksiasek.
220 Une femme prend le fromage que lui tend une bénévole au Resto du Cœur, Mondeville, France, 15 décembre 2002. © AFP/Michèle Daniau.
224 Détenus au travail dans leur cellule, Paris, 2 février 2002. © Ludovic/Réa; Salle d'audience au palais de Justice de Lyon où Patrick Dils comparaît pour son troisième procès, 8 avril 2003. © AFP/Jean-Philippe Ksiazek; Buste de Marianne et balance de la justice, 1997. © Jean-Claude Thuillier/Réa.
226 Dominique Baudis au journal télévisé de TF1 révèle que son nom est cité dans l'affaire Patrice Alègre, 18 mai 2005. © AFP/TF1.
228 Les juges d'instruction Eva Joly (à gauche) et Laurence Vichnievsky (à droite) quittent le domicile de Roland Dumas, après l'avoir inculpé dans le cadre de l'affaire Elf Aquitaine, Bordeaux, France, 29 avril 1998. © AFP/Patrick Bernard.
230 L'avocate de Myriam Delay, Pascale Pouille-Deldicque, s'adresse aux journalistes lors d'une interruption de séance au procès de la pédophilie, Saint-Omer, France, 24 mai 2004. © AFP/Philippe Huguen.
233 Salle d'audience au palais de Justice de Lyon où Patrick Dils comparaît pour son troisième procès, 8 avril 2003. © AFP/Jean-Philippe Ksiazek.
234 Patrick Henry arrive au tribunal correctionnel de Caen, après sa violation des conditions de sa libération conditionnelle, 16 avril 2003. © AFP/Robert François.
236 Détenus au travail dans leur cellule, Paris, 2 février 2002. © Ludovic/Réa.
238 L'ancien Premier ministre Alain Juppé quitte la cour d'appel de Versailles après avoir été condamné à 14 mois de prison avec sursis et un an d'inéligibilité, dans le cadre de l'affaire des emplois fictifs de la mairie de Paris, 1er décembre 2004. © AFP/Jack Guez.
240 Charles Pasqua, sénateur des Hauts-de-Seine s'apprête à voter lors de la séance d'ouverture de la cession ordinaire 2004-2005 consacrée à l'élection du président du Sénat, 1er octobre 2004. © AFP/Pierre Andrieu.

Couverture
Toutes les illustrations et photographies de la couverture sont des détails de celles publiées dans le livre, sauf les suivantes:

1er plat Cameramen devant la Cour Suprême de Montgomery, Alabama, États-Unis, 2003 Abbas/Magnum Photos
Dos Photo prise dans les locaux de Radio France Internationale (RFI), le 18 février 2004 à Paris. Les journalistes ont voté la fin de la grève observée depuis le 11 février pour des revendications salariales. © AFP/Medhi Fedouach.
Haut : © Gamma/Lambermont /Photo News.